História e cultura afro-brasileira

Conselho Acadêmico
Ataliba Teixeira de Castilho
Carlos Eduardo Lins da Silva
Carlos Fico
Jaime Cordeiro
José Luiz Fiorin
Tania Regina de Luca

Proibida a reprodução total ou parcial em qualquer mídia
sem a autorização escrita da editora.
Os infratores estão sujeitos às penas da lei.

A Editora não é responsável pelo conteúdo deste livro.
A Autora conhece os fatos narrados, pelos quais é responsável,
assim como se responsabiliza pelos juízos emitidos.

Consulte nosso catálogo completo e últimos lançamentos em **www.editoracontexto.com.br**.

História e cultura afro-brasileira

Regiane Augusto de Mattos

Copyright © 2007 Regiane Augusto de Mattos

Todos os direitos desta edição reservados à
Editora Contexto (Editora Pinsky Ltda.)

Capa
Antonio Kehl

Projeto gráfico e diagramação
Gustavo S. Vilas Boas

Preparação de textos
Lilian Aquino

Revisão
Gissela Mate

Dados Internacionais de Catalogação na Publicação (CIP)
(Câmara Brasileira do Livro, SP, Brasil)

Mattos, Regiane Augusto de
História e cultura afro-brasileira / Regiane Augusto de Mattos. –
2. ed., 7ª reimpressão. – São Paulo : Contexto, 2023.

ISBN 978-85-7244-371-5

1. Africanos – Brasil 2. Cultura afro-brasileira 3. Escravos –
Comércio – África 4. Escravos – Comércio – Brasil
5. Escravidão – Brasil – Condições de escravos 6. Escravidão –
Brasil – História I. Título.

07-7658	CDD-306.08996081

Índice para catálogo sistemático:
1. Cultura afro-brasileira : Sociologia 306.08996081

2023

EDITORA CONTEXTO
Diretor editorial: *Jaime Pinsky*

Rua Dr. José Elias, 520 – Alto da Lapa
05083-030 – São Paulo – SP
PABX: (11) 3832 5838
contato@editoracontexto.com.br
www.editoracontexto.com.br

Aspiração

Ainda o meu canto dolente
e a minha tristeza
no Congo, na Geórgia, no Amazonas

Ainda
o meu sonho de batuque em noites de luar
[...]

Ainda o meu espírito
ainda o quissange
a marimba
a viola
o saxofone
ainda os meus ritmos de ritual orgíaco
[...]

E nas sanzalas
nas casas
no subúrbios das cidades
para lá das linhas
nos recantos escuros das casas ricas
onde os negros murmuram: ainda

O meu desejo
transformado em força
inspirando as consciências desesperadas.

Agostinho Neto
Poemas de Angola

Sumário

APRESENTAÇÃO 11

AS SOCIEDADES AFRICANAS...15

A África Ocidental 17
Os reinos sudaneses 17
Gana 20
Mali 21
Songai 24
Tacrur..26
Canem e Bornu 27
A Senegâmbia: os sereres e os jalofos 31
Hauçalândia...33
Os estados da floresta ocidental.............................35
Os acãs 35
Ifé..36
Benin 39
Outros povos iorubás 40

A África Oriental..44
As cidades-estado da costa do Índico....................44
O Grande Zimbábue e o reino do Monomotapa 46

África Centro-Ocidental..50
    Os reinos de Luba e Lunda 50
    O reino do Congo...51
    O reino de Loango..54
    O reino dos tios 55
    O reino de Andongo...55
    O reino de Libolo..57

A escravidão na África Subsaariana..58

Exercícios...60

O TRÁFICO DE ESCRAVOS E OS AFRICANOS NO BRASIL 63

África Ocidental 66

África Centro-Ocidental..82

África Oriental..95

A travessia do Atlântico e a chegada dos africanos no Brasil 100

O trabalho dos africanos no Brasil...103

As "nações" africanas 113

Os africanos livres..118

Os retornados 120

Formas de resistência ao sistema escravista 121
    O cultivo de roças próprias...124
    A criminalidade escrava...126
    Fugas e suicídios 128
    Revoltas...131
        Revolta dos Malês 133
    Quilombos..137
        Mocambos no Grão-Pará e no Maranhão...................137
        Mocambos no Rio de Janeiro.....................................138
        Mocambos em São Paulo 140
        Mocambos em Minas Gerais e Goiás..........................140
        Mocambos na Bahia...141
        Mocambos em Pernambuco 142
        Quilombo dos Palmares 144
    O movimento abolicionista
    e a formação de quilombos..148

Exercícios...151

A CULTURA AFRO-BRASILEIRA 155

Religiosidade 155

Islamismo 155
Calundu 156
A morte e os rituais fúnebres 159
Candomblé 160
Irmandades religiosas dos homens de cor
e a festa de reis e rainhas negros 163
Umbanda 171

As relações familiares, de amizade e de compadrio 172

Batuques 177

A influência africana no português do Brasil 180

Capoeira 183

O contexto pós-abolição e a atuação
dos negros na sociedade brasileira 186

Congadas e maracatus 192
Maracatu Nação Elefante 194

Maxixe e samba 195

A música e a religiosidade afro-brasileira 198
Letras de afrossambas 199

Afoxés e blocos afros 201

Movimento Hip-Hop 202

Exercícios 203

CONSIDERAÇÕES FINAIS 207

A AUTORA 219

Apresentação

A história das sociedades africanas foi, durante muito tempo, deixada de lado, em grande medida devido às ideias preconcebidas sobre o continente africano produzidas, sobretudo pelos europeus, nos séculos XVIII e XIX. Como as sociedades africanas não apresentavam as mesmas instituições políticas, não possuíam padrões de comportamento e visões de mundo semelhantes aos dos europeus, a conclusão só podia ser uma: a de uma sociedade não civilizada e sem História.

No entanto, antes da disseminação dessas visões preconceituosas sobre a África, esse continente foi objeto de muitas obras de árabes, europeus e dos próprios africanos, que retrataram suas principais sociedades, estruturas políticas e econômicas, bem como seus aspectos culturais, visões de mundo, expressões artísticas e formas de organização familiar. Essas obras, acompanhadas da cultura material e de depoimentos, nos ajudam a entender esse continente tão próximo geográfica e culturalmente do Brasil.

Os africanos, depois da longa e penosa travessia do Atlântico, foram para cá trazidos e levados a trabalhar como escravos em várias atividades econômicas no campo e na cidade e sofreram a violência e a opressão inerentes ao sistema escravista. No entanto, apesar das agruras e dos obstáculos impostos pela escravidão no Brasil, os africanos e seus descendentes, convivendo com brancos d'além-mar e nacionais, pardos, indígenas, crioulos e africanos de diferentes regiões, encontraram meios para se organizar e manifestar as suas culturas e, dessa forma, influenciaram profundamente a sociedade brasileira, como se poderá perceber ao longo deste livro.

Tendo em vista a complexidade e a diversidade das sociedades que constituíam o continente africano, o primeiro capítulo oferece um panorama de algumas das principais sociedades da África Subsaariana (território ao sul do deserto do Saara), com destaque para as regiões que, mais tarde, estabeleceram relações comerciais com os europeus e tornaram-se fornecedoras de escravos para o Brasil. São abordadas algumas estruturas políticas e econômicas, bem como determinados aspectos culturais, reservando-se espaço para as questões da religiosidade, a importância da oralidade, as formas de organização familiar, as relações de trabalho e a escravidão em cada uma dessas áreas.

No segundo capítulo são discutidas as questões referentes ao comércio europeu de escravos africanos, enfatizando-se as transformações fundamentais que engendraram a escravidão praticada anteriormente na África. A dinâmica desse comércio, os agentes envolvidos no tráfico, as principais rotas e os produtos utilizados na troca por escravos e os mais importantes portos de exportação são pontos privilegiados da análise. Também não se pode deixar de lado a variável quantitativa do tráfico de escravos africanos. Dessa maneira, o número de escravos embarcados nas principais regiões da África Subsaariana (Ocidental, Centro-Ocidental e Oriental) é abordado em relação às respectivas áreas receptoras do Brasil.

O primeiro aspecto que surge quando se trata de estudos a respeito dos africanos no Brasil é o papel destes como mão de obra escrava. É evidente que esse não foi o único papel desempenhado pelos africanos na sociedade brasileira, mas foi o primeiro, aquele que impulsionou sua entrada no país. É por isso que a variedade das ocupações exercidas pelos africanos nas propriedades rurais e nas cidades não pode ser deixada de lado.

Ainda nesse capítulo são tratados os diferentes aspectos da resistência escrava. O estabelecimento de grupos de escravos fugidos

ocorreu em toda a América escravista, inclusive em várias regiões do Brasil, desde o século XVI. Além de Palmares, outras experiências foram significativas, assustando e gerando ações repressivas das autoridades, no Maranhão, no Mato Grosso, no Rio de Janeiro, em Minas Gerais e em São Paulo. Dessa maneira, nesse capítulo faz-se um panorama da experiência histórica dos quilombos no Brasil, destacando-se as principais questões que envolviam esse tipo de resistência, como a construção de alianças com diferentes camadas sociais, a criação de um espaço para a comercialização de gêneros produzidos nesses locais, entre outras.

As revoltas constituíram um outro meio de resistência ao sistema escravista e são privilegiadas nesse capítulo. Além da Revolta dos Malês, na Bahia, outras denúncias de levantes aconteceram, por exemplo, em algumas cidades do Rio de Janeiro e do interior de São Paulo. No entanto, os escravos não apenas reagiram diretamente contra o sistema escravista, articulando revoltas e formando quilombos, mas lutaram cotidianamente para conseguir melhores condições de vida e trabalho, bem como a liberdade. Assim, são tratadas a compra da alforria pelos próprios escravos, a autonomia para o cultivo de suas roças e para a comercialização de seus produtos, a reivindicação de folgas no trabalho etc. E, por fim, é ressaltada a atuação do movimento abolicionista nas principais cidades brasileiras, contribuindo na formação de quilombos e na defesa da liberdade dos escravos.

No entanto, os africanos não contribuíram apenas no âmbito do trabalho, mas marcaram a sociedade brasileira em outros aspectos: na forma como se organizavam em "nações", na constituição de famílias (muitas vezes simbólicas), nas manifestações da religiosidade (catolicismo, islamismo e candomblé) e da cultura (língua, lundu, batuque e capoeira). Portanto, o terceiro capítulo aborda, num primeiro momento, as diferentes formas de organização social e determinados aspectos culturais dos africanos que vieram para o Brasil como escravos, relacionando-os, quando possível, às influências dos costumes e crenças que trouxeram da África.

Num segundo momento, o capítulo trata do período pós-abolição da escravidão, quando esses africanos e seus descendentes conseguiram a liberdade e lutaram para integrar o mercado de trabalho livre e combater a exclusão racial, participando do movimento operário, criando organizações políticas e culturais negras, como companhias de teatro, clubes, associações e jornais alternativos, construindo em torno dessas organizações uma forte identidade negra. Por outro lado, ao mesmo tempo em que os negros uniam-se contra a discriminação e a segregação racial, galgando espaços na sociedade, preservavam manifestações como as congadas, os maracatus, o tambor de crioula e criavam novas expressões culturais, como os afoxés e blocos afros, os gêneros musicais maxixe e samba, e o Movimento Hip-Hop, formando, assim, o que chamamos hoje de cultura afro-brasileira.

As sociedades africanas

A África Subsaariana, isto é, ao sul do deserto do Saara, costuma ser dividida em três grandes áreas: Ocidental, Centro-Ocidental e Oriental.

A África Ocidental compreende os territórios entre os rios Senegal e Cross. Além desses, estão localizados nessa região os rios Gâmbia, Volta e Níger, todos considerados os mais importantes meios de comunicação, desaguando no oceano Atlântico. Também se insere nessa área as terras ao redor do lago Chade. Quanto à vegetação, a parte ocidental africana abarca uma faixa de estepes, ao sul do Saara, conhecida como Sael, as savanas (campos de poucas plantas rasteiras) e, em direção ao interior do continente, as florestas.

A África Centro-Ocidental é entendida como a área que se estende entre o rio Congo e o rio Cuanza, cujas nascentes estão localizadas no interior de Angola e na floresta equatorial central, lançando suas águas também no Atlântico. E, por fim, a África Oriental abrange os territórios entre os rios Limpopo e o Zambeze, que deságuam no oceano Índico. Essas duas regiões são compostas por savanas e cerrados.

Mapa físico da África (vegetação).

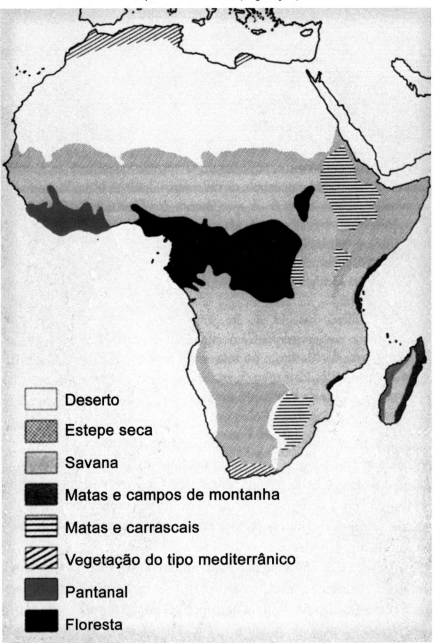

A ÁFRICA OCIDENTAL

OS REINOS SUDANESES[1]

Os povos que viviam no Sael (território de savanas ao sul do Saara) eram conhecidos como sudaneses, pois essa área também era denominada Sudão (*Bilad al-Sudan*, que em árabe significa terra dos negros). Eram bons agricultores, plantavam milhete (espécie de milho de grão miúdo), sorgo (cereal semelhante ao milho), arroz e cereais. Também caçavam, pescavam e criavam gado. Conheciam a metalurgia, confeccionando pontas de lanças, enxadas e flechas com o ferro. Habitavam vilas com casas de taipa ou palha, próximas às terras cultivadas. Organizavam-se em torno de linhagens e dos conselhos dos anciãos, sendo estes os responsáveis pela resolução das disputas nas aldeias.

A formação de reinos no Sudão foi, em certa medida, incentivada pelo comércio transaariano de cereais e outros produtos agrícolas, além de âmbar, pimenta, marfim e escravos, que eram trocados por cavalos, sal, cobre, conchas, panos de algodão e tâmaras. As aldeias que se tornaram pontos comerciais entre os povos do deserto e os do Sael procuraram controlar esse comércio, passaram a cobrar tributos e desenvolveram atividades, como a fabricação de utensílios de carga de animais, manufaturas e hospedagem.

As rotas comerciais na área do deserto eram controladas pelos berberes, que ofereciam guias e camelos. O camelo era o meio de transporte de mercadorias mais utilizado, sobretudo ao norte do Níger. Depois, em certos trechos, os produtos eram transferidos para os burros, que comparativamente eram mais custosos, porque não podiam ser utilizados nas estações chuvosas, nem em áreas infestadas pela mosca tsé-tsé. Por outro lado, o meio de transporte mais barato era o fluvial, feito em canoas.

Os berberes dividiam-se em azenegues e asnagas. Os azenegues comandavam, no século IX, a cidade de Audagoste, importante centro comercial de sal, tâmaras, cereais, joias e armas de ferro. O comércio no

deserto também era realizado por mouros e tuaregues, povos nômades que eram originários dos berberes.

Uma das rotas mais difíceis era a que ligava o Mediterrâneo ao Sael, com duração em média de 2 meses, e os mercadores poderiam ficar até 14 dias sem encontrar água pelo caminho.

O comércio transaariano proporcionou também o contato com o islamismo, religião monoteísta, fundada por Maomé (570-632) e baseada nas escrituras do Alcorão. Em muitos reinos sudaneses, sobretudo entre os reis e as elites, o islamismo foi bem recebido e conseguiu vários adeptos, tendo chegado à região da savana africana, provavelmente, antes do século XI, trazido pela família árabe-berbere dos Kunta.

O islamismo possuía alguns preceitos atraentes e aceitáveis pelas concepções religiosas africanas. Incorporava amuletos, associava as histórias sagradas às genealogias, acreditava na revelação divina, na existência de um criador e no destino. O que aconteceu de um modo geral na África Ocidental foi uma harmonização das crenças, incluindo-se Alá no conjunto de deuses ou associando-o ao Ser Supremo, e comparando as figuras de anjos e demônios às forças sobrenaturais. O escritor árabe Ibn Batuta relatou, no século XIV, que o rei do Mali, numa manhã, comemorou a data islâmica do fim do Ramadã e, à tarde, presenciou um ritual da religião tradicional realizado por trovadores com máscaras de aves. Esse fato demonstra a incorporação dessa crença e a convivência entre o islamismo e as religiões tradicionais africanas. Embora em alguns lugares os muçulmanos parecessem não aceitar essa mistura de crenças, pois se opunham a determinados rituais, como os sacrifícios humanos em funerais.

Do contato que alguns povos tiveram com o islamismo nasceram sistemas de sinais como o *Nsibidi*, utilizado pela sociedade secreta *Ekpe*, do sudeste da Nigéria. Em Tombuctu existiram quase duzentas escolas que ensinavam as leis do Alcorão, mas essas eram memorizadas, prevalecendo o princípio da oralidade.

Os principais reinos sudaneses foram: Gana, Mali, Songai, Tecrur Canem e Bornu.

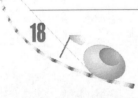

A IMPORTÂNCIA DA ORALIDADE

Até os dias atuais, a maior parte das sociedades africanas subsaarianas dá grande importância à oralidade, ao conhecimento transmitido de geração para geração por meio das palavras proferidas com cuidado pelos tradicionalistas – os guardiões da tradição oral, que conhecem e transmitem as ideias sobre a origem do mundo, as ciências da natureza, a astronomia e os fatos históricos.

Nessas sociedades de tradição oral, a relação entre o homem e a palavra é mais intensa. A palavra tem um valor sagrado, sua origem é divina. A fala é um dom, não podendo ser utilizada de forma imprudente, leviana. Ela tem o poder de criar, mas também o de conservar e destruir. Uma única palavra pode causar uma guerra ou proporcionar a paz.

Alguns ofícios existentes nas sociedades africanas estão relacionados à tradição oral, a um conhecimento sagrado, a ser revelado e transmitido para as futuras gerações; é o caso dos ferreiros, carpinteiros, tecelões, caçadores e agricultores. Os mestres que realizam essas atividades fazem-no ao mesmo tempo em que entoam cantos ou palavras ritmadas e gestos que representam o ato da criação.

Os *griots* ou animadores públicos também são tradicionalistas responsáveis pela história, música, poesia e contos. Existem *griots* músicos, tocadores de instrumentos, compositores e cantores, os *griots* embaixadores, mediadores em caso de desentendimento entre as famílias, e os *griots* historiadores, poetas e genealogistas, estes são os contadores de história. Nem todos os *griots* têm o compromisso com a verdade como os demais tradicionalistas. A eles é permitido inventar e embelezar as histórias.

O aprendizado de um tradicionalista ocorre nas escolas de iniciação e no seio familiar, no qual o pai, a mãe e os parentes mais velhos também são responsáveis pelos ensinamentos, por meio de suas próprias experiências, lendas, fábulas, provérbios e mitos sobre a criação do mundo, o papel do homem no Universo, a existência do mundo dos vivos e dos mortos.

GANA

Gana era um desses reinos sudaneses, consolidado a partir do século IV. Era formado por várias comunidades soninquês, isto é, povos do grupo linguístico mandê, que habitavam o território localizado entre as bacias do alto Níger e do Senegal.

Os mercadores soninquês eram importantes chefes das caravanas de burros. Quando o reino do Mali se desenvolveu a ponto de sobrepujar Gana, alguns soninquês formaram um grupo maior, de língua mandê e muçulmano, chamado diula. Estes eram comerciantes de ouro, tecidos e noz-de-cola, que abasteciam os territórios desde o deserto, passando pelos da floresta até o país dos haúças.

A noz-de-cola, obtida nas matas da região entre o sul da Guiné-Conacri e o rio Volta, tinha um valor alto no Senegal, no Sael e na África do Norte. Era muito apreciada por suas propriedades medicinais e estimulantes, utilizada para combater a dor de cabeça e a impotência, reduzir o cansaço, a fome e a sede.

As primeiras informações a respeito do reino de Gana foram encontradas na obra do escritor árabe Al-Fazari, no século VIII. Esse autor relata que, no Marrocos, Gana já era conhecida como "a terra do ouro" desde o século VIII, por conta da existência de reservas desse metal e do comércio estabelecido com o Norte da África, que trocava, entre outros produtos, o ouro por sal.

Em Gana, a sociedade era dividida entre nobres, homens livres, servos e escravos. Alguns povos eram inteiramente sujeitados ao comando do rei, outros estavam ligados a ele apenas pelo pagamento de tributos ou militarmente, seguindo as determinações dos conselhos de anciãos ou dos chefes tradicionais.

O rei era rodeado de pompa. Quando chegava em determinado lugar seguido de sua comitiva, geralmente vestido com uma túnica, adornado com pulseiras e colares de ouro, era aplaudido por todos, que se curvavam até o chão e jogavam areia sobre suas cabeças.

No século XI, o geógrafo Al-Bakri deixou um relato a respeito da veneração à figura do rei e o ritual de seu sepultamento em Gana:

A audiência é anunciada a golpe de tambor, fabricado com um grande tronco oco, que eles chamam daba. Quando a gente [...] se aproxima [do rei], caem de joelhos e cobrem suas cabeças com pó, que é uma forma de mostrar respeito [...]. A religião do povo de Gana é o paganismo e o culto dos ídolos. Quando seus reis morrem, constroem seu túmulo em forma de cúpula de madeira de saj. Então, levam-no em uma cama coberta com alguns tapetes e o introduzem dentro da cúpula. Colocam junto seus ornamentos, suas armas e a vasilha que usava para comer e beber, cheia de comida e bebidas diversas. Colocam ali também os homens que o serviam a comida, fecham a porta da cúpula e a cobrem com esteiras e objetos; reúnem depois o povo, que joga terra em cima dela até que se forma um monte. Cavam, então, um canal em torno, de tal modo que somente se possa penetrar por uma parte. Sacrificam vítimas por sua morte e fazem oferendas de bebidas tóxicas.

O rei e seus súditos seguiam as convicções religiosas tradicionais, preservando os bosques, por exemplo, como lugares especiais que abrigavam os sacerdotes e os túmulos dos reis. Existem relatos de que o rei governava voltado tanto para os adeptos das crenças tradicionais quanto para os islamitas.

Há vários indícios de que o palácio do rei ficaria na cidade real Gaba (ainda não localizada pelos arqueólogos), bem próxima de Koumbi Saleh, importante cidade, centro comercial e capital do reino de Gana.

O comércio de sal, cobre e outros produtos era taxado com tributos que deveriam ser pagos em ouro, vindo das minas de Bambuk, entre os rios Falemé e Senegal. O sal – raro na região das savanas, tendo quase o mesmo valor do ouro – e outras mercadorias eram trazidas do deserto em camelos e seguiam em burros ou na cabeça de carregadores até as áreas mineradoras de Bambuk, Buré e Lobi.

De acordo com o escritor Al-Idrisi, Gana era, ainda no século XII, o reino que tinha o mais amplo controle comercial no Sudão. No entanto, um século mais tarde, Gana entrou em declínio ao perder o domínio do comércio de ouro e em razão do crescimento de outros estados sudaneses: Tacrur, Zafum, Sosso. Este último venceu militarmente, por volta de 1203, os exércitos de Gana.

MALI

Um dos reinos mais importantes da savana ocidental, sobretudo entre os séculos XIII e XV, era o Mali, localizado no alto do Níger. A origem desse reino está nos povos de língua mandê, que viviam em um *kafu* – conjunto de aldeias cercadas por terras cultivadas no vale do Níger, que formavam pequenos estados, governados pelos *famas* –, donos da terra, descendentes dos primeiros habitantes da região. Expandiram-se, estendendo o território até o deserto e a floresta, e incluindo províncias conquistadas e vassalas semi-independentes.

No século XIII, quando da expansão em territórios malinquês, os sossos (antigos vassalos de Gana) foram derrotados por um representante dos Queitas (prováveis líderes de associações de caçadores, habitantes de aldeias entre os rios Sancarani e Níger) de nome Sundiata, responsável pela união das várias comunidades malinquês, que o elegeram o grande rei do Mali.

A organização política do Mali abarcava desde reinos até aldeias sob influência do grande rei, devendo-lhe tributos, mas eram dirigidas por conselhos de anciãos. O Mali incorporou ao seu domínio o que teria sido o Império de Gana, o país sosso, os territórios compreendidos pelos rios Gâmbia, Senegal e o alto Níger e também as minas de ouro de Bambuk e de Buré. Contudo, é preciso ressaltar que esses dois grandes produtores de ouro eram territórios sob influência do Mali, que não tinha o controle total das minas, nem conseguiu difundir o islamismo entre a sua população.

A sociedade dividia-se de forma hierárquica, estando no topo o rei do Mali, denominado *mansa*, seguido da linhagem real, do clã dos Queitas, da nação mandinga e das demais nações. Em cada nação, existiam as famílias reais, a nobreza, os homens livres, os mestres de ofícios tradicionais (ferreiros, carpinteiros etc.), os servos e os escravos. Estes últimos podiam compor as tropas de cavalaria e a guarda pessoal do rei, ocupar os cargos de funcionários da corte e trabalhar como agricultores.

A sucessão do reino poderia ser tanto patrilinear quanto fratilinear. Significa dizer que tanto o filho como irmão do rei poderia substituí-lo no poder. Na segunda metade do século XIII, o filho de Sundiata, chamado Uli, sucedeu-o no reino do Mali e passou a controlar também os grandes pontos comerciais do Sael: Ualata, Tombuctu, Jenné e Gaô.

Jenné, situada na região do rio Bani, era um grande centro agropecuário e comercial, que ligava a savana, o cerrado e a floresta. Seus

habitantes criavam gado e produziam milhete, sorgo e arroz, e artesanato em couro, ouro, cobre, ferro, algodão, madeira e barro. Esses produtos eram levados em canoas e comercializados ao longo do Níger.

Tombuctu ficava a noroeste do Níger, próxima ao deserto. Surgiu, provavelmente, no século XII, tendo como origem uma comunidade de tuaregues islamizados. Tornou-se um grande porto do comércio transaariano.

No século XIV, Tombuctu e Jenné desenvolveram-se ainda mais com sua integração ao comércio transaariano. Valentim Fernandes descreve que, em Tombuctu no século XVI, o sal, trazido em camelos, abastecia as almadias (grandes embarcações feitas em um só tronco), que se dirigiam à Jenné, onde era trocado por ouro, vindo da região dos povos acãs e de Lobi, no Volta Negro. De Jenné, o sal rumava à savana e, dali, à floresta, carregado em pedaços por escravos. Esse comércio entre a savana e a floresta era realizado pelos soninquês e pelos mandingas, estes últimos conhecidos também como *uângaras* ou *diulas*.

No final do século XIV, o Mali começou a se enfraquecer, devido, em grande medida, às lutas de sucessão entre os descendentes de Sundiata Keita, gerando a desintegração do reino em pequenos estados.

TELLENS E DOGONS

Uma região muito habitada e que, no segundo milênio da era cristã, sofreu uma multiplicação de zonas de produção agrícola era a que se situava ao longo do Níger e ao sul do lago Chade. Um dos grupos de agricultores que cultivavam essa região eram conhecidos como tellens. Eles ocuparam, no século XI, a área de escarpas de Bandiagara, no Mali, perto do delta interior do Níger, onde passaram a cultivar cereais. Esse povo deixou um conjunto de tecidos e objetos em madeira, tais como estatuetas, instrumentos musicais, enxadas, adornos, considerado um dos mais antigos da África Subsaariana.

Um povo que veio se juntar aos tellens, nos séculos XIV ou XV, foram os dogons, vindos do país mandinga. Estes eram conhecidos (e ainda são até hoje) por produzirem esculturas e máscaras coloridas de madeira. Eram povos de tradição migratória e falavam muitas línguas.

> A chegada dos dogons provocou o deslocamento dos tellens para a região do Iatenga. Os dogons não se organizavam politicamente em torno de um Estado centralizado, nem de um rei. Cada agrupamento tinha o seu próprio chefe religioso, um ferreiro chamado *hogom*, escolhido entre os homens mais idosos. Os reinos do Mali e, mais tarde, de Songai, tentaram subjugar os dogons, mas não tiveram êxito.

SONGAI

Os denominados songais têm como origem a dominação das comunidades de agricultores (dás) ou de caçadores (gôs) da margem do rio Níger pelos sorcos, vindos da região de Dendi, entre as atuais Nigéria e República do Benin. Assim como os de Gana, os songais centralizaram o poder político, estimulados pelo controle do comércio com os berberes. Cuquia era a capital de Songai no século VII e Gaô era, nos séculos VIII e IX, um importante ponto de comércio transaariano de escravos e ouro trocados por cobre, cavalos, tecidos, vidro, oriundos do Magrebe, do Egito, do Marrocos e da Europa.

Songai foi sucessor do reino do Mali, expandindo-se 2.000 km ao longo do vale do Níger. Na segunda metade do século XV, o chefe Soni Ali fez com que Songai atingisse o seu apogeu, explorando a agricultura e o comércio com as cidades de Jenné e Tombuctu. Depois de sua morte, os membros da família real e da nobreza militar enfrentaram-se em conflitos pela sucessão, provocando a divisão do Estado.

As religiões tradicionais africanas mantiveram-se em muitos lugares nos quais o islamismo penetrou. Os songais preservaram-se fiéis as suas tradições religiosas até o final do século XV, quando militares e clérigos muçulmanos dominaram o poder.

Na crônica *Tarikh al-Fattash*, escrita por volta de 1665, há a descrição de aldeias agrícolas em Songai. Eram compostas, em média, por duzentas pessoas, que ficavam sob a guarda de quatro feitores – *fanfas* – e um capataz-chefe, sendo todos escravos. As aldeias eram obrigadas a entregar uma produção de arroz e milhete fixada anualmente. Muitas vezes, sobrava pouco para a sobrevivência dos escravos. No entanto, nas aldeias agrícolas

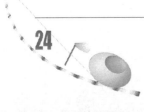

de aristocratas e chefes militares, os escravos eram considerados servos, tendo que entregar ao proprietário uma parte da produção, reservando o restante para seu sustento e da sua família. Outras terras eram cultivadas por escravos de plebeus que conseguiram enriquecer na agricultura ou no comércio e que as administravam com rigor.

O arroz, o sorgo e o milhete eram comercializados na região do deserto e ao longo do Níger. Encaminhados ao palácio do rei ou ao mercado nos ombros dos escravos, em embarcações e em lombos de burros, eram trocados por sal vindo do Sael. Os escravos eram responsáveis pela produção, pelo transporte das mercadorias e aos de mais confiança e a algumas mulheres cabia o comércio em mercados e feiras. Os escravos, sobretudo os eunucos (castrados), também compunham as grandes cavalarias. Cerca de dois a quatro mil eunucos eram adquiridos entre os mossis e os gurmas, hábeis castradores.

Desde o final do século XIII, os songais tentavam recuperar a sua independência dos domínios do reino do Mali, mas somente o conseguiram totalmente um século mais tarde, com o apoio de um exército forte e de frotas de canoas, resgatando também o controle das rotas comerciais caravaneiras em Gaô.

Já no início do século XV, os songais atacaram e submeteram várias localidades do Império Mali, entre elas as aldeias bambaras e o reino de Mema. Essas conquistas foram o pontapé inicial para a grande expansão do reino Songai, sob o comando de Soni Ali, que incorporaria as principais cidades do comércio transaariano: Tombuctu, Jenné, Ualata.

Os hábeis cavaleiros mossis, habitantes das terras ao sul da curva do Níger, que haviam invadido a cidade Ualata, por volta do século XV, tiveram que enfrentar as fortes tropas dos songais, saindo derrotados. Os songais pretendiam incorporar as terras dos mossis, fulas e dogons, que ficavam entre os antigos domínios do Império Mali, mas nunca o conseguiram.

No final do século XV, com a morte de Soni Ali, seu filho, Abu Bacre Dao ou Baro, tornou-se rei de Songai, mas logo foi destituído por Muhamed Turê ou Mamari, um grande chefe militar. Com o título de *ásquia*, Muhamed governou com base no islamismo, embora grande parte da nobreza songai e dos seus súditos se conservassem fiéis às crenças tradicionais.

O Império Songai, sob o governo do *ásquia* Muhamed, compreendia os territórios de Dendi para além de Jenné, com povos vassalos e um núcleo de várias províncias comandadas por parentes ou pessoas próximas ao rei, chamados de *fari, farma* ou *farima*. A parte ocidental do reino ficava sob o governo de um vice-rei – *Curmina-fari* ou *Canfari*. E a região oriental sob o comando de outro vice-rei – *Dendi-fari*.

Além desses governantes havia vários outros funcionários, como o mordomo-real, o tesoureiro, o responsável pelas florestas, águas e plantações, o comandante das frotas de canoas e dos exércitos.

O *ásquia* Muhamed incorporou ao Império Songai a cidade de Agadés, um ponto comercial caravaneiro entre Trípoli, Egito, Bornu, Hauçalândia e Gaô. Venceu os fulas de Macina e os soninquês de Bagama, passando a controlar a área entre Tombuctu e Jenné. Várias outras dependências ou territórios de influência do Mali foram incorporados, como Diala e Galam, lembrando que estavam nas suas mãos o controle das principais cidades comerciais: Gaô, Jenné, Tombuctu e Ualata.

De acordo com as informações de Leão Africano (mas não comprovadas em outras fontes), no século XVI, o *ásquia* Muhamed voltou suas forças para conquistar os territórios hauças, sobretudo Bornu, interessado no comércio de ouro, noz-de-cola, escravos, produtos de couro, gado etc. Para tanto, invadiu e escravizou grande parte da população de Katsina, Zária, Kano e Gobir.

O governante de Kebbi, um estado a oeste de Sokoto, entre a Hauçalândia e o reino de Songai, Cunta Quenta, rebelou-se contra o *ásquia* e enfrentou suas tropas, tornando-se independente. Em 1528, Muhamed, já muito idoso, seria deposto por um de seus próprios filhos, Musa. A partir desse momento, iniciou-se a decadência do Império Songai, que em 1591 foi conquistado pelo Marrocos.

TACRUR

Tacrur era um reino localizado nas margens do rio Senegal, um ponto privilegiado de ligação entre o deserto e a savana, bem como o litoral atlântico e o interior. No século IX, esse reino era formado por

agricultores sereres, que deram origem aos tucolores, grandes comerciantes islamitas de ouro e escravos, e pelos pastores fulas, nômades de origem saariana. Eram grandes cultivadores de milho e criadores de gado.

A primeira dinastia de Tacrur, a de Diáogo, era composta, provavelmente, por fulas ou berberes. No final do primeiro milênio da era cristã, a dinastia de Diáogo foi substituída pelos Manas, do estado de Diara, permanecendo no poder por trezentos anos. No século XI, o rei tucolor Uar-Jabe ibn Rabis converteu-se ao islamismo, difundindo essa doutrina por meio da força e pela catequese com a ajuda de mercadores tucolores.

Os mercadores de Tacrur comercializavam ouro, escravos, âmbar, cobre, goma, contas, lã e sal pelas rotas do Atlântico ou por Audagoste, fazendo chegar esses produtos até Marrocos, Gana e Níger.

Nos séculos XI e XII, Tacrur expandiu suas fronteiras até Barisa – um ponto de comércio de ouro sob influência de Gana – fazendo, assim, concorrência com este reino.

No entanto, no início do século XIV, os Manas perderam o poder em Tacrur, dando lugar aos sereres e mandês da dinastia de Tondions, que por sua vez, no século seguinte, foram substituídos pelos fulas de Lam-Termes. Nessa época, Tacrur foi invadido por guerreiros estrangeiros e acabou dividido em pequenos reinos.

Entre a segunda metade do século XV e o início do século XVI, os fulas investiram na sua política expansionista. Comandados por Dulo Demba, Tenguelá e Coli Tenguelá, conquistaram as terras do Futa Jalom e do alto Gâmbia, dominaram os pequenos reinos que outrora formavam Tacrur e criaram um grande Império, conhecido como o Império do Grão-Fulo.

CANEM E BORNU

As terras em torno do lago Chade foram escolhidas por vários povos que se dirigiam para o sul, fugindo do ressecamento do Saara. Nessa área, há vestígios de aldeias de agricultores, pescadores e criadores de gado miúdo, que deixaram machados, vasos de cerâmica e utensílios de pedra e de osso. Uma delas ficava próxima à cidade de Boma, na Nigéria, cujo sítio arqueológico chamaram de Borno 38. Outra aldeia, mais ao norte, que teria sido ocupada a partir do primeiro milênio a.C., era Kursakata. Nesta, os moradores talvez não cultivassem grãos e utilizavam objetos de cerâmica e ferro, em vez dos feitos de pedra e osso.

Daima era outra aldeia, no nordeste de Bornu, surgida, provavelmente, em 550 a.C., e ocupada por mais de 18 séculos, deixando de ter uma concentração populacional somente depois do século XIII. Seus habitantes consumiam grãos, pescado e criavam cabras e bois. Estavam acostumados a trabalhar o ferro, desde o século I a.C., que havia, provavelmente, sido trazido de Mandara, ao sul. Utilizavam a cerâmica para fabricar vasos, ferramentas para trabalhar a madeira, assim como para recobrir os pisos.

Com o passar do tempo, as casas feitas de madeira e palha foram substituídas pelas de barro. Os moradores de Daima também deixaram de usar o osso e os machados de pedra. Paralelamente, houve um aumento da produção de cereais e da criação de caprinos.

As sepulturas revelam um período de riqueza. Os mortos, enterrados de lado ou em posição fetal e com as mãos na cabeça ou no rosto, levavam ornamentos (brincos, colares, braceletes) em barro, bronze, ferro, cobre, vidro e cauri (espécie de concha). É possível que alguns desses materiais ou peças prontas tenham vindo de outras localidades e comercializadas em troca de sorgo, gado, marfim etc.

Os habitantes da última etapa de ocupação em Daima eram chamados de saôs, pessoas de grande porte e construtoras das grandes muralhas ao sul e a sudeste do lago Chade. Utilizavam a argila para fabricar desde joias, panelas, pontas de flechas e fornos até na construção de casas e muralhas. Mas foram as pequenas esculturas de cabeças humanas (de 3 a 12 cm de altura) em terracota as peças mais importantes da cultura saô, criadas para celebrar o nascimento ou a morte de uma pessoa.

Peças em bronze e ferro, como colares, anéis, braceletes e instrumentos para a caça foram também fabricados pelos saôs. A partir do século XIII, os saôs, que, muito provavelmente, dominavam o sul e o sudeste do lago Chade, sucumbiram à expansão de Canem. Muitos fugiram para territórios longínquos e outros tornaram-se escravos.

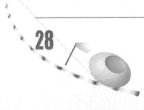

A fundação do reino de Canem é atribuída aos zagauas, nômades do Sudão. Uma outra versão revela que Ibrahim, o filho de um grande herói árabe – Saife ibn Dhi Yazan – viajou para o Sudão Central e tornou-se líder dos magumis, nômades do nordeste do lago Chade, conquistando vários grupos dessa área. Essa história pode ter sido criada depois da conversão de Canem ao islamismo e ao advento da dinastia Sefaua.

Existem várias outras explicações para a origem de Canem e todas insistem na submissão de um povo mais fraco por outro mais forte, por possuir supremacia militar, em virtude do conhecimento da metalurgia do ferro e do uso do cavalo, ou pela importância estratégica do comércio.

O escravo era um dos produtos comercializados nessa região, vendido, sobretudo no norte da África, como concubina, eunuco, criado ou soldado. Os escravos também eram utilizados no próprio reino de Canem, para pagar tributos, compor exércitos, em trabalhos na agricultura e na criação de animais. Eram obtidos por meio de sequestros e ataques às aldeias próximas. Esses ataques serviam para a expansão do reino, submetendo os povos vizinhos ou os tornando seus vassalos em troca de proteção.

Até a metade do século XI, o islamismo não era totalmente aceito em Canem, com exceção de pequenos grupos de mercadores, apesar da existência de missionários responsáveis por propagar a fé muçulmana nesse reino. O primeiro rei de Canem a se converter ao islamismo teria sido Humé, no final do século XI. A partir de sua conversão, os sefauas tornaram-se dominantes em Canem.

No século XIII, ocorreu a grande expansão de Canem, sob o comando do rei Dunama Dibalemi. Esse reino já controlava Kawar, um importante produtor de sal, comercializava também muitos escravos, panos, marfim, contas, objetos em ferro, estanho vindo de Bauchi, cavalos do norte da África, cobre de Takedda. Com o objetivo de assegurar esse comércio, foi necessário submeter Fezzan, um ponto de parada de caravanas entre Canem, Tunísia e Tripolitânia, e entre o Egito, Mali e Gaô. Bornu, a oeste do lago Chade, também foi conquistada por Canem.

No século XIV, Canem entrou em crise. Vários reis morreram em guerras contra os saôs. Fezzan conseguiu sua independência. E os bulalas, habitantes do reino da região do lago Fitri, importantes no comércio transaariano e fortes militarmente, com exércitos compostos por homens a cavalo, invadiram Canem, que também estava sendo atacada por grupos árabes e tubus, que queriam escravizar a sua população. Ao mesmo tempo em que Canem se protegia, não deixava de guerrear também com os saôs e outros vizinhos ao sul para obter mais escravos e engrossar seus exércitos.

O então rei Umar ibn Idris abandonou Canem e seguiu com seu exército para Bornu, que possuía terras férteis, tinha ao seu redor possíveis fontes de escravos e era ponto de saída das rotas comerciais para a África do Norte e o Egito.

Em Bornu, a população era predominantemente canúri, isto é, uma mistura de canembus e saôs. As aldeias mantinham seus chefes tradicionais – *bulamas* – que respondiam aos representantes militares do rei – *maína* ou príncipes. O rei governava com o apoio desse conselho de militares e também era muito influenciado pela rainha-mãe – *magira* – e pela rainha-irmã. Nessa época, Bornu comercializava escravos em troca de cavalos, vindos da África do Norte. Para tanto, precisava obtê-los em guerras travadas contra povos vizinhos. Cada cavalo valia em torno de 15 e 20 escravos.

Em Canem, os bulalas continuaram até o início do século xv, quando foram finalmente derrotados pelos sefauas, comandados pelo rei Osmã ou Bir ibn Idris.

No entanto, apesar de retomarem o território de Canem, os sefauas preferiram continuar em Bornu. No século xv, o rei Ali Gaji construiu entre Birni Gazargamu, o lago Chade e a Hauçalândia, a sede do reino, que permaneceu um grande Império até 1809, quando foi invadida pelos fulas e abandonada pelos seus habitantes.

OS REINOS SUDANESES

REINOS	ÉPOCA	POVOS	PRINCIPAIS PRODUTOS COMERCIALIZADOS
Gana	c. IV-XIII	soninquês, *diulas*	ouro, tecidos, noz-de-cola

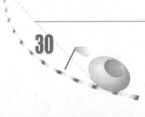

Mali	c. XIII-XV	malinquês, queitas, mandingas	ouro
Songai	c. XV-XVI	songais	agrícolas (arroz, sorgo, milhete), ouro, escravos
Tacrur	c. IX-XIV	sereres, tucolores, fulas	ouro, âmbar, goma, lã
Canem e Bornu	c. X-XIV c.XIV-XIX	zagauas, sefauas canúri (canembus + saôs)	escravos

A SENEGÂMBIA: OS SERERES E OS JALOFOS

A área entre o deserto do Saara e a floresta equatorial, nas bacias dos rios Senegal e Gâmbia, era conhecida como Senegâmbia. Habitada pelos povos sereres e jalofos, que no segundo milênio da era cristã, vindos do vale do Senegal aí se fixaram, fugindo das secas e da expansão do islamismo.

Até o século XIV, os jalofos estavam sob a influência do reino do Mali, quando, então, o rei Andiadiane Andiaje se impôs sobre outros agrupamentos jalofos e sereres e formou o reino Jalofo. Algum tempo depois, esse rei incorporou como vassalos outros reinos: Ualo, Caior, Baol e Sine, este último formado, essencialmente por sereres. Dessa maneira, os jalofos passaram a comandar um grande Império, que abarcava o território compreendido entre o litoral e a foz do rio Gâmbia e cuja capital ficava a 300 km da costa.

O grande rei do Império Jalofo, conhecido como *burba*, recebia dos reinos vassalos tributos anuais, a veneração (como um ser sagrado que era) e a garantia de que nenhum outro reino lhe ocasionaria a guerra.

A sociedade dos jalofos e sereres dividia-se de forma hierárquica em famílias reais, linhagens aristocráticas, grandes homens livres, camponeses, trabalhadores em ofícios (ferreiros, músicos etc.) e, por fim, os escravos. Havia ainda uma distinção entre os escravos do rei (*tiedo*), os escravos de nascimento (*jam juundu*) e os capturados (*jam sayor*). Os escravos do rei tinham uma vida estável, formavam exércitos ou ocupavam cargos na

administração. Os capturados podiam ser vendidos, mortos e maltratados, diferentemente dos escravos de nascimento, que só eram vendidos se praticassem algum delito, e eram incorporados de modo mais fácil à família do senhor.

A maior parte da população era adepta das religiões tradicionais, oferecia sacrifícios aos ancestrais e participava de rituais para obter fertilidade e chuvas. Embora os reis e a nobreza tivessem aderido ao islamismo, para preservar o poder, também praticavam os rituais tradicionais.

Na metade do século XV, o Império Jalofo incorporou os estados mandingas do lado esquerdo do rio Gâmbia. No entanto, algumas décadas depois, o rei de Sine submeteu toda a área que abarcava o Império Jalofo, originando as chefias sereres de Salum.

FONTES PARA A HISTÓRIA DA ÁFRICA

O continente africano foi objeto de muitas obras de árabes, europeus e dos próprios africanos. Os árabes estabeleceram relações comerciais durante muitos anos com as sociedades africanas e se instalaram, em especial, na África Ocidental e na costa da África Oriental. Entre os séculos IX e XV, a história dessas sociedades foi descrita nas obras de viajantes, geógrafos e historiadores, como Al-Mas'udi, Al-Bakri, Al-Idrisi, Yakut, Abu'l-Fida, al'Umari, Ibn Battuta, Hassan Ibn Mohanmad al-Wuzza'n (conhecido como Leão, o Africano). O norte-africano de Túnis Ibn Khaldun (1332-1406) destacou-se como o grande historiador da África, ao escrever sobre a história do Mali utilizando a tradição oral.

Com a expansão do islamismo na região ao sul do deserto do Saara e na costa oriental do continente, os africanos passaram a combinar a escrita árabe à tradição oral. Assim, nasceram obras escritas, em sua maioria, pelas elites africanas de Kano, Tombuctu (África Ocidental), Quíloa, Kilwa (África Oriental). Uma delas é *Tarikh-al-Sudan* escrita no século XVII, por um habitante letrado de Tombuctu, Al-Sadi, que conta a história dos reinos sudaneses. Do mesmo século é a crônica *Tarikh-al-Fattash*, de Mahamud Kati e Ibne al-Maktar.

A partir do século xv, os europeus também começaram a estabelecer relações comerciais com a África, resultando em um conjunto de relatos, crônicas e descrições, de autores como Alvise de Cadamosto, Gomes Eanes de Zurara, Duarte Pacheco Pereira, João de Barros, Rui de Pina, André Álvares d'Almada. Nos dois séculos seguintes, os missionários católicos foram os principais responsáveis pelas obras escritas sobre a Etiópia (Pedro Paez, Manoel de Almeida e Hiob Ludolf). Para o baixo vale do Congo e em Angola são importantes as obras de Filippo Pigafetta, Duarte Lopes, Cavazzi de Montecucculo e Antonio de Oliveira Cadornega, pois trazem elementos históricos relevantes.

Há ainda relatos deixados pelos próprios africanos sobre as suas regiões de origem e as experiências como escravos na América e na Europa, como *A narrativa da vida de Olaudah Equiano ou Gustavus Vassa, o Africano*, escrito em 1789.

Chegado o século xix, os europeus iniciaram a exploração da África, direcionada à conquista dos mercados consumidores africanos, após o fim do tráfico de escravos. Uma nova literatura foi produzida por exploradores que recolheram documentos escritos e testemunhos orais, tais como as obras de James Bruce, T. E. Bowdich, Joseph Dupuis, Mungo Park, Gustav Nachtigal, Hugh Clapperton, Richard Burton, entre outros.

Todas essas obras retratam as principais sociedades da África Subsaariana e contribuem, junto com a arqueologia e a história oral, para a construção da História desse continente.

HAUÇALÂNDIA

Os povos de língua haúça ocupavam, no século xi, a faixa que abarcava o Air até o planalto de Jos, a curva do rio Kaduna até o vale do Gulkin-Kebbi.

Em cada comunidade haúça, o poder político estava concentrado no chefe da linhagem. À medida que ocorria a expansão das aldeias com a incorporação de novas pessoas, o poder tendia a se concentrar nas mãos de um chefe. Um, dentre todos os chefes das aldeias, era escolhido como autoridade maior, tendo como critério a descendência do fundador da comunidade.

Os haúças eram grandes agricultores, tecelões – as terras eram propícias ao cultivo de algodão –, artesãos de couro e ferreiros. Kano era uma das principais cidades haúças, com terrenos férteis para a produção de cereais, algodão, e rica em minério de ferro. Comercializavam escravos em troca de cavalos ao norte e ao sul.

No século XV, Kano dedicava-se, essencialmente, ao cultivo de sorgo, arroz, milhete, algodão, pimentas e às manufaturas em couro (sandálias, rédeas, almofadas), algodão, cobre e ferro. O comércio desses produtos, mais o sal, vindo de Bilma, o natrão (um produto equivalente ao sal, utilizado para fazer medicamentos, sabão, curtir a carne e o couro, e tingir tecidos), oriundo do Chade, os escravos, a noz-de-cola e o marfim era realizado com Air, Songai, Bornu, Nupe e com os cuararafas, conhecidos como "o povo do sal", responsáveis pela extração e comércio desse produto na região entre Gongola e Benué.

No século XVII, o sal chegou a ser o produto mais importante comercializado na África Ocidental. Os haúças utilizavam mais de cinquenta palavras para diferenciar os tipos de sal. Ele era produzido por escravos em grandes reservas no Saara e transportado para o sul, em especial, por tuaregues em caravanas de vinte a trinta mil camelos e vendido em troca de ouro e cereais da savana.

O reino haúça de Gobir, formado pelos gobirauas, habitantes das montanhas do Air que, a partir do século XI, foram para o sul, empurrados pelos berberes, tornou-se um centro importante de comércio de cobre, trazido de Takedda e de ouro de Zamfara. Outro Estado haúça, também importante centro comercial de ouro, escravos, marfim, noz-de-cola, era Zazau, ao sul. Sua capital era Dutsen-Kufena, atual cidade de Zária.

Quanto à religião, os haúças acreditavam na existência de um ser supremo – *Ubanjiji* – e em outros seres ou forças – *iscóquis* – responsáveis pelo destino das pessoas. Em geral, os *iscóquis* eram relacionados aos elementos da natureza, árvores, fontes d'água e bosques. Na cidade de Katsina, havia um santuário conhecido por Bauda e um centro de aprendizagem das religiões tradicionais, cujas cerimônias de entronização eram baseadas nessas crenças.

Nos séculos XV e XVI, os haúças sofreram várias transformações. Os pequenos estados integraram-se em reinos, talvez por influências externas, sobretudo pelo contato com o reino do Mali. Cidades como Kano e Katsina, grandes centros comerciais e artesanais, foram cercadas por muralhas. Na primeira, a muralha abarcava 7 km². Administradores foram nomeados, mais cavalos foram importados, a pilhagem de escravos entre os povos do sul foi intensificada e a classe dominante passou a praticar o islamismo, gerando conflitos entre seus governantes adeptos ao Islã e os súditos que continuavam fiéis às crenças tradicionais.

Essas mudanças políticas também podem ter sido promovidas por novas condições militares, sobretudo a partir do século XIII, com o uso de cavalos de raças maiores. Os cavalos eram tão importantes nessa região que representavam *status* social, custando, em média, entre 9 e 14 escravos, na costa da Senegâmbia.

A utilização da cavalaria nas guerras promoveu o aumento do número de escravos. Por um lado, porque os escravos eram utilizados como moeda de troca pelos cavalos e, por outro, porque com os cavalos era mais fácil capturar escravos. A maior parte dos escravos eram mulheres destinadas ao trabalho doméstico, servindo também como concubinas. Os homens escravos trabalhavam como criados, artesãos, soldados, carregadores, funcionários públicos e agricultores.

OS ESTADOS DA FLORESTA OCIDENTAL

OS ACÃS

Na floresta, existiam pequenos agrupamentos de povos de língua acã, que, a partir do século XVI, se expandiram formando estados. Essa expansão foi incentivada, sobretudo pela exploração do ouro, contribuindo para a compra de escravos utilizados na abertura da floresta. Begho, habitado já no século XI, era o centro comercial dos acãs, ligando-os a Jenné e ao Mali.

O reino mais antigo entre os acãs era Bono, localizado numa área fértil, povoado por volta do século XIII. E Bono Manso era a sua capital. Formado pelo povo *brom*, falantes de um dialeto acã, esse reino foi um importante produtor e mercado de ouro, trocado por escravos jalofos, sereres, bambaras, dogons, fulas, haúças, mossis, tucolores, grunces, baribas, trazidos pelos *diulas*.

Entre os acãs, o cobre era tão importante quanto o ouro. Era considerado mágico e utilizado em cerimônias importantes. Em troca do ouro em pó ou em pepitas, os acãs recebiam bacias, jarras, panelas, bandejas e manilhas em cobre. Esses objetos eram derretidos e o cobre transformado em novas peças com desenhos trabalhados à maneira acã, destinadas aos túmulos e santuários.

As conchas vermelhas, vindas das Canárias, também eram privilegiadas pelos acãs, pois eles acreditavam no seu poder sobrenatural e na propriedade de afastar raios, sendo utilizadas no peito, nos barretes e bainhas das espadas.

Os acãs recebiam, em troca do ouro, vinho branco, pimentas, âmbar, ágatas, coral em forma de contas e miçangas, produzidas em Veneza, no Mediterrâneo, na Tunísia e em Barcelona. Os *uângaras* ou *diulas* utilizavam os escravos como moeda de troca pelo ouro. Com um número cada vez maior de escravos, os acãs expandiam-se, buscando mais ouro, derrubando as matas e criando novas comunidades agrícolas.

IFÉ

Há milhares de anos, na área ao sul, a sudeste e a sudoeste dos rios Níger e Benué, habitavam povos de línguas edo, idoma, iorubano, ibo, ijó, igala, nupe, entre outras, originárias da família linguística níger-congo. Esses povos agricultores, produtores de sorgo, milhete, quiabo, feijão, inhame, dendê, organizavam-se fundamentados na linhagem, constituída pela família extensa com um antepassado comum. O conjunto de várias linhagens formava a aldeia, que tinha um chefe como representante político, eleito entre os mais velhos ou por ser descendente do fundador da comunidade. A união das pequenas aldeias compunha, assim, uma espécie de miniestado, inexistindo um poder centralizado.

As decisões referentes à vida coletiva no miniestado eram tomadas em conjunto pelos chefes das linhagens e pelos representantes dos grupos de idade e das associações de titulados. Os homens dividiam-se socialmente em

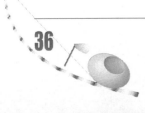

grupos de idade (jovens, adultos e idosos). Os idosos eram os mais respeitados e responsáveis pelas questões políticas, judiciárias e religiosas. Por sua vez, nas associações de titulados, os homens que possuíam uma quantidade maior de bens ligados à terra, como produtos agrícolas e animais, recebiam títulos que representavam a sua riqueza e o seu poder na sociedade.

Cada miniestado tinha um chefe (*oba, onu, ovie, etsu, oche*, nas diferentes línguas faladas na região), escolhido entre aqueles que já haviam percorrido vários estágios nos grupos de idade e nas associações de titulados e pertenciam às linhagens mais importantes. Com o passar do tempo, esses miniestados expandiram o comércio, novos grupos foram fixados, proporcionando o aumento do poder do seu chefe, dando origem a uma cidade-estado.

Os principais reinos nessa região teriam se formado pela pressão de povos imigrantes e fortes militarmente, objetivando a expansão de seus domínios, invadiram e se impuseram aos miniestados, introduzindo instituições políticas novas centralizadas na figura de um rei.

Há indícios arqueológicos de que Ifé foi formada desde o século VI, por pequenas aldeias agrícolas de modesto comércio. Somente mais tarde tornou-se um centro importante, em razão do desenvolvimento da metalurgia do ferro e também da sua localização geográfica na rota entre o alto Níger e Cotonu, passando a se configurar um entreposto comercial entre a savana, a floresta e o litoral. De Ifé para Gaô (ao norte), para as cidades haúças e para os povos de Ijebu (ao sul) eram levados ouro, marfim, dendê, sal, pimentas, noz-de-cola, inhame, escravos, contas de pedra e vidro, peixe seco e gomas.

Ifé também era, além de uma cidade-estado, um centro religioso que recebia tributos e congregava outros miniestados, que acreditavam na existência de um ancestral comum – o rei Odudua. De acordo com uma das várias versões para a origem de Ifé, o rei Odudua teria sido filho de um dos reis de Meca e o grande fundador do reino de Ilê Ifé, depois de perseguido e expulso da sua cidade natal por rejeitar o islamismo. Outra versão revela que Odudua era líder de um grupo em expansão vindo da Hauçalândia, Bornu, Nupe ou Canem e que conseguiu centralizar o poder em suas mãos e fundar Ifé.

As imagens em bronze, cobre e, sobretudo, terracota produzidas em Ifé, datadas por volta dos séculos XI ao XV, tornaram-se referências da arte subsaariana. Essas esculturas sofreram a influência da cultura Nok, datada do primeiro milênio a.C. As figuras humanas, que, provavelmente, representavam reis e cortesãos, possuíam traços perfeitos, harmoniosos, e eram adornadas com contas e panos em partes do corpo. Algumas esculturas traziam na face sinais, como se fossem linhas, que ligavam os cabelos ao queixo.

Existiam também cabeças de animais com uma roseta saliente na testa, simbolizando a realeza, feitas em tampas para recipientes de barro utilizados em rituais religiosos. Esses potes eram enterrados, em homenagem a um determinado deus, nos palácios e nas casas, em pátios cobertos por piso de cerâmicas e com altares circulares.

Ifé sofreu um declínio econômico e talvez tenha sido substituída, a partir do século XVI, por Oió nos contatos comerciais entre a savana e a floresta e, por Benin e Ijebu no comércio com o sul. Contudo, continuou a figurar como um importante centro religioso.

CULTURA NOK

A cultura conhecida como Nok (cerca de 900 a.C. até os séculos II ou III d.C.) compreendia o território entre os rios Níger e Benué, aproximando-se do lago Chade. Os povos de cultura Nok eram especialistas em metalurgia de ferro e cobre, fabricavam utensílios domésticos, pontas para lanças e flechas, argolas como enfeites para braços e tornozelos.

Também dominavam a técnica de esculturas em terracota com tamanhos de 9 cm a 1,20 m de altura, com penteados variados e colares de contas e pulseiras de quartzo e estanho. Há indícios de que essas esculturas eram fabricadas por pessoas que viviam em casas de taipa construídas em aldeias agrícolas e que cultivavam inhame, milhete, dendê, sorgo e abóbora. Ficavam distantes das rotas transaarianas, mas provavelmente participavam do comércio entre a floresta e a savana.

BENIN

Benin era um dos miniestados dos povos edos que habitavam, há milhares de anos, a região de florestas a oeste do rio Níger. Esse miniestado tinha um chefe (*ovie* ou *ogie*) que representava a unidade de várias comunidades administradas pelas linhagens, associações de titulados e grupos de idade.

Diz a tradição que, entre o final do século XII e o início do século XIV, teria Odudua, o rei de Ifé, enviado a Benin Oraniã, seu filho mais novo ou neto (depende da versão), a fim de resolver um entrave na sucessão do poder entre os chefes locais edos. Depois de algum tempo na região, e casado com a filha de um chefe edo, Erinuinde, Oraniã teve um filho, Eueca, que deixou como *obá* (rei) do Benin, e voltou para Ifé.

No Benin, os mais velhos possuíam o poder de legislar sobre as terras e os costumes das aldeias agrícolas e orientavam o trabalho dos outros grupos. Reuniam-se nos santuários em homenagem aos seus ancestrais para resolver os problemas e as disputas da comunidade. Os adultos cuidavam da proteção e das tarefas mais importantes e os jovens, por sua vez, ficavam encarregados de entregar ao *obá* os tributos.

No Benin, a divindade mais adorada era o Olokun, que propiciava a riqueza e contemplava as mulheres com filhos.

Por volta do século XIII, o *obá* Euedo, descendente de Oraniã, expandiu os limites do reino e buscou concentrar o poder nas suas mãos, indispondo-se com os chefes locais.

Benin não era um grande produtor agrícola, pois as terras da floresta não eram muito férteis, embora seus habitantes cultivassem inhame, melão, feijão, pimentas de rabo, anileiras e algodão. No entanto, o comércio era muito importante, pois Benin era um ponto de encontro de mercadores. Eles utilizavam como moeda barras e manilhas de cobre, pedaços de ferro e os cauris. A expansão tomou a direção das rotas comerciais com o objetivo de controlar as atividades mercantis e dominar outros pontos, como Aboh, Onistsha, Eko, entre outros.

A expansão do reino do Benin continuou por anos, conquistando-se, com a ajuda de um grande exército, mais de duzentas cidades ou aldeias no norte do país edo, na região dos ibos (ao ocidente do rio Níger), e também no Iorubo, e cidades-estado como Owo.

Owo estava localizada entre Ifé e Benin, e também produzia esculturas em terracota, com formas e temas que mostram a influência da arte do Benin. Mas, de forma diferente da arte de Ifé, as esculturas em terracota do Benin representavam figuras humanas com traços fortemente marcados.

No entanto, o reino do Benin não conseguiu controlar todas as regiões habitadas pelos edos; é o caso dos habitantes das montanhas do norte que mantiveram sua organização política e seus miniestados.

OUTROS POVOS IORUBÁS

A tradição oral dos vários reinos e cidades-estado formados por povos conhecidos como iorubás conta que estes foram fundados pelos descendentes de Odudua, como Akure (cidade-estado e entreposto comercial do Benin), Irê (a 22 km de Ado), o reino de Ondo (entre Ifé e Ekiti) e o país dos ijexás (ao norte de Ondo).

O reino de Oió também teria sido criado por Oraniã, o já citado descendente de Odudua, mas com a participação dos baribas e dos nupes.

No final do século xv, Oió já era um grande reino com influência sobre diversas cidades-estado, como Igobon, Ajasse-Ipo e Iresa, obtida por meio da guerra ou em troca de proteção dos ataques dos nupes e baribas. Além da importância comercial, Oió era grande especialista em trabalhos em couro. A organização política baseava-se na linhagem patrilinear. Cada linhagem formava uma comunidade de moradias delimitadas fisicamente por muros. O conjunto de várias comunidades compunha uma espécie de bairro com um chefe. O cargo de rei, provavelmente, era em parte controlado pelos chefes das linhagens mais importantes, que o elegiam.

O rei – *alafim* – tinha um poder sagrado, originário dos orixás, aos quais se uniria depois de morto. Possuía vários escravos, muitos dos quais eunucos, e seu exército era comandado por soldados profissionais. Era também quem administrava a justiça, somente ele determinava a pena de morte.

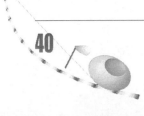

Os nupes, também conhecidos como tapas, eram povos que habitavam as terras de confluência do rio Níger com Kaduna. Eram grandes cavaleiros, que destruíram a capital do reino de Oió. Produziam ferro e comercializavam com os hauças produtos como a cola, vinda dos povos do sul, com quem trocavam escravos eunucos por cavalos. O trabalho em vidro era também valorizado.

No século XV, formavam pequenos reinos, alguns tributários dos igalas, povos habitantes entre os rios Níger e Benué. Os igalas viviam em aldeias que foram se juntando em pequenos estados e chegaram a formar o reino de Idah, que mantinha, nesse período, contatos frequentes com os iorubás e com Benin.

Na atual cidade de Lagos, a sudoeste de Ifé, habitavam os ijebus em aldeias-estado, cujo poder se concentrava num chefe e nos conselhos formados por representantes das linhagens. Mais tarde, formaram os reinos Idowa, Ijebu-Igbo, Owo-Ikija e o mais importante deles, Ijebu-Ode, especialista em objetos fabricados com metais preciosos.

Os ijebus eram grandes agricultores, tecelões e comerciantes de presas de elefante, escravos e tecidos, vendidos mais tarde no Brasil, como "panos da costa".

Próximos aos ijebus estavam os egbas, entre os rios Oba, Ebute-Meta, Oxum e Yewa, reunidos em cidades-estado, que formavam uma confederação. Nessa sociedade não existiam famílias reais. De acordo com as tradições, o rei era eleito ou indicado num ritual de adivinhação, entre aqueles que compunham uma elite de "homens bons", originária de Oió ou de Ifé.

Entre os iorubás, as divindades eram conhecidas como orixás. Cada indivíduo deveria cultuar um orixá específico, revelado por um adivinho. A adivinhação era conhecida por *ifa* e o especialista mencionava um verso, dentre inúmeros que memorizava, apropriado para a situação de quem o procurava. Quem tinha a devoção por um mesmo orixá, formava um templo para o seu culto com imagens e praticava rituais de devoção.

Os ibos, povos que ocupavam a região a leste do rio Níger, habitavam aldeias e se dedicavam à pesca, ao comércio, ao cultivo de dendê, feijão,

banana e inhame e à criação de animais de pequeno porte, como cabras e galinhas. Não chegaram a formar um Estado centralizado, nem tiveram a figura do rei. Organizavam-se em linhagens, associações de titulados e grupos de idade, cujas decisões eram tomadas depois de consultado um oráculo. Produziram várias peças em bronze, ferro, cerâmica e cobre, tecidos, bem como contas de pedra e vidro, como revelam as escavações arqueológicas feitas no século XX na cidade de Igbo-Ukuwu.

Formavam suas comunidades tendo como centro os locais de reunião e de mercados. Em torno destes eram construídas as moradias, cercadas por palmeiras, depois por terras cultivadas e, por fim, pela floresta, que acreditavam habitada por espíritos maus e caçadores guerreiros.

De maneira diferente da arte de Ifé, na qual a maior parte dos objetos era em latão, os ibos faziam suas peças em bronze e os braceletes e pulseiras em cobre. Os indícios arqueológicos apontam para a produção dessas peças entre os séculos VIII e XI, e da metade do século XIV ao século XV.

OS ESTADOS DA FLORESTA OCIDENTAL

ESTADOS	ÉPOCA	POVOS	PRINCIPAIS PRODUTOS COMERCIALIZADOS
Bono	c. XIII	acãs	ouro
Ifé	c. VI	edo, ibo, nupe, ijó, igala, iorubá	ouro, marfim noz-de-cola, escravos
Benin	c. XII-XIV	edos	pimentas-de-rabo, anileiras e algodão
Oió	c. XV	iorubás	couro
–	–	nupes (tapas)	ferro, cola, vidro
Idah	–	igalas	agrícolas
Ijebu-Ode, Idowa, Ijebu-Igbo, Owo-Ikeja	–	ijebus	metais preciosos, escravos, tecidos (pano da costa)
–	–	egbas, ibos	objetos em bronze, ferro, cobre, contas em pedra e vidro

Principais reinos, Estados e cidades da África.

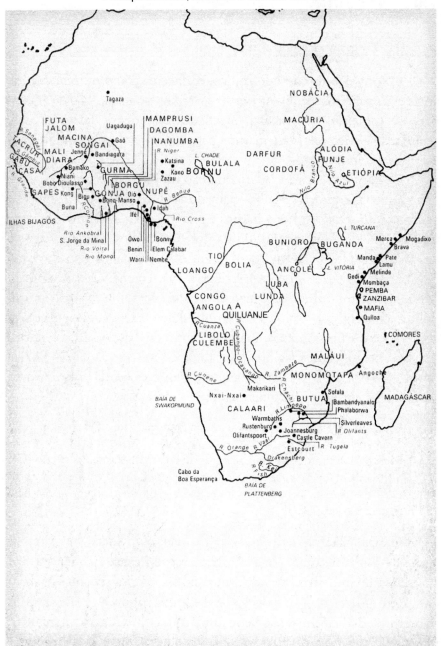

A ÁFRICA ORIENTAL

AS CIDADES-ESTADO DA COSTA DO ÍNDICO

O comércio na costa do Índico, conhecida como Azânia, data de antes dos primeiros séculos da nossa era e tinha a participação de árabes, persas e romanos, que traziam machados e lanças de ferro, tecidos, cerâmicas e açúcar, e levavam marfim, peles de pantera, tartarugas, incenso e chifres de rinocerontes.

No século VI, nas terras próximas ao rio Juba ou a Lamu, existia o reino Xunguaia, que talvez tenha originado a cultura suaíli. Seus habitantes eram caçadores e agricultores bantos e pastores cuxitas. Outros afirmam que os suaílis seriam agricultores bantos, vindos dos Grandes Lagos e das montanhas de Kwale, que desde o ano 500 se expandiram pela costa.

Em várias cidades-estado da África Oriental, como Quíloa, Mogadixo, Mombaça, Moçambique, Zanzibar, Mafia, Melinde, a organização política concentrava-se na figura de um sultão ou xeque, que governava com o apoio de um conselho, aparentemente com base nas leis islâmicas.

Os negros eram a maioria dos habitantes nessa região, mas já havia muitos mestiços. João de Barros descreve as impressões da frota de Vasco da Gama ao chegar ao rio Quelimane:

> O gentio que habitava à borda dele, deu grande ânimo a toda a gente, para quão quebrado o levava, tendo tanto navegado, sem achar mais que negros bárbaros como os de Guiné, vizinhos de Portugal. A gente deste rio peró que também fosse da cor e cabelo como eles eram, havia entre eles homens fulos que pareciam mestiços de negros e mouros, e alguns entendiam palavras de arávico.

Nessas cidades-estado os exércitos não eram fortes, nem muito grandes. Tinham como armas lanças, arco e flecha. As cidades não apresentavam muralhas, levando a crer que não precisassem ou evitassem entrar em guerra com os povos vizinhos, preferindo as alianças. Seus habitantes dedicavam-se, essencialmente, às atividades mercantis. Comercializavam com várias localidades do interior e as mercadorias

eram levadas para vários pontos da costa, embarcadas em zambucos ou pangaios (embarcações feitas com pedaços de madeira presos por cordas). O comércio era realizado da seguinte forma: do interior vinha o marfim, as peles e o ouro, em troca as cidades localizadas próximas ao litoral ofereciam o ferro, contas, panos e cauris. Os escravos também eram trocados, raramente obtidos em ataques às aldeias vizinhas.

De fora do continente africano chegavam, sobretudo em grandes navios árabes e indianos, mercadorias de luxo, entre elas contas de vidro e cauris das Maldivas. Os mais abastados faziam suas refeições em tigelas de louça chinesa ou persa. Já os mais pobres comiam em torno de uma grande panela comunitária, em geral, de cerâmica.

Já no século IX, a cidade de Quíloa tinha um comércio significativo, apesar do aspecto rústico de suas moradias de barro e telhados de folhas de palmeiras. Sobre essa cidade há uma das mais antigas narrativas escritas sobre a África Oriental: *A crônica de Quíloa*, da primeira metade do século XVI. Seus habitantes eram pescadores bantos, conhecedores da metalurgia do ferro e do cobre e produziam objetos de cerâmica vermelha. Estabeleceram o comércio de peixe seco, frutas, cereais, sal e gado com os povos do interior e com outros pontos do litoral, utilizando cauris como moeda. Mais tarde, talvez por influência dos contatos com mercadores muçulmanos, o comércio em Quíloa tenha incluído outros produtos, como marfim e peles destinadas à Arábia, Índia, Pérsia e China.

Existiam, na cidade, vários prédios de três ou quatro andares, construídos uns juntos aos outros, e casas, em geral com duas salas seguidas de quartos. As portas eram trabalhadas em pedra-coral, com desenhos que simbolizavam espinhas de peixe. Havia quase sempre um pátio abaixo do nível principal, uma sala e uma varanda entre esses dois ambientes. Nas paredes colocavam-se vasos e até os muros eram trabalhados em madeira. A maior parte dos habitantes era negra e possuía escarificações no rosto. Cultivavam algodão, legumes, cebolas, milhetes, laranjas, limões, coco, feijões, pimentas, jambos, bananas, romãs e cana-de-açúcar. Completavam a alimentação com peixes, galinhas, cabras, bois e carneiros.

A partir dos séculos XII ou XIII, Quíloa desenvolveu-se ainda mais e se firmou como ponto comercial. Mercadores de Mogadixo, uma outra cidade mercantil, estabeleceram-se em Quíloa. Os habitantes de Mogadixo viviam sobretudo do cultivo de arroz, legumes e da criação de gado. Faziam pratos abundantes, como o purê de bananas verdes com leite ou coalhada com limão, pimenta, gengibre e manga. Vestiam túnica e manto e usavam turbante na cabeça. Mogadixo produzia tecidos em algodão, muito requisitados e exportados para o Egito. Escravos e marfim eram para lá exportados.

As influências da Arábia, da Pérsia e da Índia, proporcionadas, em grande medida, pelas relações comerciais no Índico podem ser notadas em vários aspectos, na arquitetura das construções, das fachadas, dos túmulos etc. Desse período são as construções em pedra unidas por massa de cal, características dos templos religiosos com tetos planos e de pilares de madeira em Máfia, e da grande mesquita de Quíloa.

Na segunda metade do século XIV, Quíloa sofreu um pequeno declínio, talvez por conta da concorrência e da consequente perda do monopólio do comércio de ouro com Sofala. Mas, já no início do século XV, com um novo crescimento do comércio a distância, a partir das navegações no Índico, Quíloa voltou a progredir.

Depois dessa retomada de força, o poder em Quíloa passou a se concentrar no conselho dos notáveis, gerando problemas na sucessão dos sultões e, consequentemente, acarretando crises políticas. Por outro lado, muitas outras cidades desenvolveram-se, como Mombaça, Zanzibar, Melinde. Já no início do século XV, Mombaça teve um nítido crescimento econômico. Desde o século XII, Melinde e Mombaça eram conhecidas por conta de suas minas de ferro, cuja produção era exportada para a Índia.

O GRANDE ZIMBÁBUE E O REINO DO MONOMOTAPA

Os povos bantos chegaram à região dos rios Zambeze e Limpopo por volta da metade do primeiro milênio, trazendo consigo a prática da agricultura, do pastoreio e da metalurgia. Em Mabveni, Gocomere e Malapati encontraram-se sinais de aldeias dos séculos II, IV, VI e IX, com depósitos de cereais e casas de pau a pique e de argila com cascalho, pedaços de ossos de impala, búfalo, zebra e caprinos. Havia também

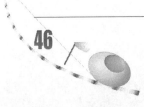

utensílios de cerâmica, vasos decorados com relevos, tigelas e enfeites. Essas peças faziam parte da cultura Goncomere.

Próximo às montanhas de Inianga e na região do rio Mozoé surgiu, entre os séculos IV e XI, uma cultura semelhante à Goncomere, conhecida por Zíua. Em túmulos e restos de construções, descobriram-se utensílios de cerâmica, cobre e ferro, além de grãos e cauris.

Na região localizada entre os rios Zambeze e Limpopo, havia muitas jazidas de ouro, datando do século XIII os primeiros indícios da exploração desse metal. O trabalho era realizado em poços com mais de 30 m de profundidade, com a participação de homens, mulheres jovens e crianças. A exportação de ouro chegava a mil quilos por ano.

Entre os séculos X e XI, um grupo formado pelos xonas estabeleceu-se num monte de terras férteis, sem a presença da mosca tsé-tsé, próximo ao rio Lúndi e que daria origem ao Grande Zimbábue. Os xonas teriam escolhido esse monte por considerá-lo sagrado. Até hoje eles vivem nessa área e reverenciam, nos montes, o deus supremo – *Muári* – através dos ancestrais, que são os intermediários entre os homens e o divino. Com o prestígio religioso que tinham e o recebimento de tributos de povos vizinhos, conseguiram se desenvolver e estabelecer redes comerciais.

Muitos acreditam que os xonas se fixaram nessa região devido à liderança que assumiram por meio de seus numerosos rebanhos e da produção de armas, com as quais promoviam guerras. Além disso, cobravam tributos dos mercadores que por ali passavam e, mais tarde, controlaram as rotas comerciais de ouro entre as minas e o litoral. O Grande Zimbábue contava com uma localização geográfica privilegiada, estando próximo às áreas mineradoras e no caminho direto para a costa. Atingiu uma população total entre 11 e 18 mil habitantes.

Eram grandes construtores de muralhas de blocos de granito, que cercavam as moradias dos governantes feitas de sapé e *daga* (massa resistente feita da mistura de argila, cascalho, esterco e cupinzeiro triturado). No século XIII, existiam dois conjuntos de muralhas no alto do monte, conhecido como Acrópole, onde ficavam os governadores. Um desses amuralhados era composto por 14 moradias construídas de *daga*. O outro recinto era reser-

vado aos rituais religiosos com terraços, nos quais eram colocadas esculturas em pedra-sabão de, mais ou menos, 40 cm de altura, com imagens de pássaros, gaviões e falcões, em homenagem aos ancestrais.

Esses cercados de pedra também existiam nas terras abaixo do monte e serviam para delimitar a área de casas de uma mesma família. Outras majestosas construções de granito foram feitas pelos xonas: uma torre de aproximadamente 9 m de altura, um recinto circular com cinco casas, um paredão não concluído, uma grande muralha elíptica de 240 m de circunferência e 7 m de altura, que cercava esses dois últimos monumentos, sendo esta a maior construção da África Subsaariana anterior à chegada dos portugueses.

Próximos ao Grande Zimbábue, no planalto entre os rios Zambeze e Limpopo, existiam grupos habitacionais menores, chamados *zimbabués*, que significa "corte", "casa de pedra" ou "casa do chefe", na língua dos xonas. Cada recinto amuralhado continha cerca de oito moradias. Nesses lugares talvez ficassem os chefes de reinos tributários ou capitais de reinos independentes, mas originários do Grande Zimbábue. Os *zimbabués* localizavam-se, mais especificamente, nos planaltos próximos ao rio Mozoé, dos afluentes do Lúndi e do Save e ainda em Manhiquene, em Moçambique. E fora deles ainda existiam várias outras cabanas que compunham a vila ou a cidade.

Entre os séculos XIII e XV, havia um intenso comércio de cerâmicas, produtos agrícolas, de cobre vindo da Zâmbia e de Chaba, sal, ouro e marfim, enviados até a costa. De fora, chegavam tecidos indianos, porcelana da China e da Pérsia, peças em vidro da Síria e outras mercadorias de luxo. O Grande Zimbábue era o principal centro mercantil do Índico, pois tinha o monopólio do comércio de ouro que era levado para Sofala e de lá embarcado para Quíloa.

O geógrafo Al-Masudi, que viajou a costa oriental até o atual Moçambique, por volta do ano 922, já destacava a importância do comércio de ouro e marfim que eram embarcados para Sofala e daí para a Índia e China. O soberano desse grande Estado possuía títulos como "o filho do grande chefe", "o deus da terra e do céu" e, provavelmente, foi o responsável pelas primeiras construções em pedra do Grande Zimbábue, que datam aproximadamente do século IX.

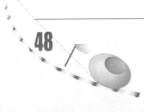

Por volta do século xv, o Grande Zimbábue entrou em decadência por vários motivos: a diminuição das águas do rio Save, que davam acesso ao litoral, a presença da tsé-tsé, prejudicando a criação de gado, crescimento populacional, esgotamento dos solos e de animais para a caça. Tudo isso levou o soberano Niatsimba Mutota a estabelecer, na segunda metade do século xv, uma nova capital do reino mais ao norte, na região do Dande, entre os rios Mazoé e Hunyani. Uma outra versão revela que nessa área foram criadas várias dinastias carangas, ligadas ao Grande Zimbábue, que viajaram em busca de melhores terras para a agricultura e a pastagem, e de ouro, sal e cobre, próximas aos afluentes do rio Zambeze.

Os reis carangas eram conhecidos como *monomotapa*, que queria dizer "o senhor dos cativos", o "senhor de tudo", "o senhor das terras devastadas", "o senhor de todos os vencidos na guerra" ou ainda "o filho da terra". O monomotapa era considerado por todos um rei divino e que possuía o poder de se comunicar com o ser superior através dos médiuns. Além destes, era cercado e deveria governar em consenso com os grandes chefes e os funcionários (governadores dos reinos, mordomo-mor, sacerdotes, comandantes dos exércitos) e de acordo com os costumes da sociedade. O rei teria uma espécie de conselho formado por nove esposas (nesse caso, a palavra esposa representava um título), duas das quais eram suas irmãs ou parentes e exerciam funções políticas. Uma outra esposa destinava-se aos deveres sexuais e as demais atuavam como ministras. Os filhos dos reis eram gerados com as concubinas.

A corte e a nobreza vestiam-se com uma túnica de seda ou algodão importados e bordada a ouro; além disso, usavam colares, braceletes e peles de leopardo. O monomotapa vestia-se com uma bata de algodão, produzida em suas terras, para que ninguém pudesse causar-lhe mal algum por meio de suas vestimentas. A população em geral usava tangas de pele de animais ou de entrecasca de árvores.

O reino ficava restrito ao território dos rios Zambeze, Mazoé, Luenha, Dande e Huambe e à cordilheira de Unvucué e ao vale do Zambeze. Existiam ainda os territórios de povos tributários chefiados sob a influência do monomotapa.

A principal cidade era Ingombe Ilede, que fazia concorrência com o Grande Zimbábue, localizada sobre o rio Zambeze, além do Cafué. Nela, há vestígios de habitações desde o segundo milênio, mas foi no século XIV que, com uma população maior, tornou-se um importante centro produtor de sorgo, algodão, sal, de criação de bois e cabras, de manufatura de cobre e cerâmica e, é claro, ponto comercial na região do rio Zambeze, em que o sal era trocado pelo marfim de Guembe e o cobre de Urungué. Com o Grande Zimbábue comercializava, essencialmente, o cobre e o sal, em troca dos quais recebia ouro e ferro. Na costa, o cobre e o marfim eram trocados por miçangas e tecidos.

No final do século XV, Ingombe Ilede foi abandonada pelo rei Mutota, que se transferiu para Dande, promovendo a sua decadência.

ÁFRICA CENTRO-OCIDENTAL

OS REINOS DE LUBA E LUNDA

Nas terras ao longo do rio Zaire e nas savanas ao sul da floresta equatorial, os povos bantos predominavam, desde o fim do primeiro milênio da nossa era.

Os vestígios arqueológicos em Sanga e Katoto, no alto rio Lualaba, apontam que nessa região, por volta do século XIII, surgiu o Estado Luba. Três séculos depois, esse estado expandiu-se, incorporando mais aldeias, que passaram a integrar um Império.

O reino era composto por várias aldeias, que elegiam um representante (*quilolo*), entre aqueles da linhagem de "senhores da terra", cujo poder era hereditário. Cada aldeia era comandada pelo patriarca da linhagem ou, se formada por mais de uma linhagem, o mais importante delas. A figura do rei era sagrada. Dotado de uma grande força (*bulópue*), possuída somente pelos descendentes de Calala Ilunga e Congolo (grandes chefes guerreiros, criadores do Império Luba), o rei era responsável pela proteção, fertilidade e prosperidade de todos. Comandava, com o apoio dos governadores das províncias, escolhidos por ele dentre os descendentes dos grandes chefes guerreiros.

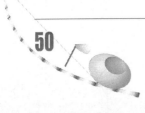

Os lubas cultuavam seus ancestrais por meio de médiuns e produziam as famosas esculturas em madeira para homenageá-los.

No vale do Kalany, no rio Bushimai, viviam, em pequenas aldeias também formadas por linhagens, grupos de agricultores e pescadores de origem lunda. Os chefes de cada aldeia (*cabungu*) eram "senhores da terra", respeitados pelos seus poderes espirituais e pela sua idade.

Quando a população da aldeia crescia, um grupo formava outra aldeia, chefiada por um filho, um irmão ou um outro parente do *cabungu*. A nova comunidade preservava os vínculos políticos com a aldeia de origem. Por exemplo, uma comunidade fundada por um irmão do *cabungu* mantinha esse laço de parentesco e seus futuros chefes continuavam sendo considerados irmãos do *cabungu*, mesmo não existindo de fato essa relação consanguínea. Assim, formava-se uma espécie de confederação, na qual cada chefe se relacionava com os outros, com base num parentesco perpétuo, sendo tido como irmão, pai ou filho deles, ainda que não existissem necessariamente laços consanguíneos entre eles.

Por volta do século XV, depois de várias disputas entre as diferentes facções lundas, a confederação das linhagens centralizou o poder. Apoiada por um rei luba, instituiu uma nova estrutura política com base na figura de um rei divino. A centralização do poder promoveu a expansão dos limites do reino, com a incorporação de novas aldeias, não obrigatoriamente lundas, entre os vales do Kalany, o Cassai e o Lulua.

Alguns grupos de opositores, que não estavam contentes com a nova estrutura política, abandonaram o Império Lunda em busca de um novo território e se impuseram, militarmente ou pelo seu prestígio, aos povos já estabelecidos, como os quiocos e os songos. Um desses grupos dirigiu-se a oeste, em direção à Angola, levando a cultura e a tradição das chefias lundas para essa região.

O REINO DO CONGO

Na região do baixo rio Zaire havia, desde os primeiros séculos do segundo milênio da nossa era, ao menos, três formas de representação do poder. Uma delas era a chamada *canda*, baseada nos ancestrais, nos primeiros ocupantes do território, e representada pelas linhagens. Existiam também as organizações em torno do solo, cujo chefe era o *quitome* (iniciado) ou *zimba* (*zumba, calunga*), que quer dizer "senhor da terra" e conhecedor do ofício de ferreiro. Reconhecia-se nele o poder de propiciar a fertilidade, a prosperidade e de chamar a chuva. E uma outra forma de poder era o originário dos espíritos celestes. Os detentores desse poder (*cariapemba*) eram conhecidos como *gangas* e poderiam utilizá-lo para conseguir proteção, riqueza, saúde, mas também para promover a destruição, por meio de objetos (fetiches ou *inquices*), como conchas, pedras, esculturas em madeira, saquinhos de pano com ervas, no qual ficava guardada essa força sobrenatural.

As religiões da área equatorial da África Ocidental, dos povos de língua banta, acreditavam em um ser criador, em espíritos de ancestrais e da natureza, possuíam amuletos e praticavam rituais encabeçados por especialistas. No reino do Congo, no século xv, as linhagens matrilineares comunicavam-se com os ancestrais em rituais realizados nos túmulos. Os espíritos da natureza controlavam a fertilidade da terra, tão importante para a sobrevivência, e comunicavam-se com os humanos por meio de rituais de possessão.

Tudo o que não era natural, como a infelicidade, as doenças e a infertilidade, poderia ser provocado por feitiçarias, e seus praticantes eram perseguidos. No reino do Congo, no século xvi, os feiticeiros e os bruxos eram divididos entre os que tinham uma força maligna inata ou estavam sob a possessão de um espírito maligno e os que utilizavam propositalmente o poder dos espíritos para fazer o mal.

Por volta dos séculos xiv e xv, o chefe de uma *canda* ao norte do rio Zaire, Antino-Uene ou Nimi a Luqueni, decidiu com o seu grupo fundar Banza Congo. Nesse local havia um *quitome* (senhor da terra) que permitiu que Antino se casasse com sua filha e lhe atribuiu o título de *manicongo* ("o senhor do Congo").

O *manicongo* vestia-se ricamente com panos de ráfia e peles de animais, adornado com braceletes de cobre e um barrete de cetim e sandálias de fibra de palmeira. Com o mesmo requinte vestia-se a nobreza, ao contrário da população em geral, que utilizava panos menos nobres e não fazia uso de calçados.

As casas eram feitas de barro e o telhado de palha. O conjunto de casas que formavam a aldeia era cercado por espinheiros. A habitação do *manicongo*, que ficava na capital, era bem maior. Havia várias cabanas, com pátios e pomares, decoradas com panos de ráfia.

O *manicongo* possuía uma guarda militar composta por escravos e estrangeiros, mas que não chegava a formar um exército forte para combater uma guerra. Nesse caso, era preciso solicitar aos chefes das províncias o envio de mais homens e armas.

Na região do reino do Congo, as terras eram férteis, plantavam-se coco, banana, dendê, sorgo, milhete, inhame, cola. Também se extraía o sal, pescava-se, caçava-se, criavam-se porcos, cabras, galinhas e cães. Os homens trabalhavam como escultores, feitores de cestarias, ferreiros e tecelões. A especialização também era empregada na indústria têxtil. Muitos povos teciam vegetais como a ráfia, cujos panos eram muito apreciados e utilizados como moeda. O algodão também era fiado em fuso, não se utilizando a roda, o que implicava uma pequena produção, em sua maioria, realizada por mulheres. O zimbo, uma pequena concha cinza ou perolada e retirada da ilha de Luanda, também era utilizado como moeda e enriquecia os tesouros do rei para eventuais pagamentos de favores.

Ao final do século xv, os domínios do reino do Congo, mesmo que esses fossem apenas restritos à influência sob os chefes das linhagens, abarcavam os territórios da costa do Atlântico (a oeste), do rio Zaire até Luozi (ao norte), do rio Inquisi (a leste), do rio Loje ou rio Dande (ao sul) e a ilha de Luanda, a mais de 240 km ao sul da capital, Banza Congo.

O rei era escolhido entre os descendentes de Antino-Uede e, de preferência, entre os herdeiros das filhas dos antigos reis, pois a sociedade era matrilinear. A eleição do monarca ficava nas mãos de quatro representantes dos *mussicongos*, isto é, de uma elite de "grandes da terra", formados por indivíduos das 12 *candas* principais.

Por sua vez, o rei elegia os governadores das províncias do reino do Congo: Umpemba, Sundi, Soio, Umbamba, Umpangu, Uembo, Uandu, com exceção de Umbata.

Todos deveriam pagar tributos ao rei, desde os chefes das aldeias até os governadores das províncias, em troca de proteção e de bens materiais raros em suas terras. Com esses tributos, o rei conseguia manter-se e também a sua corte, pajens, funcionários e guardas.

O REINO DE LOANGO

Loango era outro reino dessa região, localizado ao norte do rio Zaire, na bacia do rio Kouilou-Niari, entre a floresta de Maiombe e o litoral. Os vilis eram os habitantes desse reino e tinham o rei como um ser divino, cujo símbolo era o fogo. O monarca era responsável por todas as esferas da vida, desde a justiça até o controle das forças naturais, como as chuvas. Assim como o reino do Congo, Loango era formado por províncias, divididas hierarquicamente, cujos chefes faziam parte de uma casta ligada ao rei. Dessa forma, quando o monarca morria, o chefe da província mais importante sucedia-o. As mulheres tinham um lugar destacado no reino e eram representadas por uma corte chefiada pela esposa, irmã ou mãe do rei.

Os vilis eram, em especial, agricultores, mas também caçavam, pescavam e exploravam o sal. O comércio era feito com os pigmeus e os bantos, trocando o sal, os panos de ráfia e o cobre retirado de Teke (norte do baixo Zaire) por marfim e outros produtos.

REINOS DA ÁFRICA CENTRO-OCIDENTAL

REINOS	ÉPOCA	POVOS	PRINCIPAIS PRODUTOS COMERCIALIZADOS
Luba e Lunda	c. XIII	lubas, lundas	agrícolas
Congo	c. XIV-XV	congos	agrícolas, sal, tecidos de algodão e de ráfia, zimbo
Loango	c. XIV	vilis	agrícolas, sal, panos de ráfia, cobre
Tios	c. XIV	tios (tequês ou angicos)	agrícolas
Andongo (Angola)	c. XVI	ambundos (subgrupo andongo)	agrícolas (milhete, sorgo), ferro e sal
Libolo	c. XVI	ovimbundo	agrícolas

O REINO DOS TIOS

Os povos tios, conhecidos também por tequês ou angicos, formavam um reino que abrangia a região ao norte do lago Malego e os territórios das margens do Cassai. Esse reino, cuja capital era, no século xv, Mbe, era muito antigo, como o Congo e o Loango. De acordo com os relatos portugueses, era até mais poderoso do que o primeiro. Formado por várias aldeias com seus chefes locais, dos quais o poder, inclusive o do rei, adivinha da relação com o espírito da terra (*anquira*).

Os tios dividiam-se socialmente entre nobreza e homens comuns. O rei era eleito entre aqueles que pertenciam à nobreza e passavam por um ritual de iniciação para entrar em contato com o mais importante dos *anquira* – Anquê Umbale – e ser aprovado pelos ancestrais. A partir desse momento, tornava-se a maior autoridade religiosa.

O REINO DE ANDONGO

Na região entre o baixo Cuanza e o médio Cuango viviam os ambundos, falantes da língua quimbundo. Eram vizinhos dos congos, ovimbundos, quiocos, angangelas, quissamas, sumbes, seles e mundombes. Os ambundos eram povos agricultores, cultivavam milhete, sorgo e frutos, criavam cabras, carneiros, bois e galinhas, caçavam e pescavam. Eram conhecedores da metalurgia do ferro, que traziam do vale do Nzongeji e do planalto de Benguela. Também extraíam o sal das terras de Quissama, do Libolo, da Baixa do Caçanje e próximo aos rios Quiongua e Lutoa.

A sociedade ambunda era matrilinear, embora os homens conservassem a maior autoridade. As mulheres e seus filhos pertenciam às suas próprias famílias. Quando casavam, as mulheres passavam a morar na aldeia de seu marido, mas quando seus filhos homens chegavam à puberdade deviam se mudar para a aldeia materna e permanecer junto aos seus tios. As filhas podiam ficar na aldeia paterna até o casamento, mas quando se divorciassem ou ficassem viúvas, deviam voltar para a família de sua mãe.

Cada aldeia era formada por uma linhagem (*angundu*), que possuía terras para o cultivo e pastagem. Alguns membros das linhagens recebiam títulos, como, por exemplo, o homem mais velho da linhagem, que representava o fundador da aldeia, ganhava o título de *lemba dia angundu*. Era encarregado de realizar rituais de prosperidade e fertilidade, utilizando um pedaço de caulim (*pemba*) e pó de madeira vermelha como instrumentos de força que o ligava aos seus ancestrais e aos espíritos da terra. Outros grupos importantes no interior de cada linhagem eram o dos adivinhos e curandeiros (*quimbanda*) e o dos caçadores, que deviam também ter habilidade, dominar o arco e flecha, bem como poderes sobrenaturais.

Desde o final do século XIII, provavelmente, os chefes de algumas linhagens ambundas recebiam uma boneca de madeira, denominada *lunda* ou *calunga*, tendo o poder de se comunicar com as forças sobrenaturais nela existentes. Cada *lunga* dominava um território banhado por um determinado rio ou riacho, e por consequência, a linhagem que a recebia passava a ser responsável por aquela área, dispondo das terras e recebendo tributos. Esse sistema de poder, baseado no curso d'água e na terra, era hierarquizado, isto é, a importância da linhagem estava relacionada ao tamanho ou à natureza do curso d'água, o qual a *lunga* representava. Por exemplo, a linhagem mais importante era aquela que detinha a *lunga* do rio principal.

Alguns chefes de linhagens que detinham a *lunga* tornaram-se reis, como aqueles das áreas de Iongo (na Baixa de Caçanje), do rio Moa e do baixo Luhanda. No entanto, esses reis governavam com um poder não muito centralizado, restringindo sua atuação aos rituais de prosperidade e fertilidade e à resolução de conflitos entre as diferentes linhagens.

Outro objeto dotado de força e representativo de poder entre os ambundos, sobretudo do subgrupo andongo, era um pedaço de metal em forma de faca, lâmina ou ponta de lança, conhecido por *angola*. Esse objeto, trazido supostamente pelos sambas do norte, das nascentes do Lucala, no reino do Congo, pertencia à linhagem e não ao território, como a *lunga*. A pessoa que guardava a *angola* tornava-se o chefe mais importante da aldeia. Com o passar do tempo, o poder do detentor da *angola* foi se centralizando na figura do rei. Já no início do século XVI, esses reis com o título de *angola a quiluanje* ampliaram ainda mais sua influência política, distribuindo partes de *angolas* às linhagens, tornando-as, assim, dependentes e subordinadas ao seu poder.

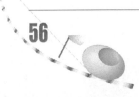

A partir desse momento, formou-se o reino andongo do *angola a quiluanje*, possuidor do controle da extração de sal de Quissama e das minas ferro do rio Nzongeji, da qual a capital ficava próxima.

O REINO DE LIBOLO

Outro grupo dessa região era o ovimbundo, formado pelos habitantes ao sul do rio Cuanza, no planalto de Benguela, e falantes de umbundo. Eram agricultores, mas, em especial, criadores de bois e grandes rebanhos. Conheciam também a metalurgia do ferro ao menos desde o século VIII. Muito provavelmente foram os ovimbundos os formadores do reino de Culembe, no planalto de Benguela, que, por sua vez, originou o reino de Libolo, ao norte dessa região.

Esse reino surgiu na área do rio Ngango, afluente do Cuanza, e se expandiu, no início do século XVI para o norte, nas nascentes do rio Cambo e para o sul da Baixa de Caçanje. O poder na maioria desse território, com exceção da província de Haco, que seguia as diretrizes ambundas de sucessão de títulos, ligados ao parentesco e ao poder das linhagens, estava centralizado nas mãos de um rei (*hango dia culembe*).

Neste capítulo foi possível notar a diversidade das sociedades africanas subsaarianas. Algumas delas formavam pequenas aldeias agrícolas, outras constituíam grandes unidades territoriais com poder político centralizado e participavam intensamente do comércio transaariano. Várias sociedades professavam apenas as religiões tradicionais, enquanto outras, por conta dos intercâmbios comerciais, foram influenciadas pelo islamismo. Contudo, todas as sociedades africanas organizavam-se em torno das linhagens e dos conselhos dos anciãos, nas quais davam-se grande importância aos homens mais velhos da comunidade e aos ancestrais mortos. A maioria delas praticava a escravidão doméstica para aumentar o número de membros da família ou da linhagem. Mas, outras já incluíam seus cativos no comércio de longa distância. Dessa maneira, foram destacadas aqui as especificidades das sociedades africanas subsaarianas e a complexidade de suas técnicas artísticas e de suas organizações sociais e políticas.

A FAMÍLIA NA ÁFRICA OCIDENTAL

Em grande parte da África Ocidental, as famílias eram formadas pelo chefe – o Homem Grande – acompanhado pelos filhos, esposas, irmãos mais novos e outros parentes que necessitassem de apoio, contendo entre dez e quarenta pessoas, que compunham as aldeias. Aos ancestrais mortos e aos homens mais velhos da comunidade era atribuída grande importância, devendo-se respeito e obediência.

Uma das formas de casamento era por meio de rapto de mulheres nas suas aldeias. Em geral, a família do futuro marido pagava à família da noiva um dote. A maior parte dos casamentos era polígamo. As mulheres casavam-se muito jovens, ainda na adolescência, e os homens um pouco mais velhos, por volta dos 30 anos. As mulheres cuidavam dos trabalhos agrícolas e, em alguns lugares, como nas savanas e nas florestas meridionais da África Ocidental, também do comércio. O trabalho mais pesado, como a abertura de caminhos nas florestas, ficava reservado aos homens. As colheitas eram feitas pelos dois.

Os povos da África Ocidental davam grande importância à geração de filhos. Um provérbio iorubá dizia que "sem filhos estás nu". Os filhos eram a garantia de uma boa velhice dos pais e, depois, quando da sua morte, eles dariam continuidade à família.

A ESCRAVIDÃO NA ÁFRICA SUBSAARIANA

Antes do estabelecimento do comércio europeu na bacia do Atlântico Sul e no oceano Índico, entre os séculos XV e XVI, a escravidão ocupava um espaço importante nas sociedades da África Subsaariana. Os escravos eram utilizados no interior das sociedades, nas funções de criados, soldados e concubinas, mas também eram vendidos no comércio realizado com o Saara, o Egito e o Índico.

Entretanto, a maior parte das sociedades africanas praticava a escravidão doméstica, caracterizada como uma forma de dependência

pessoal. Em se tratando de pequenas comunidades, a escravidão servia para aumentar o número de componentes da família ou da linhagem, que, em média, tinha de um a quatro escravos. Em sociedades com características urbanas, como a dos iorubás e a dos haúças, havia mais escravos do que naquelas basicamente rurais.

A principal fonte de escravos era a guerra. Os derrotados tinham, em particular, suas mulheres e crianças tornadas cativas.

Os reinos de Canem e depois o de Bornu acometiam, desde o século IX, os povos ao sul do lago Chade para escravizá-los. Reinos como Gana, Mali, Songai, os haúças e reinos fulos de Futa Toro e Futa Jalom atacavam os inimigos logo após a época das colheitas, matavam os idosos e os homens que sobreviviam e capturavam mulheres e crianças, unindo-as pelo pescoço com um instrumento chamado libambo ou com uma corda.

Além da guerra, os sequestros eram comuns. A escravidão poderia ser também imposta como castigos penais por assassinato, adultério e roubo. Respaldado em seu poder, um rei, um chefe ou mesmo um membro da família de maior respeito, tornava escravo alguém que lhe contrariasse ou ambicionasse um bem. Para se saldar uma dívida ou adquirir um empréstimo, não raro uma pessoa da própria família era entregue a outra comunidade para ser escravizada. Além disso, a fome, em consequência das grandes secas ou da perda da colheita por invasão de gafanhotos, por muitas chuvas ou por incêndios, obrigava, para garantir a sobrevivência, a própria escravização ou a de um familiar.

Alguns escravos conseguiam fugir e retornar a sua terra de origem. Outros formavam novas comunidades compostas, essencialmente, por fugitivos. André Álvares d'Almada menciona, no século XVI, a existência de um desses agrupamentos de escravos fugidos na Guiné. O reverendo Samuel Johnson relatou que os ijebus eram considerados descendentes de um escravo que iria ser sacrificado, mas fugiu escondendo-se na floresta.

O destino do escravizado era estabelecido no momento da captura ou da compra. Mesmo que raramente, o escravo poderia até enriquecer e adquirir escravos, mas não possuía mobilidade social.

Na África Subsaariana, a terra não era escassa, mas o trabalho sim, pois, proporcionalmente, existiam poucos indivíduos para ocupá-la e cultivá-la. E como a terra pertencia a todos, mas o seu uso era controlado pelos reis e chefes, que a cediam ao grupo que tivesse braços suficientes para trabalhá-la, era necessário a obtenção de um grande número de escravos.

Os tributos aos reis e chefes eram pagos em serviços (dias de trabalho, construção de casas, poços, muros), produtos (cereais, gado, tecidos) e com escravos. Estes também eram utilizados como moeda.

Em alguns casos de acusações, como as de feitiçaria, os escravos poderiam ser punidos ou mortos no lugar do seu senhor. Não raro eram oferecidos em sacrifícios às divindades e ancestrais, nas cerimônias propiciatórias das chuvas e das colheitas, no sepultamento de reis, chefes e seus proprietários. Há vários relatos e resquícios arqueológicos de sepultamento de escravos junto aos seus senhores.

Valentim Fernandes revelou que entre os povos beafadas, no rio Grande, na Guiné, o chefe era enterrado com "a sua mulher principal e o maior privado e o melhor escravo e escrava que ele tinha e o melhor cavalo e assim algumas vacas, cães, cabras e galinhas".

O número de escravos que acompanhavam o proprietário no momento da morte dependia da riqueza e do tamanho da sua escravaria. No século XVI, os ibos costumavam enterrar com o morto um ou dois escravos, mas no caso de proprietários mais ricos, eram enviados até seis escravos.

As imolações de escravos também eram realizadas em rituais preparatórios às guerras, na época das colheitas, para saudar os mortos, chamar as chuvas e para dar força espiritual ao chefe da comunidade. Em escavações na cidade do Benin foi encontrado um poço com 41 esqueletos de mulheres, que teriam sido, no século XVIII, ali jogadas num ritual.

EXERCÍCIOS

1. Quais eram as diferentes formas de organização política das sociedades africanas subsaarianas? E qual era o papel da religião em cada uma delas?
2. Com a orientação do(a) professor(a), forme pequenos grupos com seus colegas e monte um painel com as principais sociedades africanas subsaarianas, organizando-as cronologicamente e incorporando as características econômicas e culturais.

3. Identifique os materiais utilizados em obras de arte africanas e os relacione com as atividades econômicas das diferentes sociedades que as produziram. Consulte além deste capítulo, sites de museus nacionais e internacionais e sistematize os dados em um texto.

4. Depois de realizar uma leitura em grupo do capítulo, pesquise em outros livros e na internet imagens que retratem as formas de representação política e religiosa de cada uma das principais sociedades africanas subsaarianas. Depois reproduza essas imagens num mural, acrescentando um texto explicativo.

5. O filósofo Friedrich Hegel (1770-1831), na obra *Filosofia da História*, escreveu "a África não é um continente histórico". Explique essa frase relacionando-a com as principais ideias e imagens que se tinha a respeito do continente africano nos séculos XVIII e XIX.

6. Agora você é um *griot* (contador de história). Reúna-se com alguns colegas, converse com as pessoas mais velhas do seu bairro ou da sua família e encontre histórias que foram transmitidas de geração em geração, provérbios ou fábulas que elas conhecem. Em sala de aula, encene em grupo para os outros colegas uma dessas histórias.

NOTA

1 Vale lembrar que os termos reino, Estado e Império são geralmente empregados às mais variadas organizações sociais e políticas africanas, não possuindo o mesmo significado que tem para as instituições ocidentais.

BIBLIOGRAFIA

FAGE, J. D. *História da África*. Lisboa: Edições 70, 1997.

HAMPATÊ BÂ, A. A tradição viva. In: *História geral da África*. Metodologia e pré-história da África. São Paulo: Unesco/Ática, 1980, v. 1.

HERNANDEZ, Leila Maria Gonçalves Leite. *A África na sala de aula*. São Paulo: Summus, 2005.

ILIFFE, John. *Os africanos*. História dum continente. Lisboa: Terramar, 1999.

KI-ZERBO, J. *História geral da África*. Metodologia e pré-história da África. São Paulo: Unesco/Ática, 1980, v. 1.

M'BOKOLO, Elia. *África negra*. História e civilizações. Lisboa: Vulgata, 2003.

OLIVER, Roland. *A experiência africana:* da pré-história aos dias atuais. Rio de Janeiro: Zahar, 1994.

_____; FAGE, J. D. *Breve história de África*. Madri: Alianza, 1962.

SILVA, Alberto da Costa e. *A manilha e o libambo*. A África e a escravidão de 1500 a 1700. Rio de Janeiro: Nova Fronteira/Fundação Biblioteca Nacional, 2002.

_____. *A enxada e a lança*. A África antes dos portugueses. 3. ed. revista e ampliada. Rio de Janeiro: Nova Fronteira, 2006.

REFERÊNCIAS DAS CITAÇÕES

BARROS, João de. *Ásia*. Dos feitos que os portugueses fizeram no descobrimento e conquista dos mares e terras do Oriente. Primeira Década. 6. ed. Lisboa: Editorial Ática, 1945.

FERNANDES, Valentim. *Códice Valentim Fernandes. Lisboa: Academia Portuguesa da História, 1940.*

O tráfico de escravos e os africanos no Brasil

O século XV foi marcado por grandes mudanças ocasionadas pelas navegações europeias. Os europeus conseguiram, ao criar rotas de acesso mais fácil através do oceano Atlântico, chegar à Ásia e à África Ocidental, além de estabelecer relação com territórios que até então não tinham contato com o mundo externo, como as Américas e a região Centro-Ocidental da África Subsaariana.

Do lado Atlântico voltado para a África, a política expansionista dos europeus, sobretudo das monarquias ibéricas (Portugal e Espanha), tinha como principal intuito a exploração econômica de lucros imediatos, obtidos por meio do comércio de especiarias com a Índia e a Ásia e de ouro com a região Ocidental da África Subsaariana, apesar de alguns estudiosos acreditarem que os europeus também tivessem objetivos geopolíticos e religiosos e quisessem, com as novas rotas atlânticas, isolar os muçulmanos, que detinham o monopólio comercial nessa região. Do lado Atlântico direcionado para a América, os europeus visavam encontrar terras, de preferência não habitadas, para serem exploradas e, mais tarde, colonizadas, objetivando a produção agrícola de produtos com grande demanda europeia.

Portanto, foi com o objetivo de produzir bens pela exploração do meio natural nas colônias – destinados a serem comercializados nos mercados europeus, gerando lucros para a metrópole – que se organizaram as estruturas do sistema colonial, inclusive o tipo de mão de obra trabalhadora utilizada. De início, o habitante nativo, ou seja, o índio, foi escolhido para tal fim, mas logo foi substituído pelo escravo africano, tornando-se um dos braços dessa empresa colonial. É com base na utilização da sua força de trabalho que se alcançaria o objetivo da colonização, isto é, gerar lucros para a metrópole.

O sistema colonial tinha como objetivo a acumulação de capital por meio da transferência da renda gerada na colônia para a metrópole. Dessa forma, a produção na colônia estava voltada para mercadorias de grande demanda na sociedade europeia, como o açúcar, o algodão, o tabaco, entre outras. Tendo em vista os propósitos do sistema colonial de acumulação de riquezas pela metrópole, o volume, o ritmo e o modo de produção nas colônias eram determinados pelo mercado europeu.

Com o intuito de garantir essa produção em larga escala para exportação é que se adotou o trabalho escravo. Por outro lado, a utilização do escravo africano como mão de obra enquadrava-se no sistema mercantilista do tráfico negreiro, que também proporcionava a acumulação de capital pelas metrópoles que realizavam esse comércio.

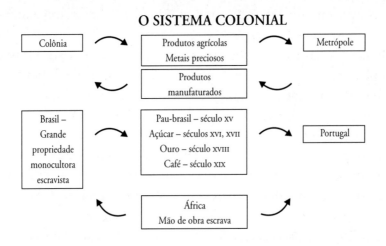

O SISTEMA COLONIAL

Antes do século XV, quando os europeus ainda não tinham estabelecido relações comerciais na bacia do Atlântico e no oceano Índico, os escravos eram utilizados no interior das sociedades da África Subsaariana, como concubinas, criados e soldados, além de serem uma das principais mercadorias de exportação para o deserto do Saara, mar Vermelho e oceano Índico.

Os cativos podiam ser obtidos em guerras entre os próprios estados africanos, incentivadas por processos de expansão. Nesse caso, os povos subjugados passavam a ser tributários e submetidos à servidão. As disputas políticas motivadas, por exemplo, pelo rapto de mulheres das linhagens mais importantes, resultavam igualmente na escravização de pessoas. Na tentativa de sobrevivência, a fome ocasionava a venda de si mesmo ou de parentes, e os castigos penais por crime ou por dívida eram outros meios de escravização na África.

PRINCIPAIS FORMAS DE ESCRAVIZAÇÃO NA ÁFRICA

Guerras de expansão dos estados africanos
Disputas políticas
Fome
Penas por crime e dívidas
Sequestros

No entanto, foi especialmente a partir do século XVII que a escravidão se expandiu no continente africano, em grande medida em razão da procura crescente dos europeus por mão de obra escrava. Apesar de existirem fatores políticos, sociais e econômicos internos importantes (como as guerras), o aumento da demanda ocorreu em virtude da expansão das propriedades agrícolas na América e da tecnologia militar fornecida pelos europeus, elementos que proporcionaram o crescimento da oferta de escravos e acarretaram uma mudança na estrutura da escravidão na África. Ela era caracterizada como uma forma de dependência pessoal e tornou-se uma instituição fundamental para a economia, produzindo a principal mercadoria do comércio internacional.

No século XVI, o número total de escravos comercializados nas rotas do atlântico ficou em torno de 800 mil a 1,3 milhão. Nos séculos seguintes

(XVII e XVIII), o volume das exportações cresceu vertiginosamente, chegando a mais de 7 milhões de escravos africanos vendidos. Esse número representava 70% do total das exportações de escravos da África. Só para a América foram enviados, durante o século XVIII, cerca de 60 mil africanos por ano.

TRÁFICO DE ESCRAVOS AFRICANOS, 1500-1800

ÁREA	SÉCULO XVI	SÉCULO XVII	SÉCULO XVIII	TOTAL
Mar Vermelho	100.000	100.000	200.000	**400.000**
Saara	550.000	700.000	700.000	**1.950.000**
Atlântico	328.000	1.348.000	6.090.000	**7.766.000**
TOTAL	**978.000**	**2.148.000**	**6.990.000**	**10.116.000**

Fonte: LOVEJOY, Paul. *A escravidão na África*: uma história de suas transformações. Rio de Janeiro: Civilização Brasileira, 2002, p. 90.

ÁFRICA OCIDENTAL

Inicialmente, os portugueses faziam o comércio circunscrito apenas aos litorais da região da Senegâmbia, desembarcando as mercadorias de seus navios e levando-as até a praia. No entanto, pretendiam mesmo se estabelecer em terra firme. Para tanto, construíram a primeira feitoria portuguesa nessa área, por volta de 1445, numa ilha chamada Arguim.

O forte de Arguim, ao norte do rio Senegal, era, antes do século XVII, a mais importante localidade portuguesa de confinamento de escravos. Dentre outras maneiras, eles eram obtidos em sequestros promovidos pelos europeus nas comunidades da costa ocidental africana.

Contudo, à Arguim não chegavam apenas escravos, mas também o tão cobiçado ouro, marfim, almíscar e peles, que eram trocados por tecidos de lã, linho, peças de prata, cobre e latão, cravo, pimenta, açafrão, pedras, coral, trigo e cavalos.

Passados alguns anos após a construção do forte de Arguim, os portugueses conseguiram estabelecer contatos comerciais diretamente com os reis jalofos, que lhes passaram a oferecer escravos. Todavia, nesse

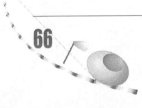

momento, os portugueses estavam mais interessados em receber ouro. Acreditando serem as cidades de Tombuctu e Jenné as principais fontes desse metal, os portugueses tentaram chegar até elas, mas o acesso foi dificultado pelos mercadores jalofos, sereres e tucolores.

No século xv, houve uma disputa pela sucessão do poder no Império Jalofo, na qual um dos candidatos ao posto de grão-jalofo (rei), Bemoí, irmão do rei morto Biram, recebeu ajuda militar de Portugal, que se resumiu ao envio de armas, cavalos e homens, para derrotar seus outros irmãos concorrentes ao poder. Em troca do apoio, Bemoí, depois de vencer a contenda, foi batizado e permitiu a construção de uma fortaleza no território sob seu domínio. Ao se aproximar dos portugueses, Bemoí visava garantir o controle do comércio feito entre estes e os seus reinos vassalos Ualo, Baol, Caior e Sine. No entanto, acabou assassinado por Pero Vaz da Cunha, comandante enviado pelo rei de Portugal, sob a alegação de que trairia os portugueses.

Após a morte de Bemoí, o Império Jalofo começou a se desintegrar. Os reinos vassalos, ao participarem diretamente do comércio atlântico, tornaram-se mais ricos e fortes, alcançando a independência. A desintegração do Império Jalofo foi também acarretada, em grande medida, pela expansão dos fulas que, desde o século xiii, começaram a penetrar nos territórios da Senegâmbia. Logo tomaram Tacrur, refugiaram-se em Futa Jalom, após uma investida contra os beafadas – vassalos de Gabu e consequentemente do Mali – e partiram para Futa Toro e Diara, onde foram derrotados pelo reino Songai.

Depois de refeitos, os exércitos fulas conseguiram dominar os vários reinos que formavam o antigo Tacrur e, com isso, tornaram-se os principais intermediários do comércio de cavalos na região, dificultando o acesso do grão-jalofo a estes e proporcionando o enfraquecimento dos seus exércitos. Os fulas expandiram-se ainda mais, dominando, no século xv, os territórios do norte do médio Senegal até o Futa Jalom.

Os portugueses tentaram fazer contato com vários reinos africanos. Ajudaram o grão-fulo a combater em suas guerras de expansão. Contudo, não conseguiram firmar nenhuma exclusividade comercial nessa região.

Interessados em Tombuctu, que acreditavam ser a cidade do ouro, procuraram o rei de Songai, que nessa época dominava-a, mas este não demonstrou nenhum interesse em comercializar.

O rei do Mali já havia perdido vários reinos vassalos para Songai, bem como as importantes cidades comerciais Tombuctu e Jenné, desfazendo-se dos seus pontos caravaneiros do comércio transaariano. Apesar dessas perdas, o reino do Mali ainda dominava o comércio de sal marinho e de peixe seco e os caminhos para as minas de ouro do alto Senegal e do alto Níger. Sabendo disso, os portugueses rapidamente enviaram várias embaixadas ao rei do Mali, que, nesse contexto, se interessou em estabelecer relações com os novos mercadores.

A partir da segunda metade do século XVI, os portugueses enfrentaram ainda a concorrência no comércio com a África dos franceses, holandeses, espanhóis e ingleses. Além desses, os marroquinos haviam subjugado Songai, invadido Tombuctu e dominado os pontos de distribuição de ouro, impedindo que este chegasse do interior à Arguim.

Entre o final do século XVII e início do XVIII, a Alta Guiné, como é chamada a costa superior do golfo da Guiné e da Senegâmbia, expandiu suas exportações de escravos, em razão do aumento da quantidade de cativos obtidos com as guerras muçulmanas que acabaram consolidando o Estado de Futa Jalom.

A presença dos portugueses no rio Gâmbia representou para os mercadores *diulas* e dos reinos Mali, Tacrur e Futa Jalom uma nova rota de comércio, com a qual poderiam ganhar mais. Dessa maneira, no século XVI, para conseguir ouro e escravos que desejavam, os portugueses tiveram que atender às exigências dos africanos e oferecer cavalos, contas indianas, conchas das Canárias, vinhos e panos do Alentejo, cauris das Maldivas, vidros da Itália, tecidos de linho dos Países Baixos e outras mercadorias de luxo.

Na região ocidental africana também se incluem as ilhas de São Tomé e Príncipe e de Cabo Verde, configurando-se, desde o final do século XV, como territórios integrados ao sistema político ultramarino português e, em consequência, ao tráfico atlântico de escravos africanos.

Há indícios de que essas ilhas estivessem desabitadas quando os portugueses nelas chegaram. Trataram, então, logo de povoar e torná-las

entrepostos comerciais, sobretudo de escravos, e de reabastecimento de navios, oferecendo aos seus povoadores o privilégio de comercializar na costa da África.

Em pouco tempo, a maior parte dos habitantes da ilha de São Tomé era de escravos. Os senhores possuíam até trezentos cativos, que não lhe custavam caro, por causa da proximidade com a costa africana, além da facilidade em adquiri-los por contrabando, isto é, não compravam dos portugueses estabelecidos na África e que comercializavam em nome da Coroa portuguesa, mas diretamente dos africanos. Esses escravos eram empregados nas plantações de cana-de-açúcar, milhetes, inhames, bananas, couve, beterraba e alface, bem como no trabalho doméstico e no carregamento de mercadorias para os navios.

Uma parte desses escravos era embarcada para a Europa e outra para a América. O açúcar produzido em São Tomé e os escravos – vindos, em sua maioria de Luanda, Loango e Pinda, mas também do Benin, Ijebu, Aladá, Moçambique e Melinde – eram enviados, em especial, para o Nordeste do Brasil. No entanto, antes da viagem, permaneciam, durante algum tempo, labutando nas roças das ilhas. Nesse período, aproveitavam para aprender português ou crioulo, a chamada "língua da Guiné", e se adaptavam ao ritmo dos novos trabalhos.

Entre os séculos XVI e XVII, apesar da maior distância, os são-tomenses buscavam escravos, em particular em Luanda e Popó Pequeno. Nesses portos, conseguiam encher seus navios com mais escravos e de maneira muito mais rápida.

Os portugueses chegaram ao arquipélago de Cabo Verde, em 1462, e para lá levaram, então, seus compatriotas e escravos africanos.

A princípio, as caravelas portuguesas atracavam nas ilhas de Cabo Verde para se abastecerem de água e alimentos. Logo depois, iniciaram a exploração de produtos nativos, como o cultivo da urzela (planta da qual é extraído um corante violeta) – enviados diretamente para a Europa –, de uva, figo, melão, arroz e algodão e a criação de vacas, cabras e cavalos, que eram comercializados na costa africana, trocados por escravos.

Com a presença dos europeus nas Américas, Cabo Verde tornou-se um importante entreposto do comércio atlântico. Destaque-se a ilha

de Santiago, centro político-administrativo do arquipélago, que, entre 1462 e 1647, teve como atividade principal o trato e o resgate de escravos africanos. Seus moradores, a maioria portugueses degredados por crimes e questões religiosas, adquiriam escravos africanos nas costas e rios da Guiné, e os levavam, em particular, para Santiago.

No porto da Ribeira Grande, chegavam as mercadorias europeias (tecidos, alimentos e bebidas), trocadas por escravos que ali permaneciam, aguardando o embarque para as colônias americanas. Cabo Verde era ainda um ponto muito frequentado pelos espanhóis para a compra de escravos e o reabastecimento de seus navios destinados às Antilhas e às suas colônias na América.

Nas ilhas cabo-verdianas, sobretudo em Santiago, os portugueses estabeleceram-se e se casaram com mulheres africanas, dando origem a um grupo de mestiços que, em pouco tempo, já perfazia a maior parte da população.

Em geral, aos homens que se aventuravam no comércio com a África, a Coroa portuguesa emitia uma autorização para a permanência por dois anos nas terras da Senegâmbia e dos Rios da Guiné. Muitos, após esse período, continuaram morando na África por mais tempo. Brancos, mulatos ou negros, nobres ou ex-escravos, cabo-verdianos, portugueses ou outros europeus, ficaram conhecidos como lançados ou tangomaus (tangomão).

Cansados das proibições e dificuldades referentes ao comércio, impostas por Portugal, os lançados aproximaram-se dos reis e chefes africanos e receberam pequenos pedaços de terra para construírem moradia e depósitos, e, em particular, proteção e garantia de que não seriam agredidos, nem teriam seus bens roubados, apesar destes pertencerem aos chefes ou reis africanos em caso de morte dos lançados.

Os reis africanos faziam o controle do comércio com a ajuda de um funcionário real, que ficava sempre de olhos atentos às atitudes dos lançados nas terras sob seu domínio. Eram também incumbidos de garantir a vantagem africana nas vendas e nas compras de mercadorias,

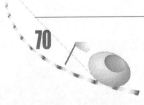

autorizar a ancoragem de navios e receber tributos e presentes devidos pelos mercadores.

Com essa proximidade, os lançados africanizaram-se, especialmente aqueles que não eram funcionários do rei de Portugal, que tinham se aventurado no continente africano por conta própria ou fugido dos navios. Passaram a se vestir, comer e adorar as divindades da mesma forma que os africanos, influenciados notadamente por suas mulheres africanas, que, por outro lado, aportuguesavam-se.

Na maior parte da África Subsaariana, as mulheres eram as principais responsáveis pelo comércio em grandes feiras e mercados. Elas percorriam as aldeias, levando as mercadorias na cabeça. Trocavam a pimenta por inhame ou o peixe seco por tecidos, que mais tarde venderiam em outro local. A união entre africanas e portugueses contribuiu para que estes tivessem um contato mais próximo com as chefias locais, facilitando o estabelecimento das relações comerciais de forma mais tranquila e segura.

Os lançados tinham alguns ajudantes africanos que exerciam as funções de barqueiros, carregadores, criados domésticos, mercadores e intérpretes, conhecidos como grumetes. Com a ajuda dos grumetes remadores, as tangomas, ou seja, as africanas casadas com os lançados, envolvidas com as atividades comerciais, adquiriam ou vendiam produtos diferentes, alcançando novos e mais longínquos mercados e feiras.

Já no início do século XVI, com o aumento de medidas tomadas pela Coroa portuguesa objetivando o controle total do comércio na África, os lançados vincularam-se ainda mais aos cabo-verdianos. Esse contato comercial, que havia sido estabelecido anteriormente com o incentivo de Portugal, intensificou-se, pois não era mais permitido aos cabo-verdianos negociar livremente na costa do continente africano. Para se desvencilharem desse isolamento, passaram a promover um comércio clandestino entre o litoral africano e as ilhas do Atlântico.

Os cabo-verdianos dirigiam-se à costa da África levando clandestinamente aos lançados cavalos, algodão, conchas, manilhas de cobre, contas e o sal extraído na ilhas do Sal, de Boa Vista e de Maio, e retornando de lá com escravos, âmbar, marfim, peles, gomas etc.

O TRÁFICO DE ESCRAVOS AFRICANOS

ÁREA	SUBÁREA	PERÍODO	PRINCIPAIS REINOS E POVOS
Alta Guiné (Senegâmbia)		séculos XVI, XVII	sereres, jalofos, fulas
	Costa do Ouro	séculos XVII, XVIII	axante, bijagós, mandingas, beafadas, cassangas
Baixa Guiné	Golfo do Benin (Costa dos Escravos)	séculos XVII, XVIII	Benin, Aladá, Oió, Daomé
	Baía de Biafra	séculos XVII, XVIII	ibos, ijós, ibíbios, itsequis, igalas, iorubás
Centro-Ocidental	Congo	séculos XVII a XIX	povos do lago Malembo
	Andongo (Angola)	séculos XVII a XIX	Luba, Lunda, Cazembe, Lozi, Matamba, Caçanje, Caconda
Oriental	Vale do Zambeze	século XIX	Niamiezis, Cazembe, Lozi, iaôs
	Ao sul de Moçambique	século XIX	Nguni

Os cavalos eram criados em Santiago, desde as primeiras décadas do século XVI, pois essa ilha era dotada de pastos e clima propícios, localizada a uma pequena distância da costa africana, o que diminuía os custos e as mortes nas viagens. Com o aumento da demanda por tecidos de algodão no comércio com a África, as plantações deste, que existiam desde pelo menos o século XI, em particular ao sul do rio Senegal, não deram conta. Os portugueses passaram a cultivá-lo nas ilhas de Santiago e do Fogo.

Os lançados vendiam, em vários pontos do litoral africano, o algodão produzido em Cabo Verde, junto com as tinturas azuis que os bagas conseguiam de uma planta e que os sossos retiravam de uma palha. Em troca, recebiam dos sereres, jalofos, fulas, beafadas e mandingas, panos já tecidos, que, mais tarde, trocariam por couros, marfim e escravos, destinados às ilhas de Cabo Verde.

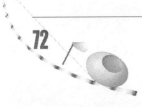

Centros comerciais na África Ocidental no século XVIII

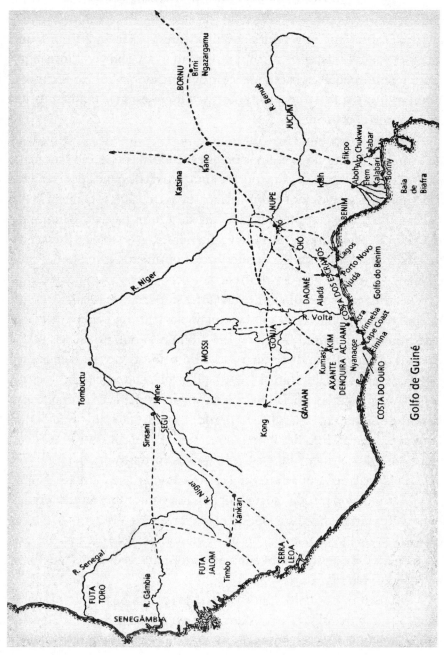

Logo os cabo-verdianos decidiram expandir a produção têxtil e confeccionar eles próprios os tecidos de algodão. Para isso, passaram a cultivar plantas que tingiam e a adquirir teares e escravos africanos que sabiam técnicas de tecelagem e tintura. Os panos de Cabo Verde tornaram-se artigos indispensáveis para a aquisição de mercadorias de luxo e escravos. Eram muito requisitados por franceses e ingleses, mas também pelos africanos do continente.

A região denominada Alta Guiné possuía uma baixa densidade demográfica. De modo que, em razão da expansão da produção açucareira na Bahia e no Caribe e do consequente aumento da demanda por escravos, sobretudo nos séculos XVII e XVIII, ela foi substituída nesse comércio pela Baixa Guiné, que compreendia a Costa do Ouro, baía do Benin e de Biafra. Essa maior procura acarretou a interiorização do tráfico de escravos e o crescimento dos Estados do interior do continente, como Oió, Ardra e Daomé, responsáveis pelo controle das rotas que levavam cativos para a costa africana. No século XVIII, havia três importantes rotas saindo do interior para o litoral. A rota que culminava nas baías do Benin e de Biafra percorria os territórios dos reinos Oió e Nupe. A outra que abastecia a Costa do Ouro partia da savana, passando pelo rio Gonja. E, por fim, a que chegava em Onin (atual Lagos) e Badagri, percorria o rio Níger.

Os portugueses iniciaram suas atividades comerciais nos golfos do Benin e de Biafra, em especial a compra de escravos, que eram trocados por ouro na Costa da Mina, desde a segunda metade do século XV. Os escravos eram vendidos, principalmente, pelos povos costeiros ijós e itsequis ou pelos ibos, igalas e iorubás, em geral cativos de guerras e criminosos.

Os que eram trazidos do interior passavam antes por vários mercados e feiras até chegarem à costa, onde os aguardavam os portugueses. Desses cativos, os melhores, os mais jovens e saudáveis, eram reservados aos povos acãs. Os que sobravam eram enviados para as ilhas de São Tomé e Príncipe e para Portugal.

No Benin, os escravos eram comprados com moeda utilizada pelos edos, como as manilhas e barras de cobre e o *igô*, uma espécie de búzio. Os objetos de cobre recebidos pela venda de escravos eram, em geral,

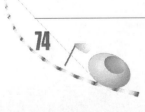

derretidos e transformados em novas peças e nas famosas esculturas desse reino. As fazendas trazidas da Europa e do Golfo de Cambaia, as contas indianas e italianas e os rabos de cavalo eram mercadorias de luxo muito apreciadas pela nobreza edo.

Em 1514, o *obá* do Benin enviou uma embaixada a Portugal solicitando armamentos, como espingardas e canhões, e também missionários para converter a população ao catolicismo, tendo em vista a impossibilidade, por conta de um decreto papal, de venda de armas aos povos pagãos. Enviados os missionários, apenas uma parte dos edos e alguns escravos converteram-se ao catolicismo e aprenderam a língua portuguesa, sendo que o próprio *obá* permaneceu fiel à sua crença tradicional.

Outras missões sucederam-se e o *obá* que governava entre 1515 e 1516, apesar de ter sido batizado, negou-se a abandonar por completo as práticas da religião tradicional. Com isso, Portugal não permitiu a venda de armas ao Benin. Por outro lado, o *obá* controlava o comércio de escravos com os portugueses do modo que lhe fosse mais favorável, às vezes fornecendo apenas mulheres, em outras liberando também os homens, que eram mais procurados.

O reino do Benin acabou obtendo as armas que desejava ao comerciar com outros europeus, como os franceses, e com os são-tomenses, por meio do contrabando.

Já no final do século XVII, no auge das suas exportações, o golfo do Benin ou a Costa dos Escravos, como era mais conhecido, perfazia 44% dos escravos exportados da África, ou seja, cerca de 227.800 africanos saíram de seus portos. A liderança no comércio de escravos foi preservada até 1730. Dentre os reinos dessa região, Aladá foi pioneiro e controlou esse comércio, comandando as exportações de escravos realizadas através de vários portos ao longo das lagunas no golfo do Benin, como Ajudá, Lagos, Badagri, Porto Novo, Jakin, Epe, Apa, Affra, Popo Grande e Pequeno.

As guerras ocasionadas pelo reino Oió resultaram em um aumento da oferta de escravos, fazendo com que o tráfico de africanos nessa área se expandisse. Os escravos obtidos por esse reino eram embarcados, inicialmente, no porto de Ajudá e, mais tarde, em Porto Novo e Badagri.

Por sua vez, o reino do Daomé, com sua política intervencionista, promoveu ataques aos seus vizinhos do norte, embarcando os cativos, em particular no porto de Ajudá.

No século XVII, o reino de Oió iniciou sua política expansionista, incorporando várias cidades-estado iorubás, que preservaram seus chefes tradicionais. Seus domínios passaram a compreender os territórios desde o sul dos rios Moshi e Níger até a confluência dos rios Oyan e Ogun, e do rio Opara até a área habitada pelos equitis. Os pequenos reinos fragmentados dos egbás ficaram sob a influência de Oió, mas esse não conseguiu penetrar entre os povos auoris e ijebus, pois ambos eram vassalos do reino do Benin. Os ijebus, que ficavam ao norte dos auoris e de Eke (Onin ou Lagos), formavam vários reinos, cujo mais importante e de maior supremacia sobre os outros era Ijebu-Ode. Nele, os portugueses compravam dentes de elefante, escravos e tecidos tingidos em azul e branco, muito requisitados no Brasil e conhecidos como "panos da Costa".

No entanto, ijebus, ijexás, lindes e équites não escaparam das frequentes razias promovidas pelo reino de Oió com o objetivo de obter escravos vendidos ao norte e, sobretudo no final do século XVII, ao Atlântico.

O reino de Oió continuou a expandir seus domínios sobre os povos de língua aja (evés ou egbe), que habitavam as savanas a oeste, atacando os reinos de Uemê, Daomé e Aladá ou Ardra. Para isso, contaram com o apoio de dois reinos tributários, Savê e Queto.

A tradição oral conta que os ancestrais dos ajas expulsos de Queto pelos iorubás, estabeleceram-se em Tadô, às margens do rio Mono. Com o passar do tempo, algumas linhagens ajas entraram em conflito entre si, abandonaram Tadô em busca de novos territórios. Uma delas dirigiu-se para o sudeste e permaneceu em Aladá, outra foi para o sul, em Popó Grande e Ajudá, e uma outra para Nuatja.

Há indícios de que Aladá ou Ardra existia como um grande Estado, desde a metade do século XVI, figurando em sua lista de reinos tributários Tori, Daomé, Ajudá e Popó Grande. Aladá também mantinha o controle de postos importantes comercialmente, como Ofra e Jakin. O seu rei era considerado um grande soberano, exercendo influência e autoridade sobre os demais reinos da região.

Nesse mesmo século, o reino de Aladá iniciou contato com os portugueses e são-tomenses, que cem anos mais tarde fixaram-se no local para aproveitar ainda mais o comércio de marfim, inhames, contas, azeite de dendê, panos de algodão e escravos. Estes eram embarcados nos portos de Ofra, Apa ou Jakin e ficaram conhecidos como aladás, ararás ou ardras.

A capital desse reino era Grande Aladá e contava com uma população de trinta mil pessoas. O palácio do rei, de acordo com uma descrição do visitante francês D'Elbée, de 1670, tinha dois andares e vários cômodos amplos com grandes pátios.

No século XVII, os holandeses investiram muito no comércio de escravos em Aladá, embarcando centenas deles por ano, a ponto dessa região ficar conhecida como Costa dos Escravos. Esse comércio contou ainda com a participação de flamengos, franceses, ingleses e portugueses interessados no mercado americano. No final desse século, as exportações aumentaram, alcançando o índice de dez mil escravos vendidos por ano.

Antes da chegada dos europeus, havia um sistema de captura e venda de seres humanos em menor escala em Aladá e Ajudá. Eram escravos destinados aos acãs e ao Sael. Os europeus fizeram esse sistema crescer em proporção e aumentar o valor do escravo e o comércio de outras mercadorias, como peças em latão, cobre, armas de fogo, tabaco feito no Brasil e tecidos vindos da China, Índia, Europa e Oriente Médio.

Os métodos de captura e transporte também foram aprimorados, com o estabelecimento de operações militares, que invadiam as aldeias e, com armas de fogo, matavam os idosos e detinham os homens, as mulheres e as crianças. Os capturados eram presos por um libambo (instrumento de ferro que unia um grupo de escravos pelo pescoço) e levados em comboios seguidos por homens armados. A maioria dos ataques era realizada próximo ao litoral e em territórios dos ajas.

Embora os cativos produzidos pelos reinos de Daomé e de Oió passassem a ser embarcados por intermédio de Aladá, que detinha, até a segunda metade do século XVII, o controle desse comércio, com o passar do tempo outros reinos como Popó Grande e Ajudá perceberam as vantagens de comercializar diretamente com os europeus e iniciaram concorrência com Aladá, fornecendo e embarcando eles próprios suas mercadorias.

O rei de Oió, que costumava enviar escravos para serem vendidos em Aladá e Ajudá, também percebeu que seria muito mais lucrativo fazer essas transações comerciais de forma direta com os europeus. Para obter mais cativos, submeteu ao seu poder alguns povos, formando colônias, como Ifonyin. Depois de vários conflitos gerados pela concorrência comercial, em 1698, o reino de Oió invadiu Aladá.

Nessa época, holandeses, ingleses e franceses estabeleceram entrepostos nessa região, e os flamengos destacaram-se no controle do comércio de escravos no golfo do Benin. Mas foram os portugueses e os brasileiros que dominaram o tráfico, no final do século XVII, na Costa dos Escravos. Conseguiram essa façanha oferecendo um produto que caiu no gosto dos africanos: o tabaco de rolo baiano, tornando-se a mercadoria fundamental nas negociações comerciais na Costa da África Ocidental. Com seu sabor adocicado por conta do banho de melaço que recebia, era considerado de qualidade inferior pelos europeus, mas muito apreciado pelos africanos.

Na concorrência pelo comércio de escravos, o reino de Ajudá saiu na frente, superando e embarcando cativos originários de Aladá. Esses escravos eram obtidos em guerras e ataques às cidades do litoral recorrentes pela expansão do reino do Daomé, no final do século XVII.

Ajudá era, já no século XVIII, o principal porto de embarque de escravos do golfo do Benin, pois era uma região produtora de muitos cativos oriundos de guerras entre os pequenos Estados e da expansão dos reinos Oió e Daomé. Em pouco tempo, Ajudá estava ocupada por fortes, feitorias e depósitos construídos por franceses, holandeses, ingleses e portugueses. Os brasileiros, sobretudo os baianos, também intensificaram suas idas à região, construindo, em 1721, o forte de São João Batista.

O rei de Ajudá mantinha-se por meio do tráfico de escravos, pois além de cobrar dos traficantes estrangeiros taxas sobre vários serviços, como o reabastecimento de água e alimentos dos navios e sobre cada escravo vendido, ainda detinha o privilégio de vender seus cativos com valores mais altos e antes dos mercadores nativos.

A política expansionista do reino do Daomé, visando ao crescimento da população e à exclusão de Aladá e Ajudá como principais intermediários do tráfico de escravos, chegou à Aladá em 1724. As tropas do rei Agajá

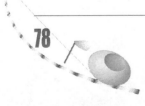

aprisionaram cerca de oito mil pessoas, colocando uma parte à venda como escravos. Três anos depois, era a vez de Ajudá ser atacada por esse reino. Mas logo os daomeanos tiveram que se deslocar para o norte, onde estavam sofrendo invasões do reino de Oió.

Em 1729, Daomé foi dominado por Oió e o seu rei, Agajá, teve de refugiar-se. Com isso, Ajudá recuperou sua liberdade, mas permaneceu assim por pouco tempo, até a volta dos daomeanos. Nessa época, o reino de Daomé comercializava os cativos obtidos, sobretudo em guerras. Com essa moeda conseguia comprar armas e pólvora para promover um número maior de ataques aos povos vizinhos.

Vários reis daomeanos procuraram concentrar as negociações do tráfico de escravos em suas mãos, algumas vezes permitindo a participação de particulares. No entanto, buscaram, sempre que possível, o controle total desse comércio e dos estabelecimentos estrangeiros em suas terras. Essa política de controle rígido provocou o afastamento de mercadores estrangeiros, que preferiram frequentar outros locais, como Porto Novo, Onin e Badagri.

No início do século XIX, a Grã-Bretanha proibiu o tráfico de escravos entre a África Ocidental e suas colônias com os Estados Unidos, além de realizar uma campanha abolicionista nos países europeus, visando à extinção definitiva desse comércio.

Portugal e Reino Unido assinaram um tratado, em 1810, que previa a proibição do tráfico nessa região e o apresamento dos navios carregados de escravos, exceto aqueles que saíssem de Ajudá. Com essa medida, Ajudá voltou a ganhar importância no comércio de escravos.

Mesmo assim, a partir desse momento, as exportações e o valor dos escravos sofreram um nítido decréscimo. Somente por volta da segunda década do século XIX, o comércio de escravos voltou a se expandir em Ajudá. O rei de Daomé passou a contar com a participação de um brasileiro como seu agente em Ajudá, Francisco Félix de Souza, mais conhecido como Chachá, um destacado mercador de escravos.

Já nessa época, o tráfico ao norte do Equador estava proibido e os britânicos passaram a impedir o embarque de cativos também em Ajudá, assim como faziam em Porto Novo, Onin, Badagri, Apa e Popô Pequeno.

Ademais, em 1839, a Grã-Bretanha promulgou um decreto que lhe permitia capturar qualquer embarcação que traficasse escravos. Com isso, o rei de Daomé, incentivado por Francisco Félix de Souza, deslocou o comércio de escravos para outras localidades, recuperando a feitoria de Adjido, em Popô Pequeno, e inaugurou outra em Cotonu, a leste de Ajudá, com o objetivo de dificultar a repressão britânica.

O tráfico de escravos se expandiu, no início do século XVIII, em duas direções: Costa do Ouro e Baía de Biafra. Esta última localizava-se na parte leste do golfo do Benin, entre o delta do rio Níger e o vale do rio Cross. Os escravos embarcados nos portos de Elem Kalabari (Nova Calabar), Calabar (Velha Calabar) e Bonny, que representavam 90% das exportações nessa área, eram adquiridos em pequenos ataques às cidades e com sequestros. As exportações subiram de 3 mil escravos por ano, nas primeiras décadas desse século, para quase 18 mil no final dele. Os ingleses eram os principais traficantes atuantes nessa região.

Por sua vez, a região a oeste do golfo do Benin, compreendendo também o leste da Costa do Marfim, era conhecida como a Costa do Ouro. Os escravos eram aí embarcados em dois portos principais: Cape Coast e Anomabu e adquiridos em guerras promovidas pelos acãs no interior, em especial, pelo reino Axante – grande conquistador de estados da savana e parte da área florestal.

Quando os portugueses chegaram à Costa do Ouro, logo perceberam que o escravo era o produto mais requisitado e essencial para estabelecer relações comerciais com as chefias africanas de forma direta, sem a participação de intermediários.

Para adquirir escravos, os portugueses passavam por diferentes locais ao longo do litoral até chegarem à Fortaleza de São Jorge da Mina. Nessa região, os bijagós, em embarcações feitas em um único tronco de árvore, traziam vários cativos, obtidos em razias, que realizavam armados com arcos e flechas, espadas, escudos e azagaias de ferro. Não só os bijagós, mas os mandingas, os beafadas e os cassangas dedicavam-se à captura de gente.

Contudo, nem todos os povos interessavam-se por escravizar pessoas para venderem aos europeus, porque sabiam da escassez populacional para

ocupar e trabalhar a terra. Era o caso dos felupes, bagas, balantas, crus, entre outros. Os acãs sofriam pela falta de braços para abrir e expandir suas florestas e extrair o ouro, por isso, eram grandes compradores de escravos, que trocavam por este metal precioso. Por outro lado, muitos povos, como os fantes, gás e haúças interessaram-se pela presença dos portugueses e de outros europeus e possibilitaram a sua aproximação, visando à comercialização de escravos e outros produtos vindos de fora do continente africano, pois, dessa maneira, não mais dependeriam dos *diulas* para ter acesso a eles.

No entanto, os portugueses não se contentaram apenas com o comércio, queriam construir fortificações nos entrepostos, estabelecer-se no litoral africano e, sobretudo, ter o privilégio comercial. Já para os povos africanos isso não interessava, porque a concorrência dos ingleses, espanhóis e franceses tornava o valor dos escravos, das peças em cobre, dos tecidos e das contas mais alto. Além disso, os africanos conseguiam adquirir desses outros europeus as armas de fogo que os portugueses não queriam fornecer. Como prova dessa situação, há relatos da dificuldade enfrentada pelo português Diogo de Azambuja para conseguir a permissão do chefe de uma aldeia, vassalo do rei de Comenda, para construir, em 1482, o forte de São Jorge da Mina. Tudo indica que esse chefe somente permitiu a construção do forte porque sabia que outros chefes vizinhos estavam interessados na permanência dos portugueses em suas terras, de olho nas relações comerciais e no apoio militar que esses poderiam oferecer contra seus inimigos.

Depois de muito insistirem, os portugueses iniciaram a construção do forte. Para a sua edificação chegaram em navios cerca de seiscentas pessoas, entre artesãos, carpinteiros e pedreiros, além de madeiras, pedras, calhas de barro e canhões. Mas isso aconteceu não sem causar constrangimento e indignação dos africanos, como ocorreu quando os portugueses destruíram uma grande pedra considerada sagrada e não enviaram ao chefe local as homenagens e presentes em agradecimento pela concessão das terras.

Os mercadores de origem mandinga e acã levavam até a fortaleza ouro, noz-de-cola, marfim, cera, malagueta para trocarem diretamente com os portugueses. O rei de Comenda recebia taxas e tributos pela passagem e venda dos produtos, mas não tinha como controlar a quantidade e as espécies das mercadorias vendidas por ambos os lados.

Os portugueses ofereciam ao rei do Benin cobre obtido na embocadura do rio Zaire, latão, coral, tecidos de lã e linho, em troca de contas, pimenta-de-rabo e panos de algodão. Os jalofos ofereciam escravos aos portugueses em troca de cavalos, aljarabias, ferros, alambéis. Os escravos obtidos entre os jalofos eram vendidos na Costa da Mina em troca de ouro, malagueta, marfim e noz-de-cola. Esta última era trocada na Senegâmbia por escravos. Apesar dos portugueses possuírem a exclusividade do comércio no litoral africano, eles não conseguiram penetrar no interior do continente, dependendo dos chefes das aldeias, reis e mercadores africanos para obter as mercadorias interioranas, como o ouro, o marfim, o âmbar e os escravos.

IORUBÁS

O nome iorubá era aplicado, antes do século XIX, aos oiós pelos haúças. Nesse século, o escritor J. Raban utilizou o termo para definir os povos de língua e cultura semelhantes habitantes na região a sudoeste da atual Nigéria e a sudeste da atual República do Benin, englobando, dessa maneira, egbás, équites, auoris, abinus, ibarapas, quetos, oiós, ifés, ijebus, ijexás, ondos, igbominas, ilajes. No Brasil, eles ficaram conhecidos como nagôs, que, por sua vez, na África Ocidental, era uma expressão referente aos anagôs, povos de origem oió, habitantes da região a oeste do baixo Yewa, e que os evés, guns e fons utilizavam para denominar todos os iorubás.

ÁFRICA CENTRO-OCIDENTAL

Do início do século XVI até o final do XIX, a África Centro-Ocidental foi a maior exportadora de escravos de todo o continente. Entre 1600 e 1800, mais de 3,1 milhões de escravos saíram dos portos de embarque

dessa região, ou seja, um terço de todo o comércio de escravos africanos nesse período. E, no auge do tráfico atlântico, no final do século XVIII, assumiu mais de 40% do comércio de escravos.

Antes da chegada dos europeus, a escravidão na África já estava consolidada e servia para manter o prestígio dos reis e chefes tradicionais, na medida em que a incorporação de um grande número de escravos como dependentes, fosse por meio da força ou pacificamente, representava poder e importância social. A escravidão contribuía de igual modo para o domínio político e a centralização de poder dos reinos, permitindo o acúmulo de riquezas obtidas pelo emprego de escravos na produção agrícola e nos exércitos, pela arrecadação de tributos (pois os escravos pagavam impostos) e pelo seu comércio.

O início do tráfico atlântico de escravos na região Centro-Ocidental, entre 1480 e 1570, foi marcado pela busca de metais preciosos e do monopólio do comércio de escravos por parte da Coroa portuguesa, por meio de alianças com as elites africanas, em especial com o reino do Congo. Além deste, outros estados, como o dos vilis, ao norte do rio Congo, e o dos ambundos, ao sul e ao leste, eram as mais importantes fontes de escravos procurados pelos portugueses nesse período.

Em 1483, o navegador português Diogo Cão chegou em Pinda, na embocadura do Zaire, e foi recebido pelo senhor da província de Sônio, a noroeste do reino do Congo. Dessa província, o português enviou presentes ao *manicongo* ("o senhor do Congo"), em sua capital Banza Congo, retornando logo depois a Portugal e levando consigo quatro congueses.

Dois anos mais tarde, Diogo Cão voltou à África e encaminhou ao *manicongo*, junto com novos presentes, os congueses que haviam viajado para Portugal, se convertido ao catolicismo e aprendido a língua portuguesa e os costumes europeus. Esses relataram tudo o que viram em Portugal, incluindo as técnicas e armas de guerra que poderiam fazer do Congo o reino mais poderoso daquela região.

Em resposta, o *manicongo* Nzinga a Nkuwa enviou uma embaixada ao rei de Portugal, D. João II, com alguns congueses para serem educados e com os presentes mais luxuosos de sua terra: peças em marfim, dentes

de elefante e tecidos de ráfia. Solicitou ainda àquele rei que mandasse à Banza Congo religiosos e mestres de ofícios para ensinar-lhes a doutrina católica e as técnicas de construção e de guerra europeias.

As caravelas com padres, carpinteiros e pedreiros chegaram em Sônio e foram recebidas pelo mani-Sônio (chefe) com festas e músicas de atabaques. Tempos depois, ele iniciou a construção de uma igreja e foi batizado.

Em Banza Congo, os portugueses foram igualmente recepcionados com pompa, com direito a tropas e músicos. Logo o *manicongo* recebeu o batismo, antes mesmo que a igreja que havia mandado construir ficasse pronta, pois precisava partir para uma batalha contra o povo tio do Lago Malebo. Sua esposa principal e seu filho também foram batizados. Já se aproveitando da aliança com Portugal, o rei do Congo levou para a batalha arcabuzes, barcos e uma bandeira considerada benta, saindo-se vencedor.

Sobre a conversão do reino do Congo ao cristianismo há várias interpretações. Alguns estudiosos acreditam numa conversão de aparência para agradar e perpetuar as relações com Portugal. Outros creem na formação de uma nova religião – o cristianismo africano –, baseada numa visão de mundo africana. E ainda alguns defendem a ideia de uma adaptação do cristianismo europeu às crenças tradicionais africanas. Contudo, qualquer uma dessas explicações leva a uma conclusão: a existência, tanto para os portugueses quanto para os africanos, de concepções semelhantes a respeito da religião.

Para africanos e europeus, havia dois mundos: o dos "vivos" e o dos "mortos". Este último era habitado pelas almas dos que morriam e por espíritos que influenciavam o mundo dos vivos. O conhecimento sobre esse "outro mundo dos mortos" dava-se por meio de revelações. Dessa forma, africanos e europeus reconheceram a ideia de revelação como parte da religião do outro, embora, em alguns momentos, tivessem dificuldade em aceitá-las. Por exemplo, as revelações africanas aconteciam por meio de sonhos, presságios, adivinhações, visões e possessões mediúnicas, e por isso os europeus acreditavam na sua origem diabólica.

Tanto em Portugal quanto na África, as pessoas preparavam-se para morrer. Entre outras coisas, os portugueses tinham o costume de

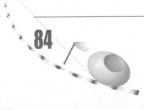

confessar seus pecados em vida e dar esmolas aos santos de devoção. Por outro lado, os africanos faziam oferendas aos seus ancestrais. Em ambas as sociedades, havia um ritual de preparação dos mortos, um cuidado com a sua aparência, sendo comum vesti-los com mortalhas religiosas. As cerimônias fúnebres também tinham aspectos comuns, como a presença de sacerdotes, o velório e a representação do luto.

Africanos e portugueses acreditavam igualmente na existência de um julgamento após a morte, no qual se levavam em conta as ações realizadas durante a vida. Para os portugueses, o morto era encaminhado, dependendo do seu merecimento, para o inferno, purgatório ou paraíso, e este último era o lugar desejado, por estar mais próximo de Deus. Por outro lado, para os africanos, o melhor destino era junto dos seus ancestrais.

Além desses aspectos em comum, como a crença em dois mundos, a existência de revelações e de julgamentos, a preparação para a morte, havia ainda, por parte das religiões africanas, sobretudo dos centro-ocidentais, uma flexibilidade em relação à incorporação de novas crenças. Isso poderia ser explicado, em grande medida, pelo fato de os sacerdotes não poderem exigir da população a aceitação de uma determinada interpretação da religião, por conta da maneira contínua pela qual recebiam as revelações, possibilitando que nenhuma doutrina fosse seguida de forma rígida, pois, a cada revelação novos elementos eram incorporados. Tudo isso contribuiu para a aceitação de novos rituais, crenças e símbolos do cristianismo, mas sem que os africanos abandonassem suas próprias visões de mundo.

Mas, apesar das semelhanças, existiam alguns pontos na doutrina cristã incompatíveis com os costumes das sociedades africanas, inclusive as praticadas no reino do Congo, como a proibição da poligamia. Por conta dessa proibição, o processo sucessório no reino foi afetado. Quando o rei Nzinga a Nkuwa morreu, em 1506, seu filho mais velho, Mbemba Nzinga ou D. Afonso (após o batismo), apoiado nas regras cristãs (pois era o primogênito e, de acordo com a regra, seria o herdeiro do trono), decidiu enfrentar seu irmão Mpanzu a Kitima, cuja mãe fazia parte da principal linhagem, da qual, com base nas tradições africanas, deveria se eleger o rei.

D. Afonso matou seu irmão e conquistou o poder no reino do Congo. Segundo relatos da época, era um católico fervoroso e, durante o seu governo (1506-1543), intensificou ainda mais as relações com Portugal, solicitando religiosos, técnicos, médicos e professores para ensinar a ler e a escrever em português e enviando congueses a Portugal. Nessa época, a capital do reino do Congo, Banza Congo, teve seu nome mudado para São Salvador e nela foram edificadas várias igrejas.

A escravidão era, na maior parte do reino do Congo, doméstica, isto é, os cativos de guerra e de razias ou os criminosos eram incorporados a uma outra comunidade como escravos e suas gerações futuras tornavam-se parte daquela sociedade como ex-escravos. A escravidão, nesse caso, servia para reforçar o trabalho nas aldeias. Os escravos destinados à nobreza e aos governadores das províncias desse reino eram levados a trabalhar nas suas plantações, sendo tratados de forma distinta de outros grupos.

O rei do Congo detinha o monopólio do comércio com os portugueses em todo o seu reino e nas áreas sob sua influência e, por isso, fortaleceu seu poder, incomodando a aristocracia conguesa, que dependia dele para obter os produtos importados. A nobreza e as elites do reino interessavam-se cada vez mais pelas mercadorias de luxo, como tecidos de algodão e seda, porcelanas e contas de vidro trazidas pelos portugueses. Para pagar esses produtos e os trabalhos realizados, o *manicongo* utilizava tecidos de ráfia, cobre, peles, marfim, zimbos (uma espécie de concha cinza ou perolada) e escravos. Mas, com o tempo, as elites conguesas passaram a burlar as regras comerciais e a adquirir armas e vender escravos diretamente aos portugueses. Essa situação ameaçava o poder do *manicongo*, que tentava a todo custo retomar o controle do comércio.

Com o crescimento desse comércio, o reino do Congo teve de aumentar o número de escravos oferecidos aos portugueses, pois estes prefeririam recebê-los como pagamento. Para tanto, investiram em conflitos armados, preservando a vida dos homens dos povos derrotados, que antes eram mortos.

Para não perder o controle do comércio de escravos e regularizá-lo, a ponto de não permitir que os próprios congueses fossem escravizados (o que já estava acontecendo em alguns locais), o *manicongo* formou um comitê com três pessoas responsáveis pela autorização do embarque de cada escravo, concentrando-se as relações comerciais em Banza Congo e em Pinda.

O comércio de escravos já havia se expandido por várias partes do reino do Congo. Antes da chegada dos portugueses, havia uma rota de comércio de escravos que passava por esse reino, unindo a região do lago Malembo, produtora de cobre, a Loango. Ao longo dessa rota, existiam mercados chamados *pumbos*. Eram importantes pontos de encontro tanto dos que vinham pelas águas quanto dos que faziam o caminho por terra. Nesses *pumbos*, os escravos eram vendidos por negros ou mulatos, livres ou escravos, conhecidos por pombeiros. De início, os portugueses também aproveitaram as mesmas rotas utilizadas no comércio interno pelos vilis, habitantes de Loango.

Os portugueses e os são-tomenses voltaram a atenção para esses *pumbos* do lago Malebo, onde bobangis, bomas, sucus, ambundos, angicos e teges eram vendidos, frutos de razias, sequestros e guerras. Como consequência do deslocamento do comércio para os pumbos do lago Malebo, o *manicongo* conseguiu ter de volta o controle do tráfico de escravos, pois as elites conguesas deixaram de negociar diretamente com os portugueses. Estes tinham ainda que passar pelas terras do reino do Congo para embarcar os escravos e assim pagar as taxas devidas ao *manicongo* e abastecer seus navios de produtos agrícolas.

O projeto de europeizar o reino do Congo não deu certo, pois Portugal não cumpriu integralmente a sua parte no trato. Os religiosos, sacerdotes e missionários também se envolveram no comércio de escravos, deixando de lado a educação dos congueses. Ademais, o reino do Congo foi prejudicado com as baixas populacionais, já que os escravos que eram exportados deixavam de ser empregados como mão de obra nas lavouras, na fabricação de barcos, cestos, enxadas, armas, lanças, arcos e flechas.

O reino Andongo (subgrupo dos ambundos), do *angola a quiluanje*, era um crescente fornecedor de marfim, cobre e escravos para os são-tomenses, fazendo desse comércio um meio de aumentar o poder do seu rei entre os chefes das linhagens.

Em 1519, assim como o fez o rei do Congo, o rei Andongo pediu que Portugal lhe enviasse sacerdotes e mestres de ofícios para europeizar o reino. Os portugueses lá chegaram em 1520, mas o rei só foi batizado tempos depois. Dizem que as autoridades em São Tomé não deixaram embarcar nenhum sacerdote que pudesse realizar o sacramento. A princípio, Portugal não investiu seus esforços para a conquista dessa área, apenas se interessando pela compra de escravos.

Na metade do século XVI, durante o governo de D. Diogo (Nkumbi Mpudi), neto de D. Afonso, o reino do Congo expandiu seus domínios, incorporando como vassalos os territórios dos panzualumbos, ao norte do rio Zaire, dos sossos e sucus, o reino de Angoio, Cacongo, Vungu e Macoco, Matamba e Andongo.

Para manter o controle do comércio na região, D. Diogo implementou algumas medidas, como a criação de taxas cobradas aos pombeiros, determinou como moeda de troca fazendas, escravos e zimbos, e estabeleceu rotas caravaneiras. Teve ainda de voltar a atenção para os vilis, do reino de Loango, que tinham a intenção de estabelecer alternativas de comércio aos mercados no lago Malebo. Também lhe incomodavam as relações comerciais estabelecidas entre portugueses, são-tomenses e o reino vassalo de Andongo, que se tornou independente, em 1556, após derrotar o reino do Congo numa batalha.

Os *manicongos* que se sucederam tiveram de enfrentar várias ofensivas de povos que burlavam as regras do comércio no reino do Congo, como os angicos ou tios e os famosos guerreiros jagas, provenientes do médio rio Cuango. Estes últimos invadiram, por volta de 1568, Bata ou Mbata, uma província da região oriental do reino do Congo e, guerreando violentamente, chegaram até a costa. Lograram derrotar o Congo, que estava imerso em disputas sucessórias, divisões políticas internas e não contava com um exército forte, pois dependia do envio de tropas das suas províncias.

Como resultado dessa guerra, muitos congueses foram transformados em escravos pelos jagas. Os que escaparam do cativeiro passaram fome e tiveram que trocar seus escravos e até mesmo parentes ou dependentes por alimentos. Com a ajuda de soldados enviados pelo rei de Portugal em 1571, o *manicongo* conseguiu reconquistar o reino do Congo.

Alguns desses soldados, depois de terminada a guerra, não quiseram voltar a Portugal, permaneceram no reino do Congo e estabeleceram famílias, casando-se com mulheres africanas, tendo filhos mulatos, trabalhando como mercadores, muitas vezes mesmo sem a permissão do rei português.

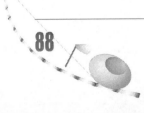

Depois de algum tempo, após o fim das batalhas contra os jagas, o reino do Congo voltou a prosperar e restabeleceu o controle do comércio de escravos, com a participação de novos mercados no reino Tio de Okango, uma crescente fonte de escravos originários das disputas entre os congos de Bata e os jagas das margens do rio Cuango.

Não é demais lembrar que os escravos adquiridos nessa região podiam fazer parte da sociedade congolesa, transformados em cativos por serem transgressores do direito consuetudinário, endividados e até mesmo, em épocas de grande demanda, escravos domésticos. Outra forma de se obter escravos era por meio das razias realizadas pelo reino do Congo em suas fronteiras.

A escravização de pessoas em maior escala na África Centro-Ocidental ocorreu, fundamentalmente, como resultado de guerras. Em primeiro lugar, em decorrência da guerra civil e da consequente desintegração do reino do Congo, que o transformou numa das principais fontes de cativos, em finais do século XVII. Em segundo lugar, devido à intensificação das expedições portuguesas para a captura de escravos no interior do continente. E, por fim, por conta das atuações dos imbangalas na região dos ambundos, ao sul do Congo.

Na primeira metade do século XVIII, a média anual de exportações na África Centro-Ocidental era de 15 a 20 mil escravos por ano, atingindo 34 mil na segunda metade do século. Nessa época, houve um processo de interiorização da captura de africanos ocasionado pelo crescimento da demanda por escravos destinados sobretudo à América. As rotas de comércio fluviais confluíam em dois pontos: ao norte, no lago Malebo e, ao sul, em Luanda. Pinda e Ambriz eram portos que ligavam as rotas do lago Malembo ao reino do Congo. O porto de Malembo conectava-se ao reino de Cacongo e, por sua vez, Cabinda ao reino de Ngoyo.

Luanda também se integrava a essas rotas, que foram sendo ampliadas em direção ao interior. No século XVIII, alcançaram os estados interioranos de Luba, Lunda, Cazembe e Lózi. Cazembe e Lozi eram fornecedores de escravos tanto para Lunda e Luba quanto para a costa oriental da África. Estes estados passaram a pagar cada vez mais impostos com escravos, revelando-se, dessa forma, seus principais fornecedores. Os estados de Matamba e Caçanje, em direção ao interior de Luanda, conseguiram dominar também as rotas do comércio de escravos nessa área.

A negociação de cativos era realizada em barracões alugados ou construídos na costa do reino do Congo, durando cerca de seis meses. Nesses locais, durante o período da venda de cativos, outros escravos eram empregados e mantimentos eram providenciados para o período de espera para o embarque. Depois de algum tempo, acontecia a troca dos cativos por mercadorias como armas de fogo, pólvora, tecidos, vinhos, aguardente e fumo brasileiros, facas, espelhos e tapetes.

PRINCIPAIS PRODUTOS OFERECIDOS EM TROCA DE ESCRAVOS AFRICANOS

ÁREA	SUBÁREA	PRODUTOS
Alta Guiné (Senegâmbia)		cavalos, sal, algodão
Baixa Guiné	Costa do Ouro	tecidos indianos, objetos de ferro
	Golfo do Benin (Costa dos Escravos)	objetos de cobre, tecidos e contas europeias, armas e munição
	Baía de Biafra	Tecidos, objetos de ferro
Centro-Ocidental	Congo	tecidos de algodão e seda, porcelanas, contas de vidro, armas, pólvora, aguardente
	Andongo (Angola)	tecidos, contas de vidro, armas, aguardente, trigo, facas, espelhos e tapetes
Oriental	Vale do Zambeze	contas e algodão de Cambaia

Já no caso de Angola, como era chamado pelos portugueses o reino Andongo, as negociações não foram muito fáceis e os portugueses tiveram de agir de forma mais intensa para conseguir o controle do comércio de escravos, realizando intervenções armadas para capturar africanos no litoral e no interior. Esse reino, um dos mais importantes no comércio de escravos da África Centro-Ocidental, privilegiava os traficantes nativos, protegendo-os das imposições e da concorrência portuguesa, acarretando hostilidades. Por outro lado, os portugueses tentavam obter escravos, sem a sua intermediação, promovendo mais guerras e incorporando aldeias ao seu comando.

No início do século XVI, os portugueses instalaram-se na ilha de São Paulo de Luanda e fizeram dela uma verdadeira colônia portuguesa, voltada para o comércio de escravos. Em 1575, chegaram a essa ilha sete ou nove navios com centenas de soldados, técnicos e sacerdotes, encabeçados por Paulo Dias de Novais. O rei de Portugal havia lhe fornecido a posse das terras africanas entre os rios Dande e Cuanza, como uma espécie de donatário. Os portugueses estavam interessados, nesse momento, em encontrar as jazidas de prata e cobre, tão comentadas em relatos da época. Por isso, precisavam intervir de modo mais pontual e ocupar militarmente o reino Andongo, sem estabelecer alianças ou construir feitorias.

Mesmo com a resistência e o combate dos andongos por mais de vinte anos, os portugueses conseguiram chegar a Cambambe, no início do século XVII, onde supunham haver as jazidas de prata, mas encontram apenas uma grande quantidade de chumbo. Com isso, o rei de Portugal decidiu abandonar o projeto de conquista dessas terras e permanecer apenas no comércio de escravos.

Na empreitada pela captura de escravos, os portugueses contaram com a ajuda dos imbangalas, povo de origem em algumas chefias de linhagens lundas que se deslocaram para a região oeste depois das mudanças políticas proporcionadas pelos lubas. Eram conhecidos como fortes guerreiros comandados por grandes chefes que centralizavam o poder em suas mãos.

No reino Andongo, o comércio era realizado em feiras nas quais os pombeiros levavam tecidos da Índia, de Portugal e de Flandres, farinha de mandioca do Brasil, peças em latão e ferro, produtos africanos, como pimenta, sorgo, peixe seco, azeite de dendê, sal e os famosos panos do reino do Congo e de Loango.

O reino do Congo sentiu-se profundamente afetado pelas relações comerciais promissoras que os portugueses de Luanda estabeleceram com o interior do reino de Angola. Com a presença desse novo parceiro comercial, o *manicongo* não mais recebia tributos e impostos dos mercadores e de Estados sob sua influência.

Em 1624, subiu ao poder no reino Andongo, Jinga, que dois anos antes havia recebido o batismo, passando a se chamar D. Ana de Souza e firmado um acordo com os portugueses de Luanda, esperando com isso ganhar o apoio destes para colocar fim às guerras que assolavam seu reino, receber armas e conseguir o monopólio comercial.

No entanto, nada disso aconteceu. Sentindo-se lesada pelos portugueses, Jinga firmou aliança com os imbangalas, juntando-se a um dos seus chefes – Jaga Caza –, e fortaleceu seus exércitos ao adotar suas técnicas de guerra.

Ao mesmo tempo, os portugueses apoiaram e reconheceram um dos filhos do primeiro *angola* como rei dos andongos e vassalo de Portugal, ajudando-o a formar um forte exército, que, da capital Pungo Andongo, combateria as tropas de Jinga. Contudo, Jinga foi mais rápida e os atacou primeiro. Entre várias vitórias e derrotas, contando com uma epidemia de varíola que dizimou parte dos exércitos de ambos os lados e com o abandono dos chefes imbangalas que começaram a passar para o lado dos portugueses, Jinga invadiu o reino de Matamba e tornou-se sua rainha.

A nova rainha fez de Matamba um grande reino, ao abrir uma rota para o tráfico de escravos que de lá saía e passava pelo rio Dande até a sua foz, onde eram vendidos aos holandeses. Além disso, Jinga passou a atacar as caravanas dos pombeiros que faziam a rota entre a Baixa do Caçanje e o litoral, ao longo do rio Cuanza. Ademais, ainda era considerada por muitos a rainha do reino Andongo. Os portugueses, por sua vez, perceberam que erraram em não se aliar à rainha Jinga, reconhecendo-a rainha do Andongo em 1641, pois acabaram perdendo Luanda (retomada em 1648) e, consequentemente, o comércio de escravos para os holandeses.

No século XIX, foram exportados para o Atlântico quase 3,5 milhões de escravos. Só na primeira metade desse século, a região Centro-Ocidental exportou cerca de 1,5 milhão, preservando-se como a maior fornecedora de cativos para o mercado atlântico. Com a intensificação das exportações, os mercadores tiveram que buscar escravos cada vez mais no interior do

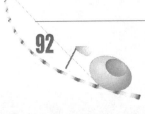

continente. A captura foi intensificada desde a costa até a savana, nas florestas e também na região dos lagos. A venda era realizada em caravanas e feiras para onde se dirigiam os mercadores africanos e europeus.

No século XIX, o panorama do tráfico de escravos transformou-se na região Centro-Ocidental. Nessa época, havia três grandes pontos de comércio escravista. O primeiro, ao norte, era comandado pelos franceses, ingleses e holandeses. Os portugueses concentraram-se nos outros dois pontos: Luanda e Benguela. Nestes os escravos eram trocados por tecidos, armamentos (mosquestes, revólveres e pólvora) e pela famosa giribita, a aguardente brasileira.

Embora a comercialização de escravos nessa área ainda continuasse nas mãos dos intermediários dos reinos de Matamba e Caçanje, fixados para além de Luanda, e os cativos fossem obtidos no interior do continente, sobretudo nos reinos de Luba, Lunda, Cazembe e Lozi, novos agentes, entre eles pescadores e comerciantes bobangis, do lago Malebo, e caçadores quiocos das florestas entre Caçange e Lunda, foram incorporados ao tráfico.

Já no final do século XVIII, portugueses, espanhóis, brasileiros e cubanos retomaram o comércio nos portos localizados na região do reino do Congo, Malemba, Cabinda, Loango e, em especial, Ambriz, o mais importante porto congolês no momento em que os portugueses estavam voltados para o comércio com Luanda.

Por outro lado, os mercadores que atuavam nos portos de Loango, Malemba e Cabinda, que antes buscavam escravos nos reinos mais distantes de Matamba e Caçanje, passaram a fazê-lo no reino Tio. Nessa época, Luanda sofria uma forte concorrência desses portos ao norte, além de Benguela, ao sul. Os escravos embarcados em Benguela eram fornecidos pelos ovimbundos do reino de Caconda. Estes iam buscá-los entre os humbe, a oeste do rio Cunene, e os ganguelas, no alto do rio Cuanza. Essa expansão também alcançou o leste do alto Zambeze, abrangendo escravos dos reinos de Mbunda, Mbwila e Lozi.

Os portos de Cabinda e Ambriz foram muito procurados a partir da proibição do tráfico de escravos pela Inglaterra, na primeira metade do

Mapa dos centros comerciais na África Centro-Ocidental e Oriental nos séculos XVIII e XIX.

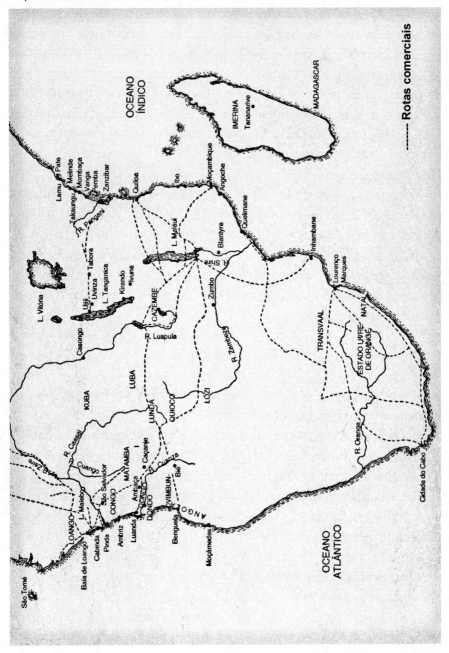

século XIX. Desde o início desse século, a Inglaterra esforçou-se para colocar um fim no tráfico de escravos africanos, induzida por crenças político-ideológicas e interesses econômicos. Já em 1810, Portugal fez um acordo com a Inglaterra, comprometendo-se a extinguir o comércio de escravos na África. Mas somente em 1815, no Congresso de Viena, o tráfico foi definitivamente proibido ao norte do Equador. Essa área incluía a Costa da Mina, na África Ocidental, uma das maiores fornecedoras de escravos para o Brasil. Mais tarde, o fim do tráfico tornou-se ponto crucial nas negociações de reconhecimento da independência do Brasil, em 1822, pela Inglaterra. Isso só aconteceu em 1825, mediante um acordo assinado que previa a sua abolição até 1830 em todo o continente africano.

Nessa época, os traficantes, sobretudo brasileiros, deslocaram-se de Luanda para a região de Cabinda e Ambriz, onde as taxas de embarque eram menores e a presença de ingleses menos frequente. Os contatos com os mercadores africanos eram raros e o embarque de escravos realizado com rapidez, disfarçados no meio de outras mercadorias, como peles, cera e marfim, com o intuito de dificultar a repressão dos ingleses.

ÁFRICA ORIENTAL

Quando os portugueses desembarcaram em território oriental da África, perceberam que a região estava tomada por mouros. Estes os receberam com armas, pois os portugueses logo chegaram saqueando o litoral. Os mouros também estavam estabelecidos em comunidades no interior do continente, como em Sena e Tete, ao longo das rotas comerciais, e controlavam o comércio a distância.

Os portugueses queriam comercializar com todas as cidades-estado da costa do Índico. Buscavam tecidos e milhetes em Inhambane, arroz em Pemba, madeiras, peças de ferro, cauris, marfim e, sobretudo, ouro, que vinha de Bauré, Tonga, Dande, Manica, Mocaranga e Butua e era levado para Sofala, abaixo do delta do rio Zambeze. Nos séculos XIV e XV, a cidade Quíloa detinha o controle desse comércio com Sofala.

PRINCIPAIS PORTOS DE EMBARQUE NA ÁFRICA SUBSAARIANA

ÁREA	SUBÁREA	PRINCIPAIS PORTOS
Alta Guiné (Senegâmbia)		Arguim, São Tomé e Cabo Verde
Baixa Guiné	Costa do Ouro	Cape Coast, Anomabu
	Golfo do Benin (Costa dos Escravos)	Ajudá, Porto Novo, Badagri, Lagos, Afra, Apa, Popo Grande, Popo Pequeno, Jakin, Epe
	Baía de Biafra	Elem Kalabari, Calabar, Bonny
Centro-Ocidental	Congo	Pinda, Ambriz, Cabinda
	Andongo (Angola)	Luanda, Benguela
Oriental	Vale do Zambeze	Ilha de Moçambique, Quelimane, Quíloa
	Sul de Moçambique	Lourenço Marques, Inhambane

Mas, nessa época, Melinde, Mombaça e Zanzibar também se destacavam como centros comerciais. As cidades mercantis do lado índico estavam sempre concorrendo umas com as outras e, muitas vezes, entravam em conflito. Os portugueses aproveitaram essa situação e fizeram alianças com umas, ajudaram a combater outras e, assim, conseguiram ganhar a confiança dos africanos e realizar o comércio.

Mesmo com alguma resistência dos mercadores muçulmanos e dos chefes locais, os portugueses construíram, em 1505, uma feitoria em Quíloa, obrigando essa cidade-estado a pagar tributos a Portugal. Assim também o fizeram com Mombaça, Zanzibar, Lamu e Patê, dominando os pontos comerciais mais importantes da costa do Índico. Dois anos mais tarde, ergueram na ilha de Moçambique um forte e um hospital.

A construção de entrepostos nessa região tinha dois objetivos importantes para os portugueses: realizar o comércio de ouro, âmbar, marfim e fibra de coco e proporcionar o reabastecimento dos navios que se dirigiam para a Índia. Por isso, não podiam deixar de construir uma feitoria em Sofala, principal fonte de ouro. Degredados e até soldados

e marinheiros aí se estabeleceram, acabaram se casando com africanas, criaram vínculos com as chefias locais, africanizaram-se e conquistaram o direito de comercializar livremente.

Enquanto os portugueses dominavam o comércio de ouro que era levado para Sofala, os mercadores de Quíloa, Melinde e Mombaça deslocaram-se para Angoche e Quelimane, de onde conseguiram chegar, através dos rios Zambeze, Luenha e Mazoé, às fontes auríferas do planalto.

Os navios mouros traziam mercadorias do golfo de Cambaia para as cidades-estado Mombaça, Patê, Lamu, Melinde e Mogadixo. Daí eram levadas em pequenos barcos para Angoche, para serem distribuídas pelos mercadores suaílis no interior do continente. Os portugueses invadiram Angoche e prenderam o seu xeque. Mas Angoche revidou ao ataque e deteve o capitão de um navio português que havia encalhado, recuperando, assim, o prisioneiro. Os ataques continuaram, mas Angoche não cedeu. Então, os portugueses decidiram ir eles próprios à fonte de ouro, que ficava nos territórios do reino do Monomotapa, objetivando controlar o comércio nessa região. Fizeram várias viagens, acompanhados pelos nativos, pelas terras entre os rios Save, Lúndi e Zambeze, passando por Manica, Teve, Mocaranga, Barué e Butua.

Durante o avanço em direção ao reino do Monomotapa, as expedições portuguesas sofreram várias derrotas causadas pela resistência dos povos do interior e pelas enfermidades que atingiam os exércitos, matando os soldados de febre e diarreias. Apesar disso, os portugueses conseguiram penetrar na região do rio Zambeze, construíram feitorias em Tete e Sena, proporcionando o fim do controle comercial entre o interior e o litoral exercido pelos suaílis e enfraquecendo a rota que levava as mercadorias do interior, sobretudo o ouro, para Angoche.

Antes da segunda metade do século XVII, os portugueses não se interessaram muito pelo comércio de escravos no lado índico da África, embora empregassem um número significativo deles nos entrepostos comerciais, nas plantações e nos exércitos. A distância entre a África Oriental e o Brasil tornava muito alto o custo com o tráfico de escravos e o risco destes morrerem durante a longa viagem era grande.

Os escravos eram, em geral, resultados de guerras políticas entre os povos africanos. Muitas vezes, essas disputas contavam com a participação dos portugueses que se tornavam aliados de alguns chefes locais para cuja vitória contribuíam fornecendo armas de fogo.

Os portugueses também interferiram nas sucessões de poder, como no caso do *monomotapa* (rei) Mavura, que, em 1628, tomou o poder com o apoio destes. Em troca desse favor, Mavura abandonou a religião tradicional africana e foi batizado. Além disso, tornou-se vassalo do rei de Portugal, permitiu aos portugueses o livre acesso às minas de ouro e doou grandes lotes de terras com o direito de mando sobre as aldeias e as pessoas que nelas habitavam.

Essa situação causou um descontentamento da aristocracia caranga do reino do Monomotapa, que reagiu contra Mavura, apoiando Capararidze na disputa política. Nesse contexto, Mavura contou novamente com a ajuda dos portugueses, saindo vitorioso e ainda mais dependente destes, que, por sua vez, conseguiram aumentar a quantidade de lotes de terras e de vassalos.

As doações de terras realizadas pelos reis africanos e confirmadas em documento pelo rei de Portugal eram conhecidas como "prazos da Coroa". E de prazeiros eram chamados os seus proprietários, que acabaram se casando com as africanas e tendo filhos mulatos. Muitas filhas desses portugueses herdaram os prazos de seus pais. Conhecidas como "sinhás" ou "donas", contribuíram para o processo de mestiçagem ao se casarem com mulatos, filhos de portugueses com africanas ou com os goeses.

Os prazeiros tinham o dever de defender o rei africano, que havia concedido as terras, em guerras e disputas locais. Como era considerado um chefe pelos africanos, devia também praticar os rituais religiosos tradicionais. Nos prazos, havia uma forte estrutura administrativa e militar que facilitava a captura de africanos. A sociedade era constituída por senhores, escravos armados ou *achikunda,* responsáveis pela captura dos escravos destinados ao tráfico, e colonos, que cultivavam a terra e que, às vezes, acabavam sendo escravizados e exportados. Os prazos podiam contar com centenas de *achikunda*, aproveitados não só na defesa dessas terras, mas nos entrepostos comerciais do interior.

As terras eram trabalhadas pelas famílias africanas que aí viviam antes da doação aos portugueses. Cabia-lhes continuar a pagar tributos com produtos, como milhete, peixe seco, animais, marfim, ouro, cestos, panos, peças de ferro e cobre, aos chefes da sua aldeia, que, por sua vez, ficavam com uma parte e entregavam o restante ao prazeiro.

Em geral, os escravos eram divididos entre os "da porta" ou "bichos", que realizavam o trabalho doméstico, como arrumadeiras, amas de leite, cozinheiros, e os "de fora", empregados como soldados, construtores de barcos, mineradoras, agricultores, mestres de ofícios e carregadores. A maioria era estrangeira (cheuas, macuas, lomués, maganjas), obtida em guerras, sequestros, castigos penais ou resultado do pagamento de dívidas e tributos.

Com o estabelecimento dos portugueses nos prazos do Zambeze, aumentou a demanda por escravos para neles trabalharem. Além disso, as estruturas de poder tradicionais africanas foram alteradas, diminuindo-se a atuação dos chefes das aldeias na administração de conflitos, na distribuição de terras e na sucessão de poder.

No século XVII, algumas localidades da região Centro-Ocidental africana foram ocupadas pelos holandeses. De modo que os comerciantes portugueses e brasileiros passaram a investir no tráfico de escravos com a costa oriental. Na segunda metade desse século, os portugueses expandiram seus domínios para os territórios acima do rio Zambeze, englobando os reinos maraves do Undi, Calonga e Lundu. Contudo, a exportação de escravos dessa região para a América cresceu apenas no final do século XVIII. Até esse momento, os franceses dominaram a cena do tráfico de escravos, pois já havia muito tempo tinham estabelecido o controle desse comércio entre Moçambique e as Ilhas Mascarenhas, no Índico.

Antes disso, a maior parte dos escravos dessa região era transportada em direção ao Mar Vermelho e ao Saara. Entre 1786 e 1794, Moçambique embarcou para as Américas cerca de 5.400 escravos por ano. No século XIX, essa área aumentou suas exportações, atingindo já na primeira década 10 mil escravos, na década seguinte, 60 mil e na terceira e quarta décadas, 100 mil cada.

Quelimane destacou-se como um dos maiores pontos de exportação de escravos da África Oriental para as Américas, transportando só para o

Brasil, em 1806, 1.080 escravos. Entre 1820 e 1832, a rota Quelimane–Rio de Janeiro atingiu aproximadamente 4 mil africanos por ano.

A mudança no tráfico de escravos não se restringiu ao número de exportações, mas afetou também a participação de outros agentes no tráfico. Foram envolvidos os grupos niamuézis, do interior da Tanzânia, e os iaôs, fixados entre a costa oriental africana e o lago Malauí, que passaram a comercializar escravos e marfim. Quíloa era outro importante ponto exportador de escravos, oferecendo cativos do seu interior e recebendo as caravanas do lago Malauí e de outros portos mais ao sul. Alguns desses escravos eram encaminhados para Zanzibar e Pemba.

Após a década de 1830, tendo em vista a proibição do tráfico de escravos, o comércio clandestino foi estabelecido, sobretudo, na área do sultanato de Angoche, não dominada pelos portugueses. Com o apoio das chefias locais e dos suaílis, os traficantes conseguiram estabelecer-se em feitorias e realizar o comércio ilegal.

Ao sul de Moçambique, o comércio de escravos não chegou a alcançar os números de exportação da região norte (vale do Zambeze). Contudo, portugueses e brasileiros marcaram sua presença, embarcando nos portos de Lourenço Marques e Inhambane cativos de guerras, em particular, os que originaram o reino Nguni, a partir da década de 1820.

A TRAVESSIA DO ATLÂNTICO E A CHEGADA DOS AFRICANOS NO BRASIL

Nos séculos XVIII e XIX, as embarcações que transportavam escravos da África para o Brasil, os chamados tumbeiros, tinham diferentes tamanhos. Contudo, as mais comuns eram do tipo bergatim, galeão ou corveta, e conseguiam embarcar em média quinhentos africanos por viagem.

Apesar de, no início do século XIX, as condições das embarcações terem melhorado um pouco, comparando-se com os séculos anteriores, pois passaram a contar com a presença de ao menos um cirurgião-barbeiro, de capelães, de uma botica, além da separação entre homens e mulheres, as viagens continuavam sendo muito penosas, com porões superlotados de

africanos, que se apertavam para conseguir dormir durante meses sobre o chão duro. Eles passavam quase todo o tempo acorrentados e, no momento do embarque, ou ainda nos barracões, costumavam ter o corpo marcado a ferro quente com as iniciais ou símbolos dos proprietários.

No século XIX, a viagem de Moçambique até o Rio de Janeiro, por exemplo, durava aproximadamente três meses. Já um navio que saía da região ocidental africana, ou de Angola, levava cerca de 35 dias para chegar ao mesmo destino. No século XVII, a mesma viagem (Angola-Rio de Janeiro)poderia durar até dois meses. Essa mudança foi ocasionada, em grande medida, pelos avanços da tecnologia empregados na construção das embarcações, tornando-as mais resistentes às intempéries, possibilitando a diminuição do tempo das viagens e, consequentemente, a queda da mortalidade.

Por outro lado, o declínio do número de mortes nas viagens é creditado também às melhorias nas condições de higiene, ao cuidado com a saúde e alimentação. Esta consistia em feijão, farinha de mandioca, arroz e carne-seca. Frutas, por exemplo, eram raras, ocasionando a deficiência de vitaminas que provocavam o escorbuto, doença muito comum nos navios. Além disso, procurou-se diminuir o tempo de espera para o embarque, evitando a exposição dos cativos mais vulneráveis às doenças.

Mesmo assim, muitos africanos morriam, alguns sucumbiam à espera do embarque que podia durar meses nos barracões, outros a bordo dos navios, sem mencionar as mortes dos africanos capturados durante a viagem do interior ao litoral da África. Os que morriam durante a longa travessia do Atlântico tinham seus corpos jogados ao mar.

Quando os navios aportavam em terras brasileiras, os escravos eram levados em pequenas embarcações até a alfândega para ser feita uma listagem com os dados sobre o carregamento. Daí eram levados para os estabelecimentos comerciais, nos quais eram vendidos.

Na região Nordeste, os fazendeiros e senhores de engenho faziam encomendas de escravos africanos aos traficantes baianos. Estes estavam acostumados a buscá-los na região ocidental da África, em especial na Costa da Mina, por conta da preferência dos mercadores africanos pelo tabaco produzido na Bahia. Os traficantes baianos sempre traziam uma quantidade maior de escravos para ser vendida em lojas próximas ao porto ou em leilões e reexportada para outras localidades do Nordeste, como Pernambuco e Maranhão, e durante os séculos XVII e XVIII para as áreas mineradoras.

No Rio de Janeiro, foi criado, na segunda metade do século XVIII, um local específico, na Freguesia de Santa Rita, conhecido como Valongo, para a venda dos chamados "negros novos".

Depois da proibição do tráfico de escravos africanos, em 1830, dificilmente eles passavam pela alfândega e ficavam expostos nos estabelecimentos do Valongo, sendo vendidos de forma clandestina, sobretudo durante a noite. Desembarcavam quase nus, com apenas um pano na parte inferior do corpo. Muitos chegavam doentes, com varíola, sarnas e feridas.

A varíola, mais conhecida como bexigas, era uma das moléstias mais frequentes entre os africanos, sobretudo naqueles embarcados em Angola, onde, no século XIX, houve uma epidemia da doença. Nessa época, para evitar o aumento de contágio no Brasil, os escravos africanos recebiam uma vacina. Além disso, foi adotada no Rio de Janeiro uma medida de isolamento dos escravos recém-chegados, por oito dias, dentro dos navios.

Assim que chegavam, eram-lhes cortado o cabelo e a barba, tomavam banho e vestiam-se minimamente, tudo para melhorar a aparência para a venda. Aqueles que estavam muito debilitados por conta de doenças eram isolados e recebiam cuidados médicos e alimentação adequada para que se restabelecessem e, mais tarde, serem oferecidos ao mercado.

A descrição deixada pelo viajante Charles Brand, na década de 1820, dá-nos uma boa noção da situação desses africanos novos no Valongo:

> *A primeira loja de carne em que entramos continha cerca de trezentas crianças, de ambos os sexos; o mais velho poderia ter doze ou treze anos e o mais novo, não mais de seis ou sete anos. Os coitadinhos estavam todos agachados em um imenso armazém, meninas de um lado, meninos do outro, para melhor inspeção dos compradores; tudo o que vestiam era um avental xadrez azul e branco*

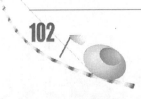

amarrado na cintura; [...] O cheiro e o calor da sala eram muito opressivos e repugnantes. Tendo meu termômetro de bolso comigo, observei que atingia 33° C. Era então inverno [junho]; como eles passam a noite no verão, quando ficam fechados, não sei, pois nessa sala vivem e dormem, no chão, como gado em todos os aspectos.

Alguns africanos mal chegavam e eram levados em comboios, em barcos ou a pé, em direção às cidades do interior ou comprados por tropeiros de São Paulo e Minas Gerais, configurando-se assim o tráfico interno de escravos. Outras localidades, como Buenos Aires e Montevidéu, e a região Sul do Brasil (Santa Catarina e Porto Alegre), também eram abastecidas pelos comerciantes de escravos cariocas.

Depois da proibição definitiva do tráfico de escravos africanos, em 1850, o comércio interno seguia a rota nordeste-sudeste. Era a época em que as fazendas de café necessitavam de um grande número de trabalhadores e os senhores de engenhos estavam se desfazendo da sua escravaria, por causa da queda das exportações de açúcar. Os escravos vendidos no comércio interno, chamados de ladinos – pois já estavam há algum tempo no Brasil e haviam se adaptado ao trabalho, aos costumes e à língua local – eram oferecidos à venda em casas de leilão, estabelecimentos comerciais e por meio de anúncios em jornais.

O TRABALHO DOS AFRICANOS NO BRASIL

Para atingir os objetivos de exploração econômica das suas colônias na América, os europeus tiveram que escolher produtos de grande procura na Europa e que permitissem a produção em grande escala. A cana-de-açúcar enquadrou-se plenamente nesses propósitos. O cultivo da cana iniciou-se na península ibérica por volta do século XIV. No século seguinte, com a expansão marítima de Portugal e Espanha, a cana-de-açúcar passou a ser cultivada também nas ilhas do Atlântico: Madeira, São Tomé, Açores, Cabo Verde e Canárias. Com esse produto foi transferido o tipo de mão de obra utilizada no seu cultivo: a escrava.

AFRICANOS DESEMBARCADOS NO BRASIL

Período	Nº	Período	Nº
1551-1575	10.000	1781-1790	181.200
1576-1600	40.000	1791-1800	233.600
1601-1625	150.000	1801-1810	241.300
1626-1650	50.000	1811-1820	327.700
1651-1675	185.000	1821-1830	431.400
1676-1700	175.000	1831-1840	334.300
1701-1720	292.700	1841-1850	378.400
1721-1740	312.400	1851-1860	6.400
1741-1760	354.500	1861-1870	-
1761-1780	325.900	Total	4.029.800

Fonte: ALENCASTRO, Luiz Felipe. *O trato dos viventes*: formação do Brasil no Atlântico Sul. São Paulo: Companhia das Letras, 2000, p. 69.

No Brasil, o plantio da cana foi promovido em várias localidades, a partir do século XVI, com a construção de engenhos em São Vicente, Porto Seguro, Ilhéus e no Espírito Santo. Mas, foi nas capitanias de Pernambuco e da Bahia que esse produto melhor se adaptou, por conta das condições geográficas e do desenvolvimento da colonização. Já nessa época, o açúcar era exportado para Europa, sobretudo para Lisboa e Porto. E, no final desse mesmo século, estava entre as principais mercadorias adquiridas em Londres, Antuérpia, Hamburgo e Amsterdã.

No início da produção, os engenhos construídos eram pequenos. A maioria era movida por animais e poucos utilizavam a força hidráulica. A mão de obra utilizada foi a indígena, pois era a mais acessível e barata naquele momento. Os africanos começaram a ser empregados por volta do século XVII, quando o tráfico atlântico de escravos havia se consolidado, fazendo, então, do africano a peça fundamental da empresa açucareira.

No século XVI, cerca de 100 mil escravos africanos chegaram ao Brasil originários da região da Senegâmbia, capturados entre os povos mandingas, jalofos, balantas, bijagós etc. Nessa época, muitos foram embarcados em Pinda, no reino do Congo e em Angola. Só nas últimas décadas desse século as importações chegaram a quase 15 mil escravos por ano. No início do século XVII, Pernambuco recebeu aproximadamente 4 mil escravos por ano e a Bahia, 3 mil.

Embora o tráfico de escravos para o Nordeste tenha privilegiado todas as áreas da África Subsaariana, existiram ciclos de predominância geográfica. No século XVI, os embarques de escravos na região da Senegâmbia foram maiores, ao passo que no século seguinte as exportações em Angola e no Congo predominaram. Já nos séculos XVIII e XIX foi a vez da Costa da Mina (três primeiros quartos do século) e do Benin (de 1770 a 1850) destacarem-se no tráfico de escravos.

Grande parte do trabalho na produção de açúcar era realizada no campo, nos canaviais. O cultivo e as colheitas eram tarefas muito cansativas, que exigiam força para preparar e cavar a terra pesada de massapê. Outra atividade frequente nos engenhos era o corte de lenha utilizada nas casas das caldeiras. Muitos senhores até preferiam comprar madeira de outras regiões a ter de usar seus escravos. O escravo também ficava encarregado da manutenção da propriedade, construir cercas, poços, fossos, além de, em alguns engenhos, cuidar da sua própria subsistência, cultivando um pedaço de terra fornecido pelo proprietário, depois que cumprisse sua cota estipulada de trabalho.

O estabelecimento do sistema de cotas na produção do engenho era uma forma de garantir o ritmo de trabalho e evitar que os escravos dificultassem a produção, fingindo, por exemplo, estarem doentes. Além da permissão do cultivo de suas próprias plantações, os escravos ganhavam outras recompensas em troca da boa produção, como produtos derivados da cana, em especial, a garapa e a cachaça, que representavam uma parte importante da empresa açucareira e tinham grande aceitação no mercado.

Já no fabrico do açúcar, os escravos eram constantemente supervisionados por trabalhadores especializados (alguns também escravos), pois as técnicas de produção exigiam que eles fossem qualificados.

O trabalho nos engenhos era dividido por sexo. Aos homens cabiam as tarefas mais pesadas de desmatamento, corte de lenha, enquanto as mulheres eram aproveitadas no corte da cana e na produção do açúcar. Elas eram empregadas, sobretudo, na moenda, onde duas ou três delas passavam a cana pelos tambores, tarefa muito perigosa, necessitando habilidade e atenção, pois a força da moenda era grande e qualquer descuido poderia causar algum acidente, como ter a mão, o braço ou até mesmo o corpo inteiro esmagados. Muitas delas cuidavam de levar o bagaço da cana para alimentar os animais, outras tiravam o caldo e levavam para a casa das caldeiras. Não tão perigosas eram as atividades na casa de purgar, na qual o caldo da cana era fervido, engrossado e enformado em recipientes untados com barro, e na embalagem do açúcar.

As quase 20 horas de trabalho eram divididas em dois turnos: o do dia e o da noite. Cerca de 25 escravos trabalhavam, por turno, nos processos de moagem da cana-de-açúcar e cozimento do caldo. Para que funcionassem adequadamente, os engenhos precisavam de 60 a 80 escravos no total.

Até a metade do século XIX, o açúcar permaneceu como um dos principais produtos brasileiros exportados, embora na segunda metade do século XVII, por conta da concorrência externa, as exportações tenham diminuído. Até mesmo no apogeu da mineração, no século XVIII, o açúcar e os seus derivados – a cachaça e a garapa – continuaram a ter grande procura no mercado internacional.

O início da colonização do Brasil foi marcado pelo interesse e pela busca dos portugueses de ouro e outros metais preciosos. No entanto, apenas na última década do século XVII o ouro foi descoberto em Minas Gerais, Mato Grosso e Goiás pelos bandeirantes paulistas, que viajavam pelo sertão para apresar indígenas e receberam incentivos da Coroa portuguesa para encontrar o tão cobiçado metal.

Nesse momento, com a propagação da notícia da descoberta de ouro no interior da colônia, houve uma corrida desenfreada de pessoas de várias localidades, inclusive do exterior, em direção às áreas mineradoras. A população total cresceu rapidamente e os escravos passaram a representar quase 50% dos habitantes.

A exploração das jazidas de ouro era realizada de duas formas, em aluvião e em lavras, necessitando de instrumentos especiais e mão de obra

escrava. As condições de trabalho eram muito duras. Os escravos tinham que permanecer quase todo o tempo com os pés na água, no interior das minas. Os proprietários tentavam incentivar o trabalho dos cativos oferecendo recompensas, como mais tempo para descansar ou a alforria, em troca de determinada quantidade de ouro ou de um grande diamante.

O tráfico interno de escravos foi intensificado. Para as áreas mineradoras foram enviados, em especial, escravos africanos ocidentais. Em geral, estes eram preferidos pelos proprietários mineiros por conta do conhecimento técnico e da experiência adquirida no continente africano. Mas também porque, apesar da indústria açucareira na Bahia ter passado por algumas dificuldades ao ver decrescer as exportações em alguns períodos do século XVIII, os mercadores de escravos baianos continuaram traficando um número significativo de africanos da Costa da Mina e os reexportando para Minas Gerais, Mato Grosso, Goiás e o interior da Bahia, onde eram aproveitados na mineração. Esses africanos ficaram conhecidos como minas, pois eram embarcados na Costa Leste ou Costa a Sotavento do Castelo de São Jorge da Mina. Os portos utilizados para o embarque de escravos nessa região eram Jaquim, Popo, Apá e Ajudá, controlados pelos reinos de Ajudá e Aladá e, mais tarde, pelo Daomé. Esses escravos eram de origem nagô (iorubá), jeje (daomeanos), mahis, guruncis, entre outros.

Com a extração de ouro houve um aumento do número de escravos importados também no Rio de Janeiro. Nas primeiras duas décadas do século XVIII, os comerciantes cariocas destinaram para a região mineradora cerca de 2.300 escravos africanos por ano. Na década de 1830, as importações cresceram 40%, sendo desembarcados 4.750 africanos. Os escravos que chegaram, nessa época, no porto carioca foram embarcados na região centro-ocidental africana, sobretudo no Congo e em Angola.

O Rio de Janeiro era responsável pela metade das importações de africanos, redistribuindo, além de Minas Gerais, para São Paulo, Paraná, Santa Catarina e Rio Grande do Sul. No século XIX, mesmo com a crise da mineração, Minas Gerais continuou recebendo quase a metade dos africanos desembarcados no Rio de Janeiro, destinando-os nesse período à agropecuária.

Os traficantes cariocas também abasteciam de escravos africanos as regiões de Campos de Goitacases, na qual predominava a economia açucareira e cuja metade da população era escrava. A capital carioca (o centro mercantil) e o seu entorno receberam um volume significativo de escravos, chegando a 40% dos habitantes da província.

Após a chegada da família real, em 1808, e com a consequente abertura dos portos ao comércio internacional, as importações de escravos africanos cresceram enormemente em 1810, intensificando-se ainda mais com a possibilidade da abolição do tráfico, depois de assinado o tratado com a Grã-Bretanha associando-se o reconhecimento da independência do Brasil ao fim do tráfico de escravos.

Nessa época, a maior demanda por escravos africanos vinha das fazendas de café. A produção de café teve início no final do século XVIII no Rio de Janeiro. No século XIX, cresceu vertiginosamente ao encontrar terras férteis e clima propício em São Paulo, especialmente em Jacareí, Taubaté, Areias, Bananal, Guaratinguetá – cidades que formam o chamado Vale do Paraíba.

Depois de 1830, as lavouras de café expandiram-se para a região do Oeste Paulista. Campinas, Porto Feliz, Piracicaba, Sorocaba, Jundiaí e Itu tornaram-se grandes polos produtores e exportadores desse produto. Nesse período, houve um nítido crescimento da produção de café nas cercanias da cidade do Rio de Janeiro, isto é, em Paraíba do Sul, Vassouras, Resende, Valença, Cantagalo, Itaperuna, Madalena e Bom Jardim.

Vale lembrar que esse tipo de produção, da mesma forma que os engenhos de açúcar, voltada para a exportação, privilegiava a utilização do trabalho escravo, em especial o africano. Dessa maneira, com a expansão das plantações de café, nota-se o aumento do número de escravos importados do continente africano.

No município de Vassouras (RJ), por exemplo, em 1850, os africanos perfaziam 72% dos escravos e quase a metade da população total. Já em alguns municípios paulistas, em 1829, 54% dos escravos eram africanos. Nas maiores cidades produtoras de café, quais sejam, Campinas e Bananal, os africanos representavam 69% e 78% dos escravos, nessa ordem.

A rotina de trabalho dos escravos nas fazendas de café era árdua. Logo cedo eles se levantavam e, antes do sol raiar, se dirigiam para os cafezais a pé ou em carros de boi. Lá passavam 15 horas por dia trabalhando, permanecendo na labuta até o anoitecer, quando regressavam para a sede da fazenda. Ao chegarem, ainda eram obrigados a cortar lenha, preparar a comida para o outro dia e torrar o café. Já eram 10 horas da noite quando se recolhiam nas senzalas, feitas de pau a pique e sapé, sem janelas.

Também era comum nas fazendas de café o cultivo de lotes de terras pelos escravos, destinados a sua subsistência. Faziam isso sobretudo aos domingos, quando folgavam.

No entanto, o escravo não foi utilizado apenas nas grandes propriedades agrícolas destinadas à exportação, como nos engenhos do Nordeste e nas fazendas de café cariocas e paulistas, ou no trabalho de exploração das minas de ouro e pedras preciosas. No âmbito urbano, em cidades como São Paulo, por exemplo, a mão de obra escrava, inclusive africana, era aproveitada em diversos setores econômicos. Os escravos trabalhavam em pequenas fazendas e sítios localizados nas áreas periféricas da cidade. A maior parte dessas propriedades era voltada para a produção de café, arroz, feijão, milho, algodão, fumo, farinha de mandioca, azeite de amendoim, aguardente e para a criação gados e porcos. Esses produtos eram destinados ao comércio interno e ao abastecimento de várias outras localidades brasileiras.

O algodão, utilizado na confecção de roupas para os escravos e no ensacamento de açúcar, café, arroz, era cultivado em pequenas lavouras e a sua fiação era realizada com técnicas manuais pelos escravos mais jovens. A mão de obra escrava também era empregada na produção de farinha de mandioca e de milho, na qual os grãos eram esmagados em pilões manuais, depois a massa torrada em recipientes de cobre e passada numa peneira.

No caso de São Paulo, a cana-de-açúcar era muito cultivada nos arredores da capital paulista. Além de utilizada na produção do açúcar, da fermentação do caldo extraído da cana, destilava-se a aguardente.

Nas áreas periféricas dos centros urbanos, os escravos ocupavam-se igualmente de outras tarefas, além da produção de gêneros agrícolas.

Acabavam cuidando dos serviços domésticos, da manutenção das propriedades e de suas próprias plantações de subsistência. Trabalhavam ainda no transporte desses produtos para o núcleo central, onde eram vendidos. Outros empregavam-se em atividades artesanais, como o beneficiamento de couro e a fabricação de objetos de cerâmica, bem como nas olarias, pedreiras e no corte de lenha e capim.

Nos centros urbanos, os escravos eram responsáveis pelo abastecimento de água, ficando encarregados de buscá-la nos chafarizes e bicas espalhados pela cidade. O transporte de seus proprietários era outra tarefa comum aos cativos, em carruagens, cadeirinhas ou liteiras, carregadas por dois ou três deles. Trabalhando como carregadores, levavam desde sacas de café, arroz e sal até baús e móveis. Realizavam mudanças, transportavam encomendas, carregavam cargas pesadas na cabeça, sozinhos ou em grupo.

Além do transporte por terra, os escravos eram encarregados do transporte por água. Trabalhavam em canoas, barcos pequenos ou a vapor, levando mercadorias e pessoas, em viagens curtas pelo litoral brasileiro ou longas, atravessando o oceano em direção à África e à Europa. Aos escravos remadores era exigida grande força física. Muitos cativos eram aproveitados nos navios negreiros e, em geral, tinham que ter alguma especialização. Outros tornaram-se pescadores, fazendo esse tipo de trabalho sozinho ou com seus companheiros, mas, na maior parte do tempo, ficavam longe dos seus proprietários.

Aos escravos cabia também a limpeza das ruas. De preferência, era feita pelos presos, que, acompanhados por soldados, andavam pelas ruas com suas correntes a fazer barulho. Em geral, ao cair da noite, carregavam o lixo e os dejetos das casas até os rios. Às mulheres escravas ficava reservada a lavagem de roupas em ribeirões. Alguns senhores até alugavam chácaras próximas aos rios e ofereciam esse trabalho realizado por suas escravas à população em geral.

Servindo em matadouros, os escravos ficavam encarregados de matar os animais, limpá-los e entregá-los aos estabelecimentos nos quais eram vendidos. Outros cativos, a maioria presos ou alugados, trabalhavam

em obras públicas, construindo prédios e estradas, abrindo ruas e canais, carregando terra e fazendo a pavimentação.

Nas áreas urbanas, a mão de obra escrava era empregada, sobretudo, no trabalho de ganho ou de aluguel. O proprietário que colocava seu escravo ao ganho fazia um acordo com o próprio cativo, estabelecendo uma quantia em dinheiro que este deveria entregar diariamente ou num período fixado e o restante do valor obtido era destinado ao seu próprio sustento. No caso do escravo de aluguel, os proprietários os colocavam à disposição de outras pessoas, acertando previamente a duração do tempo de serviço e o valor do pagamento pelo trabalho. Alguns desses escravos eram chamados a trabalhar por jornada, por isso dizia-se que dependiam de seus "jornais".

Os escravos de ganho ou de aluguel eram empregados em ofícios desde os mais especializados, como o de sapateiro, barbeiro, ferreiro e alfaiate, até em trabalhos menos qualificados de pedreiros, lavadeiras, carregadores e quitandeiras. Muitas vezes, especializavam-se com o incentivo dos proprietários, que, dessa forma, conseguiam obter maiores ganhos com os seus serviços diários ou ao alugá-los.

Os ferreiros eram os escravos de ganho que recebiam os melhores pagamentos por seus serviços, pois eram especializados. Fabricavam quaisquer objetos em ferro, cobre, prata e ouro, desde panelas, caldeiras, correntes, algemas, lanternas até instrumentos musicais. Muitos escravos eram barbeiros e "cirurgiões" ou sangradores. Tendo em vista a rara presença de médicos, os barbeiros cuidavam ainda do tratamento de doenças, utilizando sanguessugas para fazer o doente sangrar e, assim, eliminar as doenças. A maioria das parteiras era escrava ou liberta e colocava em prática seus conhecimentos da medicina natural, utilizando ervas e plantas fáceis de obter nos matagais da cidade.

Outros escravos eram artistas, músicos, escultores e pintores. Tocavam em bandas públicas, das irmandades e nas missas nas igrejas, confeccionavam altares e imagens de santos em madeira e pintavam os prédios públicos, residenciais e religiosos. Muitos escravos sabiam tocar vários instrumentos musicais, sobretudo aqueles de origem ou influência africana. Eles próprios fabricavam seus instrumentos, entre eles tambores (tocados em festas, rituais religiosos e na prática da capoeira), marimba – feita de cuia ou cabaça –, viola de Angola – uma espécie de alaúde de arco – e urucungo ou oricongo, que provavelmente deu origem ao berimbau.

AFRICANAS MINAS E A ATIVIDADE COMERCIAL

A atividade comercial, em especial de produtos alimentícios, era um trabalho comumente reservado às mulheres da costa ocidental da África Subsaariana, mais conhecidas no Brasil como negras minas. No continente africano, as tarefas relacionadas à alimentação e ao comércio desses gêneros eram, de preferência, femininas e tinham um lugar de prestígio em relação à família. A frequência da ocupação de escravas e libertas minas no comércio ambulante, notada por pesquisadores, pode representar a influência dessa tradição cultural da África Ocidental no Brasil. Em São Paulo, existia até mesmo um local no centro da cidade, no qual essas escravas vendiam seus produtos, denominado Beco das Minas (atual rua 11 de agosto). No entanto, para além da relação com as tradições culturais africanas, o emprego de escravas e libertas no comércio ambulante foi proporcionado, em grande medida, por fatores econômicos. O comércio nas ruas era uma das atividades urbanas mais rentáveis.

Os negros de ganho tinham mobilidade para circular na cidade, já que precisavam encontrar trabalho para juntar a quantia em dinheiro que deveria ser entregue ao proprietário, além, é claro, de obter o seu próprio sustento. Se, por um lado, esse tipo de trabalho livrava os proprietários da obrigação de sustentar seus escravos, assim diminuindo os seus gastos, por outro, permitia certa autonomia aos cativos, que arranjavam o seu próprio trabalho e cuidavam de suas despesas. Algumas vezes, esses escravos até moravam longe do proprietário, em casas ou quartinhos alugados, constituíam família e criavam relações de amizade com outros escravos, libertos e livres pobres.

O comércio era ocupado por escravos de ganho, livres pobres, africanos, crioulos, libertos (ex-escravos) que se revezavam nas ruas e becos das cidades. Os escravos domésticos, quando lhes sobravam algumas horas do trabalho nos casarões, eram colocados para vender peixes, cará, milho, sabão de cinzas, capim, lenha. Contudo, famosas nessa atividade eram as quitandeiras. Em geral, escravas ou libertas, eram conhecidas como negras de tabuleiro, por levarem numa espécie de tabuleiro uma variedade de produtos.

AS "NAÇÕES" AFRICANAS

Desde os primeiros contatos com a África, por volta do século xv, os europeus tiveram como estratégia para organizar o tráfico de escravos a identificação dos africanos. No início, utilizaram as expressões "negro da Guiné" e "gentio da Guiné" como sinônimo de africano, pois Guiné era o nome mais conhecido para a África. Nessa época, as terras da Guiné compreendiam apenas o litoral da costa ocidental africana, cuja feitoria de Cachéu era o centro comercial. Esse termo acompanhou a expansão do comércio de escravos, avançando para o sul e incorporando a Costa do Marfim, Costa do Ouro e Costa dos Escravos, ou seja, a África Ocidental ao norte do Equador. Já a partir da segunda metade do século xv, o termo passou a abranger também a região subequatorial, considerando-se a região Congo-Angola.

Mais tarde, com a intensificação do comércio de escravos, os europeus passaram a identificar os diferentes grupos africanos, que chamaram de "nações", quais sejam, minas, angolas, moçambiques, jejes, cassanges, cabindas, benguelas, monjolos, entre outras. A classificação dos grupos costumava ser feita, em algumas localidades na África, na ocasião do batismo do africano, ainda nos barracões localizados nos portos, ou no momento em que os tripulantes das embarcações faziam as listagens dos lotes de cativos enquanto aguardavam o embarque. Quando o batismo não acontecia no continente africano, logo que chegava ao Brasil, o proprietário levava seu escravo até a paróquia mais próxima para ser batizado. Nesse momento, o escravo africano recebia um nome cristão e ficava conhecido pela "nação" a qual pertencia, como no exemplo do batismo realizado na cidade de São Paulo em 1816, de "Joaquim, de nação monjolo, escravo do Brigadeiro Antonio Joze da França Horta".

Mas quais eram os critérios utilizados para tal classificação? Os africanos, obrigados a viajarem para o outro do Atlântico eram identificados por traficantes, comerciantes, compradores e pela Igreja Católica a grupos diferentes daqueles aos quais pertenciam antes de serem capturados e transformados em escravos. Na realidade, as chamadas "nações" nada mais eram do que nomes dos portos de embarque ou dos principais mercados de escravos no continente africano. Muito raramente a etnia original do africano era identificada. Portanto, essa prática estava relacionada diretamente ao tráfico atlântico de escravos africanos.

Por outro lado, era muito comum a associação dessas "nações" às características físicas e morais dos africanos, o que ajudou a estabelecer estereótipos sobre os diferentes grupos. A construção desses estereótipos, muitas vezes resultado de preconceitos, estava relacionada aos interesses dos traficantes de escravos em ganhar a concorrência no comércio de escravos, pois os proprietários levavam essas características em consideração ao adquirir o escravo africano. No momento da compra, havia uma necessidade de avaliar seus aspectos físicos, a idade, as condições de saúde, o comportamento e saber o tipo de trabalho que realizava em sua terra de origem. Conhecer minimamente o que estariam comprando e utilizando como mão de obra trabalhadora era uma preocupação permanente dos senhores.

Pode-se citar, como exemplo, o caso do abastecimento das áreas mineradoras nos séculos XVII e XVIII. Os traficantes baianos dominavam o comércio de escravos na Costa da Mina, no século XVII, pois tinham conseguido ganhar a preferência dos mercadores africanos por conta, em grande medida, do tabaco produzido na Bahia. Nesse mesmo século, os traficantes portugueses e cariocas, que haviam perdido o controle do comércio de escravos em Angola para os holandeses, voltaram a obtê-lo, estabelecendo concorrência com os baianos no abastecimento das áreas mineradoras. Nesse contexto, os baianos propagaram a ideia de que os africanos de "nação mina" eram mais indicados para o trabalho nas áreas mineradoras, porque tinham experiência com a mineração e a metalurgia no continente africano. Dessa forma, os minas foram privilegiados pelos proprietários de Minas Gerais para trabalharem na extração de ouro.

Entre os séculos XV e XIX, junto às grandes navegações e à expansão mercantil dos Estados europeus, surgiu um tipo de literatura realizada por navegadores, missionários, comerciantes, artistas e naturalistas com o objetivo de produzir descrições do meio físico e relatos sobre os povos e as suas condições de vida na América e na África. Por meio dessas obras, pode-se perceber quais características físicas e morais eram atribuídas a determinadas "nações" africanas.

Na primeira metade do século XIX, o viajante Johann M. Rugendas esteve no Brasil e deixou suas impressões a respeito das qualidades físicas e dos atributos morais de cada grupo africano. Para Rugendas, os congos e os angolas eram muito semelhantes, embora os congos fossem mais fortes e mais adequados ao trabalho árduo no campo. Eles eram também parecidos com os rebolos, no entanto, estes

> *[...] são mais turrões, e mais predispostos ao desespero e ao desânimo do que os das outras duas raças. Os Angicos são mais altos e mais bem feitos; têm no rosto menor número de traços africanos; são mais corajosos, mais astutos e apreciam mais a liberdade. É preciso tratá-los particularmente bem, se não se deseja vê-los fugir ou se revoltarem. [...] Os Mongolos são os menos estimados; são em geral pequenos, fracos, muito feios, preguiçosos e desanimados; sua cor tende para o marrom e são os que se compram mais barato.*

A respeito dos minas, Rugendas relatou que possuíam "três incisões em semicírculo que, do canto da boca, vão até a orelha".

Outro viajante, Jean-Baptiste Debret, anotou a existência no Brasil dos minas, minas nejó, minas mahij e minas callava. Os minas seriam originários da Costa do Ouro, os nejó ou nagô do oeste da Nigéria, os callava ou calabar do leste da Nigéria e os mahij da Costa do Daomé. Os minas eram considerados muçulmanos e detinham o conhecimento da escrita árabe. Descritos como orgulhosos e corajosos, seriam determinados quando queriam comprar sua alforria e se dedicariam, trabalhando muito para isso. As mulheres eram tidas como de grande beleza, consideradas excelentes concubinas.

No entanto, não eram apenas os proprietários de escravos ou os viajantes europeus que promoviam a diferenciação e a classificação das "nações" africanas. Os africanos estavam em todos os lugares, empregados em várias atividades econômicas no campo e na cidade, participando de diferentes momentos da vida nas fazendas e nos casarões. De modo que a convivência e o contato cotidiano de todas as camadas sociais com os africanos treinavam-nas para o exercício de identificação das "nações". Os próprios africanos reelaboraram e incorporaram essas identificações ao se organizarem socialmente e ao construírem relações de amizade e de parentesco, levando em conta a ideia de pertencer a determinado grupo.

Uma das formas mais comuns de reconhecimento era por meio dos "sinais de nação", como se chamavam na época as escarificações (espécie de cicatriz) feitas nos corpos, especialmente na face dos africanos. Essas marcas tinham características específicas, permitindo saber a qual "nação" determinado africano pertencia.

Essas escarificações faziam parte da cultura de algumas comunidades africanas e podiam representar uma fase da vida do indivíduo no interior do seu grupo. Os ijebus, da África Ocidental, por exemplo, recebiam essas marcas quando tinham 6 ou 7 anos pelas mãos de um profissional. Entre os nagôs, as escarificações eram feitas nas crianças por devotos do orixá (divindade) Ogum. Os monjolos, africanos da região Centro-Ocidental, eram reconhecidos por seus "sinais de nação" na lateral da face, que consistiam em, mais ou menos, seis linhas paralelas das sobrancelhas até o queixo e, por isso, eram chamados de "africanos de rostos riscados". Já os moçambiques eram considerados feios por conta das suas marcas: duas linhas que iam do meio da testa até o nariz.

Muitos jornais publicavam anúncios à procura de escravos fugidos ou os colocando à venda, como o *Novo Farol Paulistano* e a *Phenix*, que circulavam na cidade de São Paulo, na primeira metade do século XIX. Esses anúncios eram compostos por uma descrição minuciosa das características dos escravos africanos, tais como idade, características e sinais físicos, aptidão a determinado tipo de trabalho, se a principal função era de lavadeira, quitandeira, sapateiro ou cozinheira, defeitos ou problemas de saúde e, sobretudo, os grupos a que pertenciam, identificando de forma detalhada as diferentes "nações africanas". Nota-se que os proprietários de escravos mostravam-se preocupados em identificar e distinguir a população africana.

O NOVO FAROL
PAULISTANO.

1837.   S. PAULO. QUARTA FEIRA **26** DE JULHO.   N.º 547.

La liberté est une enclume qui usera tous les marteaux.

RIO DE JANEIRO.

Projecto adoptado em 2.ª discussão na Camara dos Deputados.

Art. 1. Para completar as forças de terra, decretadas para o anno de 1837 a 1838, e de 1838 a 1839 o governo fica authorisado para recrutar d'entre os cidadãos brazileiros de 18 a 25 annos de idade, os que forem idoneos para o serviço, ainda que sejão qualificados guardas nacionaes, com tanto que não tenhão a seu favor algumas das excepções designadas nos artigos 6, 7, 8, e 14 das instrucções de 10 de Junho de 1822, ficando revogadas as mais excepções.

Art. 2. Os recrutados poderão dar substitutos igualmente idoneos; e quando estes não sejão considerados taes pelo governo, terá lugar a pretendida substituição, mediante a quantia de 400$ réis, que se fará entrar effectivamente para os cofres públicos, para se applicar ao ajuste de voluntarios.

Art. 3. Os substitutos que não forem isentos por lei, accumularão ao tempo da substituição o de serviço que lhes compita prestar como recrutados, ou voluntarios sujeitos ao recrutamento.

Artigos das Instrucções acima mencionadas.

6. São isentos do recrutamento os homens casados, o irmão de orfãs que tiver a seu cargo a subsistencia e educação d'ellas; o filho unico do lavrador, ou um a sua escolha quando houver mais de um, cultivando terras, ou proprias, ou aforadas, ou arrendadas.

7. O artigo acima se estende no mesmo modo ao filho unico de viuvas.

8. São tambem isentos o feitor ou administrador de fazenda com mais de seis escravos, ou de plantação, ou de creação, ou de olaria.

14. Todos os estudantes que apresentarem attestados dos respectivos professores que certifiquem a sua applicação e aproveitamento.

A Barca de vapor que entrou no Rio de Janeiro no dia 12 do corrente vinda do Rio Grande com 5 dias e meio de viagem, trouxe as seguintes noticias:

Em consequencia de haver o presidente Nunes Pires ratificado a suspensão de armas entabolada no dia 20 de Maio entre Grenfell, Silva Tavares e Crescencio, tornou este a passar o S. Gonçalo e retirou-se para Pelotas. Neto tambem levantou o sitio de Porto Alegre, e dirigio-se para Piratinim. No dia 30 de Junho porém, quer Neto se arrependesse do passo que acabava de dar, quer tivesse recebido avisos em contrario, tornou a apparecer diante de Porto Alegre que investio, e lançou-lhe dentro cento e tantas granadas que causárão bastante damno. No dia 25 mandou o presidente 800 homens commandados pelo brigadeiro Cunha contra os rebeldes. Depois de um combate que durou algumas horas, os bravos legalistas conseguirão destroçar completamente a força de Neto, que deixou sessenta e tantos mortos no campo.

Da nossa parte, morrérão o bravo major Massarredo, 4 soldados, e houverão alguns feridos. Crescencio conserva-se em Pelotas.

Das gazetas e cartas particulares que recebemos fizemos os seguintes extractos:

Rio Grande, 1.º de Julho.

.... Bento Gonçalves, prezo n'essa, não perde occasião de escrever ao seu escravo Neto, tudo quanto se passa n'essa cidade do Rio de Janeiro; e d'ahi as medidas ahi tomadas, elle dá para cá as suas ordens que são em tudo observadas. Escreveu ultimamente a Neto e a Manoel Gomes: — Vocês não fação de maneira alguma contracto com os legalistas, a não ser o reconhecimento da provincia, e com toda a segurança, pois devem lembrar-se que se estou prezo é devido á falsidade de um contracto. Quando a facção seja sómente para ganhar tempo; pois daqui não me esqueço de advogar a nossa santa causa. Poucas forças poderão ir, porque o imperio nem-umas tem disponiveis; quando por acaso vão, comem com ellas passadas ao nosso partido, a exemplo das de João Chrisostomo. Descancem que a independencia da provincia está feita, e os que estão prezos nos julgamos salvos. Vai no vapor o novo presidente Nunes Pires: não se fiem n'elle que é manhoso; dizem que leva o ramo de oliveira, mas não o acceitem.

Neto estava disposto a aceitar alguma convenção, porém com a leitura das cartas, julgo que nada fará a bem da provincia. As cartas e noticias de Bento Gonçalves a Netto tem feit

Fonte: *O Novo Farol Paulistano*, São Paulo, 26 de julho de 1837, Arquivo Edgard Leuenroth – Unicamp.

A Igreja e os proprietários de escravos também poderiam ter interesses segregacionistas ao realizar essa diferenciação. Visando evitar o fortalecimento dessa camada social, procuraram promover rivalidades, dividindo os africanos em grupos. Essa estratégia, entretanto, nem sempre teve resultado. Uma das mais significativas rebeliões escravas no Brasil, a Revolta dos Malês, ocorrida em 1835 na Bahia, eclodiu a partir da articulação dos africanos malês, termo que englobava africanos muçulmanos de origem haúça, nagô, tapa e jeje. Esse objetivo dos proprietários de segregar os escravos ignorava a possibilidade de associação e a descoberta de afinidades culturais entre as diferentes "nações" quando aqui chegaram, originárias, por exemplo, de macrorregiões africanas, como a Centro-Ocidental. E, em muitos casos, foi exatamente isso que aconteceu. A identificação das "nações", elaborada por traficantes, proprietários de escravos e Igreja Católica, acabou sendo reelaborada e internalizada pelos próprios indivíduos classificados. Os africanos passaram a se considerar pertencentes à determinada "nação", identificada primeiramente por agentes externos. E, baseando-se nessa escolha, organizaram sua vida religiosa, as alianças e as reuniões matrimoniais.

OS AFRICANOS LIVRES

Com as leis e tratados assinados entre Portugal e Inglaterra, no decorrer da primeira metade do século XIX, prevendo o fim do tráfico de escravos e a emancipação dos escravos encontrados nas embarcações apreendidas como ilegais, surgiu a figura do africano livre.

Uma dessas leis, promulgada em 1831, determinava que os africanos apreendidos seriam reexportados para a África o mais rápido possível. Para conseguir a emancipação de fato, o africano livre deveria cumprir um tempo (14 anos) prestando serviços. Contudo, na prática, isso não era cumprido à risca. Os africanos acabavam arrematados por particulares, que pagavam um valor anual ao governo pela contratação de seus trabalhos. Essa quantia em dinheiro era destinada a cobrir os gastos com a viagem para a África e com a manutenção do africano livre durante sua permanência no Brasil. Também ocorria de os africanos livres serem encaminhados para o trabalho em obras públicas.

No entanto, era muito comum que as pessoas que arrematavam os serviços dos africanos livres os tratassem feito escravos, infligindo-lhes castigos e maus-tratos. Uma vez que tinham a responsabilidade de prover a sua subsistência e manutenção, fornecendo alimentação, atendimento médico e vestimenta, não os diferenciavam dos escravos. Além disso, os arrematantes não cumpriam suas obrigações e não depositavam o valor acertado na contratação. Ou então repassavam os africanos para outras pessoas e rescindiam o contrato, devolvendo-os ao Estado, alegando indisciplina, insubordinação e vícios. Nesses casos, cabia ao Estado fiscalizar e evitar a reescravização desses africanos livres.

Os africanos livres apreendidos eram levados para a Casa de Correção, na qual permaneciam até serem enviados para os estabelecimentos públicos ou contratados por particulares. A partir desse momento, eram representados por um curador nas relações com o Estado.

Os africanos livres foram enviados, por exemplo, para a colônia militar de Itapura e para a Fábrica de Ferro São João do Ipanema, próxima à Sorocaba. Trabalharam também nas obras da estrada da Serra do Mar, nas Santas Casas, em Hospícios de Alienados, em Seminários de Educandos, nas Casas de Correção e nos Jardins Botânicos das principais cidades, como Rio de Janeiro e São Paulo.

Nesses estabelecimentos públicos, os africanos livres dormiam, em geral, no seu local de trabalho, em quartos coletivos e em condições precárias, não muito diferentes das senzalas. Recebiam apenas uma troca de roupa por ano.

Apesar de toda situação difícil, os africanos livres tinham forças para reivindicar seus direitos, reclamando das péssimas condições de vida e pressionando as autoridades para obterem a liberdade de fato. Recebiam a ajuda dos advogados favoráveis às causas abolicionistas para representá-los formalmente em processos judiciais, reclamando serem vítimas de maus-tratos ou exigindo a liberdade. Como outra forma de resistência à escravidão, os africanos livres promoviam fugas ou desobedeciam aos administradores e arrematantes.

Depois de passados os 14 anos de prestação de serviços, deveriam se apresentar à Justiça, acompanhados por advogados e munidos de provas e testemunhas da sua liberdade. A exigência da presença do próprio africano no momento do requerimento e na audiência dificultava a efetivação da emancipação, pois, para tanto, deveria ser liberado do trabalho, além de pagar as custas do processo.

Após o requerimento ser avaliado pelo curador e as testemunhas ouvidas, o juiz de órfãos dava o seu parecer. Se aceita a emancipação, o africano recebia a carta de liberdade e a determinação do local de sua residência. Em geral, depois de emancipado, ele permanecia no mesmo local de trabalho e passava a ganhar um salário mensal pelos seus serviços, cujo valor era bem menor do que recebiam os trabalhadores livres.

OS RETORNADOS

Vários escravos e libertos africanos, especialmente os de origem haúça e iorubá, que passaram anos trabalhando no Brasil, sobretudo na região nordeste, conseguiram fazer a viagem de volta à África, e em Lagos, na Nigéria, construíram um bairro, chamado hoje Brazilian Quartier. Alguns desses africanos foram deportados do Brasil, condenados judicialmente por participarem de revoltas, como aquela organizada pelos malês na Bahia, em 1835. Outros decidiram embarcar, cansados do controle e da repressão que sofriam por seguirem a religião islâmica. Mas, muitos africanos regressaram com seus próprios recursos, na tentativa de rever quem haviam deixado há muito tempo, seus familiares e amigos.

No século XIX, também viviam nesse bairro brasileiros que estabeleceram negócios e construíram fortunas na África. Trabalhavam por conta própria ou como representantes de grandes comerciantes de escravos e produtos africanos, como noz-de-cola, sabão e tecidos africanos e de produtos brasileiros: cachaça, tabaco, açúcar, farinha de mandioca, armas, objetos em louça, azulejos etc. Ocupavam-se igualmente em ofícios de alfaiate, pedreiro, cozinheiros, carpinteiros, padeiros ou em serviços públicos. Alguns brasileiros já levaram consigo suas famílias, mulher e filhos, e até mesmo escravos.

Nesse bairro, as construções eram (e ainda são) muito parecidas com os sobrados coloniais brasileiros. As casas com sacadas de ferro, as molduras nas janelas e nas portas, as telhas, os azulejos e os objetos de decoração em gesso ou louça, jarras, leões e águias demonstram a influência brasileira. As igrejas e mesquitas seguiram o mesmo estilo arquitetônico e foram construídas por brasileiros.

Os países Togo e Daomé também receberam os brasileiros e africanos retornados, chamados de agudás, amaros ou tá-bom. Consigo levaram para a África, além da arquitetura, pratos da cozinha brasileira (a cocada, a farinha de mandioca, a feijoada) e as festas, como o bumba meu boi e a comemoração de Senhor do Bonfim.

Os brasileiros e os africanos retornados atuaram igualmente na política da África. Já se mencionou anteriormente o mercador de escravos Francisco Félix de Souza. Antes dele, no século XVIII, existiu um africano conhecido por D. Jerônimo ou o "Brasileiro", que veio para o Brasil como escravo vendido pelo rei Tegbesu. Depois de quase três décadas no Brasil, D. Jerônimo retornou à África, chamado pelo rei Kpengla, do Daomé, seu amigo de infância, que o convidou para ocupar o cargo de representante do rei no comércio com os europeus em Ajudá.

No entanto, não raro, os agudás foram recebidos na África com preconceito, porque não deixavam de ser ex-escravos. A readaptação foi muito difícil, a situação já não era mais a mesma, as pessoas haviam mudado, muitas vezes não conseguiram encontrar a família ou os amigos. Na realidade, eles também não eram mais os mesmos. A maneira de se comportar e de se vestir, por exemplo, era outra. Os homens agudás usavam ternos de casimira ou linho e chapéu panamá; as mulheres preferiam os turbantes de pano da costa ou sombrinhas e roupas rendadas.

FORMAS DE RESISTÊNCIA AO SISTEMA ESCRAVISTA

Os escravos reagiam de diferentes maneiras diante da violência e da opressão provocadas pelo sistema escravista. Da mesma forma que promoviam fugas e revoltas, aproveitavam a existência de pequenos espaços para a negociação. Espaços que eles próprios conquistaram ao mostrarem aos senhores a necessidade de terem certa autonomia para o bom funcionamento do sistema escravista. Os senhores conscientes de que dependiam do trabalho escravo – que não raro era especializado – permitiam uma margem para a negociação. Por meio de várias estratégias, que iam desde o enfrentamento direto até a obediência e a fidelidade para com o senhor, encontravam formas para alcançar a liberdade. Uma delas a carta de alforria.

A partir do século XVII, os escravos que sofriam maus-tratos do seu proprietário, podiam trocar de senhor ou entrar com uma ação judicial de liberdade. Os escravos tomavam também a iniciativa de acionar as autoridades judiciais, muitas vezes com o apoio das irmandades religiosas destinadas aos negros, contra os proprietários que tentavam dificultar a obtenção da alforria.

A alforria poderia ser adquirida gratuitamente ou por meio do pagamento em dinheiro, em prestações ou em uma só vez, ou ainda com o depósito de um outro escravo em seu lugar. Contudo, a alforria era sempre revogável. Assim como o proprietário assinava a carta de liberdade, ele poderia anulá-la a qualquer momento. Isso poderia ser feito tendo como justificativa o mau comportamento do escravo.

A maioria das cartas de alforria era onerosa, pelas quais o escravo deveria pagar uma quantia em dinheiro para ressarcir o prejuízo do proprietário ou recompensá-lo indiretamente com a prestação de serviços, permanecendo em sua companhia até a morte, servindo ao cônjuge e "não ser ingrato ou dar desgosto". Essa última condição significava não cometer nenhuma atitude que colocasse em risco a propriedade do senhor ou a sua produção, não atacar física ou moralmente contra o proprietário e a sua família e socorrê-lo em caso de doença. Dessa maneira, os proprietários adiavam a liberdade do escravo, pois este deveria primeiramente trabalhar para conseguir pagá-la ou se dedicar aos cuidados do senhor. Apenas uma parcela pequena das cartas de alforria era totalmente gratuita, não exigindo nenhuma contrapartida do escravo.

Assim, o escravo tratava de conseguir dinheiro para comprar sua alforria, obtendo-o como empréstimo ou doação. Para tanto, a rede

de solidariedade era fundamental ao cativo. Membros de sua família, amigos, vizinhos, padrinhos, nesse momento, contribuíam, de maneira significativa, para o sonho de liberdade tornar-se realidade. É preciso lembrar que o casamento podia ser considerado uma possibilidade palpável para a obtenção da alforria. Assim, esta raramente aparecia como um projeto individual. Havia, então, o envolvimento do cônjuge, que muitas vezes acabava por libertar seu companheiro. A instituição do casamento tornava-se ainda mais importante para os escravos de origem africana, pois eram estrangeiros em terra de brancos. Tentavam encontrar no matrimônio um apoio, uma segurança.

Um tipo de alforria muito recorrente era aquela apresentada como a última vontade do proprietário, isto é, em testamento. Podia ser incondicional, pela qual o escravo ganhava a liberdade assim que era aberto o testamento, ou condicional, quando ele tinha de cumprir alguma determinação do seu proprietário antes de receber a carta de alforria. Negro, africano de distintos grupos étnicos, crioulo, pardo ou mulato, homem ou mulher, jovem ou idoso, o escravo era lembrado, com frequência, no testamento do seu proprietário. Recebia recompensas pelos "bons serviços" prestados ao dono e demais parentes da casa, sendo deixado liberto após a morte do senhor. Os escravos que recebiam alforria ainda em vida do seu senhor tinham esse benefício reforçado em testamento.

Deve ser esclarecido que o senhor não concedia a liberdade ao seu escravo somente por generosidade. Havia um cálculo político por detrás dessa ação, na medida em que o senhor controlava o comportamento do cativo, através do oferecimento da possibilidade da sua alforria. Dessa maneira, procurava fazer com que esse obedecesse e realizasse os seus serviços de forma satisfatória. Por outro lado, na esperança da recompensa, o escravo cumpria a sua parte no "trato", visando alcançar a liberdade.

Nota-se que, nos testamentos, as mulheres escravas, além de serem contempladas em número maior com a alforria, apareciam com mais frequência como herdeiras dos bens do proprietário. Em geral, as libertas eram herdeiras de mulheres solteiras ou viúvas. Nesse caso, havia entre a senhora e a escrava um certo vínculo de amizade, poder-se-ia até dizer afetivo. A escrava era sua companheira, com quem contava para seus serviços e seus cuidados. Também as mulheres recebiam com mais frequência a alforria por conta do seu valor menor no mercado em relação aos escravos homens. Dessa forma, a sua substituição custaria menos ao proprietário.

No entanto, após atingirem o seu maior objetivo – a liberdade –, os então libertos tiveram que sobreviver por conta própria e se inserir na sociedade. O preconceito se fazia presente, inclusive na Constituição do Império, que os impedia de adquirir direitos eletivos. Podiam somente participar de eleições primárias. Também não podiam se candidatar, sendo-lhes proibido o exercício de cargos como jurado, juiz de paz, delegado, subdelegado, promotor, conselheiro, deputado, senador, ministro, magistrado ou referentes ao corpo diplomático e eclesiásticos.

O CULTIVO DE ROÇAS PRÓPRIAS

Os escravos reagiam não somente em busca da liberdade, mas por outros motivos inerentes ao sistema escravista: maus-tratos recebidos injustamente, péssimas condições de trabalho e de vida, separação de parentes em caso de venda, proibição de realizar festas e reuniões, não cumprimento de direitos adquiridos (como o cultivo de roças próprias para a própria sobrevivência).

Desde o final do século XVII, a legislação previa a possibilidade de os escravos receberam um dia livre para cuidarem das suas próprias plantações em lotes de terra fornecidos pelos proprietários. Há vários relatos a respeito da existência de roças destinadas à produção de alimentos pelos próprios escravos nas fazendas e engenhos de açúcar, na Bahia, no Rio de Janeiro, em Goiás, Pernambuco e São Paulo. O viajante Saint-Hilaire deixou um relato sobre esse sistema em Goiás:

> *O domingo pertencia aos escravos [...] recebiam um pedaço de terra que podiam cultivar em seu próprio proveito. Joaquim Alves instalara em sua própria casa uma venda, onde os negros podiam comprar as coisas que são geralmente do agrado dos africanos. Nas suas transações, o algodão fazia o papel do dinheiro.*

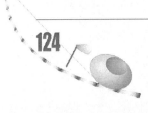

Dessa maneira, ele livrava os escravos da tentação do roubo, estimulava-os ao trabalho, acenando-lhes com os lucros de suas lavouras, fazia com que se apegassem ao lugar e ao seu senhor, ao mesmo tempo que aumentava a produção de sua terra.

Os escravos cultivavam suas plantações nos dias de folga e nas horas vagas, quando conseguiam terminar mais cedo o trabalho. Esses pequenos lotes de terra eram concedidos pelos proprietários, com o intuito de reduzir seus gastos, já que o escravo ficava responsável pela sua própria subsistência. Esse sistema servia também como forma de controle dos escravos, pois se acreditava que, possuindo seu próprio lote de terra, o cativo estaria menos propenso às fugas.

No entanto, a partir do momento em que o escravo produzia e negociava a sua produção, ele adquiria certa autonomia e passava a atuar como agente na sociedade. Além disso, esse sistema de cultivo de roças pelos escravos poderia proporcionar a mudança da sua condição social. Tendo em vista a possibilidade de acumulação de pecúlio com a venda dos produtos da sua lavoura, o escravo poderia comprar a sua carta de alforria, embora precisasse, para isso, se dedicar bastante ao trabalho e durante muito tempo, e ainda dependesse da autorização do seu senhor, que poderia não aceitar o pagamento em troca da liberdade.

Nas unidades produtivas, havia a necessidade de produção em larga escala, o que exigia muito da capacidade física do escravo. Ademais, era um trabalho que, quase sempre, dependia do conhecimento técnico do cativo. Portanto, para assegurar a qualidade do trabalho, bem como evitar a sabotagem (no caso dos engenhos, a quebra da moenda poderia arruinar toda a produção de açúcar), o proprietário propiciava alguns incentivos. Um desses incentivos era o sistema de cotas. O escravo que cumprisse a sua parcela da produção poderia dedicar o restante do tempo ao trabalho na sua roça. Em geral, os proprietários, donos dos engenhos ou de fazendas, compravam a produção excedente dos escravos – mas, é claro, com valor abaixo do preço de mercado. De qualquer forma, havia, nesse caso, a possibilidade de uma economia própria, gerada pela comercialização desses produtos e, consequentemente, da formação de pecúlio e o acesso à liberdade.

FORMAS DE RESISTÊNCIA ESCRAVA – ESPAÇOS DE NEGOCIAÇÃO

	→ Autonomia		
Cultivo de roças próprias		→	Compra da alforia
	→ Acumulação de pecúlio		

	→	Comprovação de maus-tratos
Alforria	→	Compra
	→	Dada em testamento

É preciso lembrar que esses estímulos não significavam a inexistência da violência como forma de coerção do escravo. Assim como não deixavam de lado o objetivo da escravidão de exploração máxima do cativo. O escravo, por produzir para si próprio e negociar essas mercadorias, não deixava a sua condição social. Ele conseguia de fato a sua liberdade somente depois de ser explorado pelo seu proprietário e dedicar-se às suas roças, juntando uma quantia em dinheiro e comprando a carta de alforria.

Embora a sociedade brasileira fosse hierarquizada e profundamente marcada pelo sistema escravista, na qual havia um grande abismo entre ser livre e escravo, era possível ao cativo, por meio de espaços para a negociação, conseguir melhores condições de vida e de trabalho, não se submetendo totalmente aos infortúnios da escravidão. No entanto, quando a negociação não funcionava, os escravos partiam para o enfrentamento direto, fugindo, organizando revoltas e quilombos ou cometendo crimes. Não raro essas estratégias resultavam em tragédias.

A CRIMINALIDADE ESCRAVA

O Código Criminal de 1830 previa a pena de no máximo cinquenta açoites aos escravos que cometessem crimes. No entanto, algumas vezes, a medida não era cumprida e os cativos acabavam recebendo até mais de trezentas chicotadas. A pena para aqueles que cometiam crimes mais graves contra o proprietário ou a sua família era a de galés perpétua (sentença de trabalhos forçados) ou de morte.

A partir da terceira década do século xix, a criminalidade escrava aumentou muito, sobretudo nas regiões produtoras de café. Para isso contribuiu o acirramento das tensões próprias do sistema escravista, ocasionado pela intensificação do ritmo de trabalho e de medidas repressivas e controle dessa camada social. Tudo isso resultava na diminuição do tempo que o cativo podia dispor para seu descanso, o cuidado da sua lavoura, as reuniões e festas. Para complementar, havia ainda rumores de que já chegara o fim da escravidão e que os escravos, agora livres, continuavam trabalhando compulsoriamente.

A maior parte dos crimes cometidos por escravos era de assassinato e de lesões corporais contra seus proprietários, membros da família e feitores. Nas pequenas e médias propriedades, esses crimes eram muito mais recorrentes do que nas grandes propriedades, por conta de uma maior proximidade entre senhores e escravos, que, em geral, trabalhavam juntos, bem como pela inexistência de uma pessoa, um feitor, por exemplo, que intermediasse essa relação.

Os furtos, roubos e estelionatos eram o segundo tipo de transgressão mais recorrente entre os cativos. As três infrações significavam a apropriação de algum bem, sendo que o roubo previa uma atitude violenta e o estelionato previa a fraude ou a má-fé. Os alvos dos roubos ou furtos, em geral, eram produção agrícola, objetos, dinheiro, joias e animais. No caso da produção, era muito comum que o proprietário denunciasse os pequenos comerciantes e taverneiros que receptavam as mercadorias roubadas pelos escravos e as revendiam em seus estabelecimentos.

Nas cidades, os responsáveis pela contratação de escravos alugados tornavam-se vítimas de seus ataques, bem como os soldados que promoviam o controle dessa camada social em patrulhas noturnas. Os companheiros de trabalho, amigos e compadres – entre esses alguns livres pobres e libertos – não escapavam da violência escrava. Os motivos desses crimes eram variados: disputas por mulheres ou bens materiais, desavenças, jogos, provocações morais e preconceitos promovidos por diferenças sociais.

Os laços de amizade e de compadrio eram formados, especialmente, entre escravos de uma mesma propriedade. Esse contato cotidiano no mesmo ambiente de trabalho facilitava o surgimento de desavenças, intrigas, rixas, traições, cobrança de dívidas e favores, trapaças, concorrência por uma mesma companheira, o que podia resultar em crimes de lesões corporais ou até de morte.

As brigas entre escravos companheiros de trabalho aconteciam, em geral, após o término dos serviços e em locais públicos, nas ruas, pontes e estradas. Se o desentendimento fosse entre proprietários e escravos de ofício, tais como sapateiros, ferreiros, alfaiates, era comum os escravos abandonarem o local de serviço e levarem seus instrumentos de trabalho, reagindo violentamente contra o proprietário em caso de impedimento.

Os escravos colocados no trabalho de ganho, às vezes, não conseguiam completar a quantia diária combinada com seu proprietário e precisavam recorrer às tarefas complementares ou ilícitas, como roubos e furtos, sendo apontados como réus em processos e tendo seus meios de sobrevivência e a origem de seus rendimentos investigados.

No entanto, os escravos também aparecem nos processos como vítimas de maus-tratos de senhores, sobretudo os cativos alugados, embora o proprietário de fato e o locatário combinassem que a aplicação de castigos seria moderada, para que não inutilizassem o escravo. Porém, atitudes mais violentas por parte dos senhores nem sempre eram evitadas, tendo em vista as ocorrências de homicídios de escravos em consequência de castigos físicos.

Não raro os proprietários enviavam para um local distante ou vendiam seus escravos que haviam cometido crimes, com o objetivo de não perder o dinheiro empregado na sua compra caso fossem condenados. Nesse caso, após o julgamento dos escravos, os proprietários ainda tentavam reverter a pena de galés perpétuas ou de morte para a de açoitamento, assim teriam seus escravos de volta mais rápido ao trabalho.

FUGAS E SUICÍDIOS

A fuga era um dos meios de resistência à escravidão mais utilizados pelos cativos. Os escravos costumavam fugir em grupo, o que resultava na

formação de quilombos. Porém, algumas vezes, as fugas eram realizadas individualmente e os escravos procuravam abrigo na residência de algum liberto ou livre conhecido, viajavam para outra região ou se estabeleciam em lugares periféricos da cidade. E para não serem presos, os escravos fugidos fingiam ser libertos.

A simples ameaça de fuga promovia espaços para a negociação, na tentativa de ser coibida pelo proprietário e evitar o prejuízo na produção e a perda da sua propriedade.

Entre as fugas, existiam aquelas que visavam reivindicar melhores condições de trabalho e de sobrevivência, a manutenção de direitos adquiridos, como dias de descanso, permissão para o cultivo de roças próprias e organização de festas. Também eram promovidas em resposta à venda de parentes para outros proprietários, ocasionando a separação e o rompimento de laços afetivos importantes no contexto da escravidão, ou ainda se o próprio escravo era vendido para um senhor mais cruel, dado aos maus-tratos ou mais exigente no trabalho. Em geral, essas fugas eram individuais ou de pequenos grupos e duravam alguns dias ou um fim de semana, quando, então, os escravos voltavam à propriedade e negociavam com os senhores. Por outro lado, havia fugas que rompiam de vez o contato com o proprietário. Isso poderia acontecer, por exemplo, quando o senhor se recusava a aceitar a quantia em dinheiro reunida pelo escravo em troca da sua carta de alforria.

As fugas de escravos eram, com frequência, mencionadas em anúncios nos jornais, feitos pelos proprietários que procuravam seu cativo fugido ou por qualquer outra pessoa que encontrasse escravos vagando pela cidade sem possuir licença para isso. O trecho do jornal *O Farol Paulistano*, de 1830, ilustra bem esse costume ao publicar o anúncio feito pelo Juiz de Paz da Freguesia da Sé, declarando o encontro de um escravo africano:

> Ontem pela manhã me enviou um negro do gentio de Guiné, muito boçal, e trajado à maneira dos que vem em comboio, e me disse, [que] foi pego vagando como perdido. Por intérprete apenas pude colher que ainda não era batizado e que, saindo a lenhar, se perdeu: queira por tanto V. M. inserir este anúncio em

sua folha, a fim de aparecer dono, sobre o que declaro, que se não aparecer por 15 dias, contados da publicação da folha, hei de remetê-lo a Provedoria dos Resíduos; a quem pertence o conhecimento das coisas de que se não sabe dono – SP, 9 de abril de 1830 – O Juiz de Paz Suplente da Freguesia da Sé – José da Silva Merceanna.

Alguns anúncios traziam informações a respeito de escravos perdidos ou fugidos, recém-chegados da África, que revelavam não conhecer a língua portuguesa, como este publicado no jornal O Farol Paulistano, em 1828:

Acha-se em casa do Alferes Francisco Martins [Bonilha], morador em S. Bernardo, um preto fugido de nação Congo, que ainda não fala português – Terá de idade 21 anos, altura pouco mais que ordinária, fula, tem camisa e seroula de algodão, coberta branca, a camisa tem mangas curtas, e o dito preto quando se pegou trazia uma foice e uma enxada.

Esses escravos novos, perdidos ou fugidos, quando encontrados, eram levados à prisão e um anúncio com suas características era publicado, solicitando que seus proprietários fossem resgatá-los. É o caso deste anúncio feito pelo Juiz de Paz da Vila de Itapetininga no jornal O Farol Paulistano, em 1829:

Pelo Juízo de Paz da Vila de Itapetininga se faz público, que na Cadeia da dita Vila se acham recolhidos a ordem do mesmo juízo quatro escravos novos, ainda muito boçais, três deles bem pretos, e um fula. Supõe-se serem de nação Cabinda ou Rebolo, e tem a testa e corpo marcado com riscas. Quem suspeitar ser dono dos mesmos escravos, procure justificá-los com brevidade, porque aliás serão entregues ao juízo dos ausentes.

Se o escravo fugido era resgatado pelo proprietário, raramente escapava dos castigos físicos, que compreendiam desde a prisão no tronco, o açoitamento até o uso da gargalheira, uma espécie de coleira de ferro com hastes e ganchos acima da cabeça.

Por outro lado, diante da condição difícil do cativeiro – dos castigos e das punições de seus senhores –, agravadas pela distância de sua terra de origem e de seus familiares, muitos escravos viam no suicídio a única ou a última forma de se livrar da escravidão.

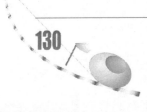

Embora alguns escravos recorressem às armas de fogo, ao enforcamento, ao envenenamento, a maior parte dos suicídios era por afogamento, pois tinha um significado muito específico, sobretudo para os africanos. Em algumas línguas – kikongo, kimbundo e umbundu – da região Centro-Ocidental, o mar, chamado de *kalunga*, representava a separação entre o mundo dos vivos e o mundo dos mortos. Além disso, a cor branca significava justamente a morte, porque os espíritos eram brancos e os homens pretos. Por isso, quando os africanos foram escravizados e transportados para a terra dos brancos, isto é, a América, achavam que estavam indo para o mundo dos mortos. Dessa maneira, realizando o caminho inverso, atravessando o mar ou um rio, eles voltariam para a África e encontrariam o mundo dos vivos, dos seus descendentes e renasceriam. No caso do suicídio por afogamento, os africanos achavam que assim, por meio da água dos rios, libertariam sua alma para fazer a travessia de volta à sua terra.

REVOLTAS

A maior parte das revoltas era planejada com antecedência e organizada por líderes respeitados no interior do grupo de escravos. E mesmo que fossem reprimidas e não alcançassem o objetivo principal, de certa forma, cumpriam um outro papel, o de promover um clima de tensão que ajudaria nas negociações cotidianas entre senhores e escravos. Só a ameaça de revolta já causava pânico entre os proprietários e era aproveitada como estratégia, senão para conseguir a liberdade, pelo menos para melhorar as condições de trabalho e de sobrevivência.

Na década de 1880 foram várias as notícias de revoltas organizadas por escravos, como, por exemplo, nas fazendas de São Paulo. Muitas delas tiveram o apoio dos abolicionistas, que tentavam unir a sua atuação nas cidades às iniciativas dos escravos revoltosos nas fazendas.

A partir de meados do século XIX, as condições de vida dos escravos nas fazendas cafeeiras melhoraram por conta da atuação do movimento abolicionista e de medidas sanitárias que visavam prolongar a vida produtiva dos cativos. Mas, por outro lado, os escravos tiveram que trabalhar muito mais do que até então estavam acostumados e a repressão em forma de castigos e leis foi exacerbada.

A intensificação do ritmo de trabalho e da repressão aos cativos provocou a reivindicação de uma série de direitos anteriormente adquiridos, tais como a redução da jornada de trabalho, os dias de folga, a permissão para o cultivo das próprias roças e a diminuição dos castigos, acompanhada da ameaça de ataques violentos aos senhores e feitores caso esses direitos não fossem retomados.

As reações dos escravos tornaram-se cada vez mais violentas ao longo da década de 1880, com insubordinações, fugas e assassinatos, que geravam medo à população e, em particular, às autoridades locais.

Em 1882, ocorreu uma revolta na Fazenda do Castelo, no bairro de Jaguari, em Campinas, organizada por 120 escravos. O proprietário, desconfiado das atitudes de seus cativos, retornou à sua fazenda, depois de uma viagem, acompanhado de agregados armados. Por sua vez, os escravos, que já sabiam da intenção do seu senhor, invadiram a senzala e atacaram o grupo organizado pelo proprietário. Na fuga, invadiram uma outra fazenda, cujos cativos também estavam rebelados. Depois seguiram pela estrada em direção a Campinas e ainda mataram a golpes de faca e enxada um agregado da Fazenda João Dias, responsável pelo controle das saídas dos escravos. Os rebelados acabaram presos e três deles foram condenados por chefiar a revolta. De acordo com os depoimentos dos acusados, essa revolta teria sido organizada por uma sociedade secreta de caráter mágico-religioso, denominada Arasia, composta por escravos, libertos e livres pobres, e destinada à conquista da liberdade de todos os escravos do bairro de Jaguari. O chefe dessa sociedade secreta era o liberto crioulo Felipe Santiago, casado, com mais ou menos 50 anos, nascido no Maranhão e filho de uma africana de nação mina.

Felipe Santiago aproveitava os dias de folga dos escravos para se reunir e realizar rituais sagrados. Em geral, essas reuniões aconteciam em sua casa, nas matas ou nas senzalas, tomando cuidado para que não fosse visto pelos feitores. O organizador dessa sociedade secreta foi citado em vários depoimentos como líder de outras insurreições ocorridas em

Araras, Amparo e São João da Boa Vista, entre 1882 e 1883, embora sua participação não tenha sido comprovada e, muitas vezes, negada pelas autoridades locais, que talvez preferissem não divulgar as revoltas violentas para não alarmar e causar pânico na sociedade.

REVOLTA DOS MALÊS

A revolta organizada pelos malês, na Bahia, em 1835, estava marcada para o domingo 25 de janeiro, dia de Nossa Senhora da Guia. Esse dia foi escolhido pelos revoltosos porque aos domingos e dias de festas em homenagem aos santos, a sociedade inteira – livres, escravos e libertos, brancos e negros, ricos e pobres – reunia-se em torno das comemorações, deixando a cidade mais movimentada do que o habitual.

Apesar de nesses dias as autoridades redobrarem as ações de controle e repressão à população, em particular aos escravos, a intensa circulação de pessoas pelas ruas disfarçava os preparativos de qualquer revolta, além de desviar a atenção para a área da festa. A festa de Nossa Senhora da Guia seria realizada no bairro do Bonfim, distante do centro de Salvador. Muitas pessoas para lá se deslocaram desde o sábado e, para evitar a subversão da ordem, foram enviadas várias patrulhas.

Além disso, seria mais fácil para os escravos circularem livremente, apresentando aos seus senhores como justificativa a realização da festa. Por outro lado, a data escolhida coincidia com o final do Ramadã, uma celebração sagrada para os muçulmanos, os organizadores da revolta.

Na noite de sábado, já circulavam pela cidade rumores sobre a revolta. A notícia dos preparativos do ataque de escravos chegou até as autoridades locais por meio das denúncias de três pessoas. Domingos Fortunato e Guilhermina Rosa de Souza, um casal de libertos africanos, de nação nagô, contaram aos seus respectivos ex-proprietários que ouviram comentários sobre o levante programado para acontecer na manhã de domingo, em Salvador. Relataram detalhes da chegada de escravos vindos de Santo Amaro, no Recôncavo Baiano, que se uniriam ao líder africano, conhecido por Ahuna. A revolta aconteceria bem cedo, os revoltos aproveitariam o momento em que os escravos fossem pegar água nas fontes, como de costume, para incorporá-los ao levante. A terceira pessoa a delatar a insurreição escrava foi Sabina da Cruz, liberta nagô, companheira de Victório Sule, um dos organizadores da revolta. Ao procurá-lo pela cidade, ela teria descoberto o local da reunião preparatória do levante: a casa de Manoel Calafate, africano liberto, na ladeira da Praça, próximo à igreja de Nossa Senhora de Guadalupe.

A notícia da revolta acabou chegando ao presidente da província, que ordenou a realização de buscas com patrulhas na primeira hora da madrugada, na freguesia da Conceição da Praia, local da denúncia. Após algumas casas vasculhadas, as patrulhas chegaram ao local da reunião: um sobrado, do qual dois africanos libertos, Manoel Calafate e o vendedor de pão e carregador de cadeira Aprígio, haviam alugado um quarto no subsolo. As patrulhas invadiram o local e quando chegaram ao subsolo foram surpreendidos com o ataque de cerca de sessenta africanos armados.

Ao saírem pelas ruas de Salvador, os africanos fizeram o maior barulho possível para acordar e chamar mais escravos para o combate, que havia sido antecipado. A ideia principal do levante era reunir o maior número de escravos africanos da cidade e seguir em direção ao Recôncavo, local dos grandes engenhos de açúcar, onde se concentrava uma grande quantidade de escravos. Com a antecipação do levante, os africanos invadiram os quartéis de São Bento, o do largo da Lapa e a prisão municipal. Passaram pelo forte de São Pedro no caminho para Vitória, um reduto de africanos muçulmanos, e pelo Quartel da Cavalaria, na saída da cidade.

Durante o combate, os rebeldes não atacaram a população, nem provocaram roubos, saques ou incêndios nas residências particulares. O alvo dos africanos ficou concentrado nas forças públicas. Tinham poucas armas, que consistiam em porretes, facas, pistolas e espadas.

O número de africanos que participaram da revolta chegou a cerca de seiscentos, dispersos em vários pontos da cidade, e aproximadamente setenta deles foram mortos. Os africanos organizadores do levante eram muçulmanos e, no momento da revolta, carregavam amuletos com orações do Alcorão e estavam vestidos com túnicas brancas, conforme o costume dos adeptos dessa religião.

Os africanos muçulmanos, chamados na Bahia de malês, costumavam se reunir em suas próprias residências para praticarem sua religião, fazendo orações, celebrações, bem como para aprender os ensinamentos do Alcorão e a língua e escrita árabes. Os principais pontos de encontro dos malês na época da revolta eram as casas de Manoel Calafate, do mestre Dandará e de Belchior da Silva Cunha. O inglês Abraham Crabtree, entre outros ingleses moradores no distrito de Vitória, permitia que seus africanos se reunissem no quintal de sua propriedade, tornando sua casa o principal reduto muçulmano nessa região.

As mulheres não participavam dessas reuniões e foram pouco mencionadas na documentação referente ao levante, embora estivessem presentes na comunidade muçulmana, tendo em vista, por exemplo, os relatos sobre as visitas de mulheres ao mestre Pacífico Licutan, quando estava preso antes da eclosão da revolta. Além desse fato, a escrava Emerenciana, companheira de Dandará, foi presa e recebeu quatrocentos açoites como pena por ter participado do levante ao distribuir anéis malês aos revoltosos.

O objetivo da revolta era libertar os africanos da escravidão. Para tanto, apesar da revolta ser organizada pelos malês, houve também a participação de outros grupos, sobretudo aqueles que se juntaram no momento da luta nas ruas.

No entanto, os escravos e libertos crioulos, isto é, descendentes de africanos nascidos no Brasil, não participaram da revolta. Os depoimentos das testemunhas arroladas no processo judicial do levante revelam que a intenção dos africanos era matar os brancos e os crioulos, pois estes eram considerados cúmplices dos primeiros.

A relação entre crioulos e africanos não raro era conflituosa. Em primeiro lugar, porque eles eram distintos física e culturalmente. Além disso, eram tratados de maneira diversa pela sociedade. Alguns crioulos eram filhos de pai branco e tinham como primeira língua o português, a mesma dos senhores. A maior parte dos cargos de controle e repressão, como o de capitão do mato e o de soldado, eram ocupados por crioulos, que também eram preferidos como escravos domésticos. Isso não significa que os crioulos aceitassem a condição de escravo e não reagissem aos desmandos dos senhores, mas faziam-no de outra forma que não por meio do enfrentamento direto. Resistiam ao sistema escravista realizando boicotes, destruindo instrumentos de trabalho, fingindo estarem doentes e promovendo fugas.

Os principais líderes da Revolta dos Malês foram:

Ahuna: escravo africano, de nação nagô. Possuía marcas faciais características de seu grupo, provavelmente do reino de Oió. Seu proprietário tinha uma roça próxima ao Pelourinho e um engenho de açúcar em Santo Amaro, no Recôncavo, onde ele morava na ocasião da revolta. Era o líder mais importante entre os africanos malês.

Pacífico Licutan: escravo já idoso, de nação nagô. Tinha sinais perpendiculares no rosto, que sugeriam sua origem em Oió. Era enrolador de fumo e trabalhava como escravo de aluguel no Cais Dourado. Seu proprietário era o médico Antônio Pinto de Mesquita Varella, morador no Cruzeiro de São Francisco. Na época do levante estava preso, pois seria leiloado para pagar as dívidas de seu proprietário. Era um homem de grande prestígio na comunidade muçulmana, provavelmente um mestre. Ele costumava reunir seus aprendizes na casa de seu senhor ou num quarto especialmente alugado para isso.

Luís Sanin: escravo idoso, de nação tapa, originário do reino de Nupe, enrolador de fumo no Cais Dourado e companheiro de trabalho de Licutan. Ensinava os preceitos da religião islâmica e cuidava de um fundo de contribuições financeiras realizadas pelos africanos, destinadas aos gastos com a prática da religião, como a compra de panos para confeccionar as túnicas (abadás) e os barretes muçulmanos, e à compra de cartas de alforria.

Manoel Calafate: liberto, de nação nagô. Trabalhava, como o nome mesmo diz, no ofício de cafalate, isto é, responsável por tapar buracos e fazer a vedação de fendas. A reunião que deu início à revolta foi realizada no quarto que ele alugava no subsolo do sobrado na rua da Praça. Na sua casa, foram apreendidos roupas, carapuças, chapéus e saquinhos de couro e pano – provavelmente amuletos –, livros e papéis escritos em árabe, entre outros objetos considerados suspeitos de serem empregados

na prática da religião islâmica. Talvez tenha morrido, depois de ser ferido na luta, ou fugido para o Recôncavo, pois seu nome não está na lista de presos e mortos.

Elesbão do Carmo ou Dandará: africano, de nação haúça. Era companheiro de Emerenciana, escrava vendedora, também de nação haúça. Era dono de uma loja de fumo no mercado de Santa Bárbara, onde fazia as reuniões religiosas.

Quatro africanos revoltosos foram condenados ao fuzilamento e vários outros ao açoitamento público. Muitos deles foram deportados para a África e outros revendidos para diferentes regiões brasileiras. Houve, depois da revolta, uma intensificação do controle das autoridades sobre a população de africanos muçulmanos.

QUILOMBOS

Alguns escravos fugidos construíam comunidades independentes, mas não muito isoladas, para que pudessem interagir com a sociedade, comercializando sua produção agrícola, mesmo que de forma clandestina, com a ajuda de pequenos comerciantes, agricultores e até mesmo escravos.

Uma das características das comunidades formadas por escravos fugidos era a existência de alianças com outras camadas sociais: indígenas, comerciantes, pequenos agricultores. Conhecidas como quilombos ou mocambos, essas comunidades foram aparecendo em várias localidades brasileiras próximas aos engenhos, às minas de ouro e pedras preciosas, nos sertões e nos campos.

À medida que os mocambos iam surgindo, cada vez em maior número e em diferentes locais, a repressão aumentava, sendo feita por iniciativa dos proprietários, que colocavam os capitães do mato em busca dos fugitivos ou contratavam agregados para capturá-los, ou por iniciativa governamental, com expedições militares e leis mais severas.

MOCAMBOS NO GRÃO-PARÁ E NO MARANHÃO

No Maranhão e no Grão-Pará, a mão de obra escrava africana foi utilizada desde o final do século XVII, embora tenha sido introduzida em pequeno número comparativamente às áreas dos engenhos de açúcar, das minas e das fazendas de café. Os escravos africanos e indígenas eram empregados na produção de açúcar, algodão, tabaco, café, cacau e no extrativismo de urucum, âmbar, baunilha, salsaparilha e piaçava, destinados ao comércio local.

Nessa região, constatou-se a existência de quilombos estabelecidos, sobretudo nas áreas de fronteira. Esses quilombos tinham contato com outros escravos, quilombolas e comerciantes estrangeiros das Guianas. Contavam também com o apoio dos indígenas, que, por sua vez, fugiam dos aldeamentos em direção aos quilombos de negros ou formavam seus próprios mocambos.

Negros e índios trabalhavam nas fortificações erguidas em regiões de fronteira ou mesmo nas fazendas e engenhos de açúcar. Desse contato cotidiano resultaram as alianças, até mesmo matrimoniais, essenciais para o estabelecimento de mocambos, pois o índio dominava os segredos das florestas, o que era importante para se conseguir fugir.

Os mocambos no Grão-Pará foram surgindo em vários locais, preocupando as autoridades, que tentavam conter a expansão ao promover expedições de ataque. Porém, por conta do difícil acesso às matas e das estratégias de proteção dos quilombolas, tornava-se muito complicado barrar a criação dessas comunidades.

As autoridades locais preocupavam-se ainda mais por se tratar de uma área de fronteira, na qual os interesses estrangeiros estavam sempre presentes e dificultavam a apreensão dos escravos fugidos. Além disso, as regiões de fronteira facilitavam os contatos com as ideias e as experiências de rebeliões escravas ocorridas em outros países, como a de São Domingos, na Guiana Francesa. Na Amazônia, no século XIX, houve rumores de contato entre os negros dos mocambos e os revoltosos de Demerera, na Guiana Inglesa.

MOCAMBOS NO RIO DE JANEIRO

No Rio de Janeiro, os mocambos surgiram entre os séculos XVII e XVIII, tanto no Recôncavo da Guanabara quanto nas áreas de produção

de café do Vale do Paraíba fluminense. Nessas regiões, os quilombolas, além de promoverem roubos e razias, recebiam a ajuda de outros escravos e de fazendeiros que os acolhiam em suas propriedades em troca de serviços.

Os escravos fugidos também mantinham contato com pequenos comerciantes e taberneiros, com quem cambiavam produtos agrícolas excedentes de suas roças por outros mantimentos, e recebiam informações importantes sobre medidas repressivas aos quilombos, que estavam sendo tomadas pelas autoridades locais. Muitos quilombolas até frequentavam as tabernas, realizando reuniões com batuques, sobretudo à noite ou aos domingos e feriados, quando ficavam lotadas de escravos liberados de seus trabalhos.

No Rio de Janeiro, mais especificamente em Iguaçu, durante o século XIX, os quilombos que aí existiam eram os grandes fornecedores de lenha para a cidade. Essa ponte entre os quilombos e a cidade era feita pelos pequenos comerciantes e taberneiros, escravos que cultivavam suas roças nas fazendas e escravos urbanos, que colocavam à venda a lenha produzida pelo quilombo.

O Bacaxá foi um dos quilombos existentes no Rio de Janeiro, próximo ao Recôncavo da Guanabara, região produtora de açúcar e aguardente e de fazendas de gado. Esse mocambo contava com um número significativo de fugitivos, talvez até mais de cem escravos. Por volta de 1730 ele sofreu a repressão das autoridades locais.

Havia também o quilombo Curukango, a nordeste de Macaé, cujo líder era um escravo africano de nação moçambique de mesmo nome. Essa comunidade contava com aproximadamente duzentas pessoas, que se dedicavam ao cultivo de feijão e milho para a subsistência.

Em Campos dos Goitacases, na região norte do Rio de Janeiro, há notícias da existência de quilombos desde o final do século XVII. Neles, os escravos fugidos costumavam promover roubos e sequestros de mulheres escravas nas fazendas. Contudo, foi entre os séculos XVIII e XIX, com a expansão açucareira no Vale do Paraíba fluminense, que o número de escravos africanos aumentou e, por consequência, houve a intensificação das fugas e da formação de quilombos.

MOCAMBOS EM SÃO PAULO

Em São Paulo existiram mocambos desde o século XVIII, destacadamente nos arredores da cidade, que logo geraram medidas e leis repressivas. Em 1741, o rei de Portugal estabeleceu que

> *todos os negros, que forem achados em quilombos, estando neles voluntariamente, se lhes ponha com fogo, uma marca em uma espádua com a letra F – que para este efeito haverá nas Câmaras, e se quando se for executar esta pena for achado já com a mesma marca, se lhe cortará uma orelha, tudo por simples mandado do Juiz de Fora, ou Ordinário da terra, ou do Ouvidor da Câmara, sem processo, algum, e só pela notoriedade do fato, logo que do quilombo for trazido antes de entrar para a Cadeia [...].*

Em Mogi-Guaçu, no interior de São Paulo, existia, no século XVIII, um mocambo que atraiu a repressão tanto de capitães do mato, quanto das autoridades locais. Esse mocambo surpreendeu a sociedade pelo seu tamanho. Ao ser invadido contava com ranchos, mais de noventa casas, uma forja de ferreiro, e abrigou cerca de trezentas pessoas. Os quilombolas ocupavam-se do cultivo de produtos para a subsistência e excedentes para troca, além de realizar roubos e saques às fazendas. Outros quilombos surgiram também em Porto Feliz, Campinas, Itu, Sorocaba e nos arredores da cidade de São Paulo.

No entanto, com a expansão das lavouras de açúcar e, mais tarde, de café, os mocambos foram sendo empurrados cada vez mais para o interior de São Paulo, e em direção ao Mato Grosso, Goiás e Minas Gerais.

MOCAMBOS EM MINAS GERAIS E GOIÁS

No século XVIII, em Minas Gerais, existiam mais de cem quilombos, em particular, nas áreas mineradoras de Vila Rica, Sabará, Mariana, Tijuco, São João Del Rey, Diamantina, Rio das Mortes, Campo Grande, entre outras. Uma expedição foi realizada na região de Campo Grande, em 1769, encontrando-se oito mocambos. Alguns deles foram destruídos.

A maior parte dos mocambos dedicava-se essencialmente à agricultura. Alguns produziam farinha, teciam roupas, faziam o beneficiamento do couro e confeccionavam objetos em ferro, como armas, utensílios para caça e ferramentas.

Os mocambos deveriam ter uma boa estrutura de defesa, mas que não provocasse o isolamento. Em primeiro lugar, os quilombolas procuravam lugares de difícil acesso, nas montanhas, por exemplo, mas, ao mesmo tempo, relativamente próximos às estradas e saídas da cidade. Depois preparavam a proteção do terreno, construindo fossos, saídas com estrepes, trincheiras e guaritas, que dessem condições de fuga antecipada ou de combate contra as expedições promovidas pelas autoridades públicas.

MOCAMBOS NA BAHIA

Na Bahia também se formaram mocambos e o mais conhecido deles era o Buraco do Tatu, próximo a Salvador, datado de meados do século XVIII. A base da sua economia era a agricultura, mas os quilombolas praticavam alguns roubos às fazendas. Esse mocambo acabou destruído e alguns quilombolas mortos ou presos por uma expedição militar realizada em 1763.

Além da formação de quilombos, os escravos baianos utilizaram outras estratégias de resistência ao sistema escravista. Por volta de 1789, no engenho de Santana, em Ilhéus, os escravos revoltosos assassinaram o mestre de açúcar e fugiram para a floresta. Elaboraram, então, um "Tratado de Paz", reivindicando melhores condições de trabalho, incluindo dois dias de folga por semana, a permissão para cultivar suas próprias lavouras, comercializar a produção e realizar festas.

Nesse documento, pode-se perceber, além dessas reivindicações, a forma como os escravos organizavam-se, levando em conta a sua origem, pois os revoltosos eram crioulos e faziam questão de se distinguir dos africanos, a quem chamaram genericamente de "negros minas". Vale a pena citar alguns trechos deste Tratado de Paz:

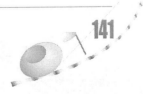

141

Meu senhor, nós queremos paz e não queremos guerra; se meu senhor também quiser nossa paz há de ser nessa conformidade, se quiser estar que nós quisermos a saber.

Em cada semana nos há de dar os dias de sexta-feira e de sábado para trabalharmos para nós não tirando um destes dias por causa do dia santo.

Para podermos viver nos há de dar rede, tarrafa e canoas.

Não nos há de obrigar a fazer camboas, nem a mariscar, e quando quiser fazer camboas e mariscar mandes os seus pretos Minas.

Para o seu sustento tenha lancha de pescaria ou canoas do alto, e quando quiser comer mariscos mande os seus pretos Minas.

Faça uma barca grande para quando for para Bahia nós metermos as nossas cargas para não pegarmos fretes.

[...] A tarefa de cana há de ser de cinco mãos, e não de seis, e a dez canas e, cada freixe.

Os atuais feitores não os queremos, faça eleição de outros com a nossa aprovação.

[...] Poderemos plantar nosso arroz onde quisermos, e em qualquer brejo, sem que para isso peçamos licença, e poderemos cada um tirar jacarandás ou qualquer pau sem darmos parte para isso.

A estar por todos os artigos acima, e conceder-nos estar sempre de posse de ferramenta, estamos prontos para o servimos como dantes, porque não queremos seguir os maus costumes dos mais Engenhos.

Poderemos brincar, folgar, e cantar em todos os tempos que quisermos sem que nos empeça e nem seja preciso licença.

Entretanto, em 1790, os revoltosos foram reprimidos e seu líder, preso. Depois de passados vários anos, na década de 1820, os cativos do mesmo engenho, muitos dos quais descendentes daqueles primeiros insurgentes, promoveram algumas rebeliões e acabaram organizando quilombos no meio da floresta. Os quilombolas construíram cabanas, teares, depósitos de sal, produziam peixe seco e farinha de mandioca, e dedicavam-se à produção de café, mandioca, cana e algodão.

MOCAMBOS EM PERNAMBUCO

O tráfico de escravos africanos destinado a abastecer Pernambuco teve seu auge entre o final do século XVIII e o início do XIX, quando

o algodão tornou-se o grande produto para exportação. Nessa época, surgiram vários quilombos na região, entre eles o mocambo Catucá ou Malunguinho, criado por volta de 1817, próximo a Recife. Esse quilombo conseguiu resistir por muito tempo, sendo destruído somente no final da década de 1830. Ele foi organizado, especialmente por escravos africanos malungos, isto é, que tinham feito a viagem da África no mesmo navio, e por crioulos, indígenas, pardos e brancos. Malunguinho era também o nome do principal líder do quilombo de Catucá. Valentim e Manoel Gabão eram os outros líderes.

Os malunguinhos sobreviviam da agricultura de subsistência, da caça e de roubos aos engenhos de açúcar. Contavam ainda, como estratégia de sobrevivência e proteção, com a ajuda de escravos, libertos e até de livres pobres de fora da comunidade quilombola.

Outro líder do Malunguinho João Pataca agia com autoridade na área do quilombo, chegando a punir certa vez dois assaltantes quilombolas. Além disso, participava de reuniões de batuques nas matas, nos engenhos e nas casas dos vilarejos próximos, e ainda comprava armas e pólvora na cidade.

Na segunda metade da década de 1820, o quilombo foi alvo de expedições militares, mas não foi totalmente extinto. Em um desses ataques, o principal líder na época, João Pataca, foi preso junto com o outro líder, Antonio Cabundá. E muitos foram mortos, incluindo os líderes de outros núcleos, João Bamba e José Brabo.

Entre 1829 e 1831, foi criada uma colônia, denominada Amélia, de imigrantes alemães nas terras do Catucá. Esses colonos receberam uma ajuda financeira do governo para se estabelecerem nessa área e impedirem a formação de novos núcleos quilombolas. Muitas famílias imigrantes tiveram membros mortos pelos quilombolas e acabaram abandonando a colônia.

Depois de 1831, o quilombo retomou a sua força e novos ataques e roubos aos engenhos foram iniciados sob o comando do líder João Batista. Mas não demorou muito para receber investidas repressivas das autoridades. Em 1835, uma grande expedição militar foi organizada pelo governo provincial, com a participação de indígenas acostumados a lutar em matas fechadas. O líder João Batista foi morto e o quilombo de Catucá destruído.

QUILOMBO DOS PALMARES

O quilombo de Palmares, um dos maiores e mais duradouros quilombos brasileiros, datando do século XVII, era composto, majoritariamente, por africanos da região centro-ocidental. Estava localizado na Zona da Mata, a aproximadamente 70 km do litoral, em Alagoas. Havia uma grande aldeia central, na serra da Barriga, chamada de Macaco, que abarcava cerca de seis mil pessoas.

Em Palmares, havia uma complexa estrutura de organização, com ruas, casas, muros, capelas, oficinas de fundição, produção de cerâmica e utensílios em madeira, lavouras de feijão, milho, mandioca e cana-de-açúcar. Era formado por várias aldeias, com seus respectivos chefes. Todas as aldeias eram comandadas por uma comunidade principal, onde ficava o líder do quilombo.

Entre 1645 e 1678, o líder do quilombo de Palmares foi Ganga Zumba. Desde 1612, os portugueses organizavam expedições militares para destruir Palmares. Em 1678, Ganga Zumba fez um acordo com o governador de Pernambuco, Aires de Souza e Castro, que garantiria a posse de terra em Cucaú (norte de Alagoas) e a liberdade aos quilombolas. Contudo, nem todos os palmarinos aceitaram o tratado de paz, entre eles Zumbi, que junto com outros opositores assassinaram Ganga Zumba. O acordo não foi cumprido pelo governo e os quilombolas que se dirigiam para Cucaú foram reescravizados. Zumbi, então, tornou-se o novo líder de Palmares.

Depois de várias investidas, Palmares foi destruído, em 1694, por uma expedição comandada pelo paulista Domingos Jorge Velho, causando a morte de duzentos quilombolas e a venda de outros quinhentos capturados para outras capitanias. Zumbi e alguns quilombolas conseguiram fugir, mas logo o líder foi preso. Em 20 de novembro de 1695, foi capturado e condenado à morte, tendo a sua cabeça decapitada e exposta em público.

FORMAS DE RESISTÊNCIA ESCRAVA
ENFRENTAMENTO DIRETO

Crimes
- → Assassinatos
  - → Senhores e familiares
  - → Feitores, soldados capitães do mato
  - → Parceiros, amigos e companheiros
- → Estelionato, roubos e furtos
  - → Produção agrícola, animais, dinheiro e joias

Revoltas
- → Articuladas por sociedades religiosas e/ou técnicas
- → Articuladas pelo movimento abolicionista

Fugas
- → Individuais

  Objetivos:
  Manutenção dos direitos adquiridos
  Rompimento total com o sistema escravista

- → Coletivas

Quilombos
- → Mocambos (tradicionais)
  - → Alianças com outras camadas sociais
  - → Comercialização de gêneros agrícolas
- → Abolicionistas (final do séc. xix)
  - → Líderes do movimento abolicionista
  - → Participação ativa nas atividades econômicas da cidade

LUÍS GAMA

Luís Gonzaga Pinto da Gama nasceu em 21 de junho de 1830, em Salvador. Era filho de um português e de Luiza Mahin, africana de nação nagô, que trabalhava como quitandeira. Em 1840, Luís Gama foi vendido como escravo para o Rio de Janeiro por seu próprio pai para pagar dívidas de jogo. Um pouco antes, sua mãe já viajara para lá, perseguida pelas autoridades locais por ter participado de levantes escravos.

Chegando ao Rio de Janeiro, Luís Gama logo foi vendido para o alferes paulistano Antonio Pereira Cardoso, comerciante de escravos. Esse alferes viajou com seu lote de escravos recém-chegados para Santos e daí dirigiu-se a pé para Campinas, Jundiaí e São Paulo. Em nenhuma dessas cidades conseguiu vender Gama, provavelmente por ser um escravo de origem baiana. Nessa época, os escravos vindos da Bahia eram rejeitados por conta das notícias de revoltas em que se envolviam, causando medo nos proprietários.

Por isso, Luís Gama permaneceu na casa do alferes Cardoso, trabalhando no serviço doméstico e como sapateiro, ofício aprendido com outro escravo baiano, José. Alguns anos depois já sabia ler e escrever, ensinado por um estudante, hóspede do seu proprietário. Após ter conseguido provar que era liberto, entrou para a Força Pública de São Paulo, em 1848, onde ficou por seis anos.

Nos períodos de folga, trabalhou como copista de escrivão e amanuense do gabinete do delegado de polícia Francisco Maria de Souza Furtado de Mendonça, o que lhe rendeu muitos contatos depois que saiu da Força Pública, conseguindo o cargo de amanuense da Secretaria de Polícia. Também foi poeta, publicando o livro *As primeiras trovas burlescas de Getulino*. Por meio de seus versos, denunciava o preconceito dos brancos em relação aos negros e propunha seu projeto de abolição da escravidão, como no trecho do poema a seguir:

Desculpa, meu caro amigo,
Eu nada te posso dar;
Na terra que rege o branco,
Nos crivam de pensar!...

Ao peso do cativeiro
Perdemos razão e tino,
Sofrendo barbaridades,
Em nome do Ser Divino!!

E quando lá no horizonte
Despontar a Liberdade;
Rompendo as férreas algemas
E proclamando a igualdade;

Do cocho bestunto
Cabeça farei;
Mimosas cantigas
Então te darei.

Também marcou em seus poemas a identidade que criou com
a África, construída com base na influência de sua mãe, africana de
nação nagô, com quem conviveu até os 8 anos de idade, nos contatos
que teve com outros africanos na Bahia e, mais tarde, em São Paulo.
Segue o trecho do poema "Sortimento de Gorras":

Se os nobres d'esta terra, empanturrados,
Em Guiné têm parentes enterrados;
E, cedendo a prosápia, ou duros vícios,
Esquecem os negrinhos seus patrícios;
Se mulatos de cor esbranquiçada,
Já se julgam de origem refinada,
E, curvos à mania que os domina,
Desprezam a vovó que é preta-mina:
Não te espantes, ó leitor da novidade,
Pois que tudo no Brasil é raridade!

Luís Gama também enveredou para o jornalismo ao escrever
artigos publicados pelos principais jornais de São Paulo e naqueles
ligados ao Partido Republicano Paulista, marcando sua atuação política.

Ao mesmo tempo atuou como advogado nos tribunais
judiciários de São Paulo, defendendo escravos. Embora não tenha
frequentado a Faculdade de Direito, conhecia muito as leis pela
experiência que adquiriu como funcionário da Secretaria de Polícia e
depois da Biblioteca da Faculdade de Direito de São Paulo, na qual
teve contato com os livros jurídicos.

No entanto, a presença de um negro advogando em causa da liberdade, contrariando normas sociais tão enraizadas e o direito de propriedade de uma sociedade escravista não poderia ser vista com bons olhos. Logo, Luís Gama foi demitido da Secretaria de Polícia e passou a se dedicar à atuação jurídica.

Apesar do preconceito de muitos, suas ideias abolicionistas e as denúncias das arbitrariedades das autoridades, publicadas nos jornais da cidade, conquistaram a admiração de advogados renomados que o chamavam para atuar consigo. Por outro lado, ganhou também a admiração dos escravos, que o procuravam para defendê-los judicialmente a fim de conseguirem a tão sonhada liberdade.

Luís Gama morreu em 24 de agosto de 1882. Sua morte teve um enorme destaque na imprensa. Nesse dia, os estabelecimentos comerciais foram fechados e a multidão de negros, escravos, libertos, advogados, jornalistas e literatos tomou conta das ruas de São Paulo para ver passar o cortejo fúnebre acompanhado da Irmandade de Nossa Senhora dos Remédios, sede da Associação Abolicionista.

O MOVIMENTO ABOLICIONISTA E A FORMAÇÃO DE QUILOMBOS

A atuação do movimento abolicionista, especialmente em São Paulo, contou com a participação de advogados, que, com base nas leis de 1831 (proibição do tráfico de escravos africanos) e de 1871 (permissão da compra da carta de alforria com a apresentação de pecúlio pelo escravo que comprovasse ser submetido à violência), defendiam gratuitamente os cativos em processos de liberdade.

O movimento abolicionista recebeu apoio de vários outros setores da sociedade, entre eles, jornalistas, estudantes, lojas maçônicas, ferroviários, comerciários e caixeiros. Estes últimos tiveram uma participação importante, sobretudo na cidade de Santos. Conhecidos como cometas, conseguiam estabelecer contato com os escravos das fazendas por onde passavam, incentivando-os a deixar o trabalho forçado e indicando o caminho para os quilombos.

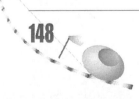

Na segunda metade do século XIX, surgiram jornais e associações nas principais cidades favoráveis a extinção da escravidão. O jornalista José do Patrocínio, filho de uma quitandeira e um padre, integrou o movimento abolicionista à frente do jornal *A Gazeta da Tarde*, publicado no Rio de Janeiro.

Também no Rio de Janeiro, em 1879, foi fundada por André Rebouças a Sociedade Brasileira Contra a Escravidão. Nesse mesmo ano, surgiu a Confederação Abolicionista, composta por Joaquim Nabuco, João Clapp e José do Patrocínio.

No início da década seguinte, outras sociedades foram criadas com o objetivo de promover fugas, rebeliões nas fazendas e a formação de quilombos em São Paulo (Os Caifazes, de Antonio Bento), no Rio de Janeiro (Sociedade de Libertação) e em Recife (Clube do Cupim).

Em São Paulo, existia uma associação abolicionista dirigida por Antonio Bento, cuja sede ficava na Confraria de Nossa Senhora dos Remédios, localizada na igreja de mesmo nome. Essa igreja serviu várias vezes de abrigo aos escravos fugidos. Antonio Bento fez da sacristia um depósito de objetos utilizados na tortura dos fugitivos, como tronco, argolas, algemas, gargantilhas etc. Dessa associação surgiram dois grupos. Um deles fundou o jornal *A Redenção* e o outro, conhecido como Caifazes, destinou-se à ação direta de libertação dos escravos nas fazendas.

Além do Rio de Janeiro, São Paulo e Santos, outras cidades que tinham presença marcante de escravos receberam a contribuição dos advogados abolicionistas. O movimento também promovia manifestações populares nas ruas das cidades, desencadeando conflitos com as autoridades locais.

Nos últimos anos do século XIX, a resistência ao sistema escravista criou um tipo específico de quilombo, chamado de abolicionista, tendo como líderes pessoas conhecidas do movimento pró-abolição e que eram influentes política e socialmente. Por isso, esses quilombos tinham um contato maior com a sociedade.

Um exemplo de quilombo abolicionista é o do Jabaquara, em Santos. Seu líder, o liberto Quintino de Lacerda, um ex-cozinheiro da família Lacerda e Franco, tornou-se um administrador e político, chegando a ser vereador em Santos. Ele cedeu alguns lotes de suas terras para escravos fugidos, que, com a ajuda financeira de outras pessoas, sobretudo comerciantes de Santos, construíram suas casas.

Em Santos, havia um outro quilombo, o do Pai Filipe, na Vila Matias. Pai Filipe era um líder religioso. Antes de formar um quilombo abolicionista, vivia com seu grupo de escravos fugidos na mata isolada da serra de Cabraiaquara, em Cubatão. Nesse quilombo os escravos fugidos cortavam madeira para construção e lenha, confeccionavam chapéus e cestos de palha e vendiam todos esses produtos na cidade. Nos finais de semana, especialmente aos domingos, para lá se dirigiam os abolicionistas, reunindo-se em rodas de batuques.

O do Leblon era outro quilombo abolicionista, localizado no Rio de Janeiro. Seu líder era o português José de Seixas Magalhães, procurador da Confederação Abolicionista, que funcionava na redação do jornal *Gazeta da Tarde*, dirigido por José do Patrocínio. Dessa maneira, a Confederação Abolicionista contribuía para a manutenção do quilombo. Este se localizava numa das chácaras de Seixas, onde os escravos fugidos plantavam flores, em especial, camélias, que se tornaram o símbolo da campanha abolicionista. As camélias eram também utilizadas como senhas entre abolicionistas e escravos fugidos em determinadas situações, como para se conseguir um abrigo em caso de fuga ou para a localização de quilombos. No quilombo do Leblon realizavam-se festas com batuques que duravam a noite inteira.

A grande pressão exercida por escravos fugitivos e rebeldes, apoiados pelos abolicionistas, sem dúvida nenhuma influenciou o governo a promover a abolição da escravidão. No Senado, alguns políticos também discursavam em favor da liberdade. Até mesmo na Corte essa ideia tornou-se viável, em particular, pela princesa Isabel, que acabou assinando, em 13 de maio de 1888, a lei que colocava um fim no sistema escravista, sem o pagamento de indenização, contrariando os proprietários.

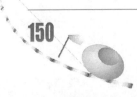

EXERCÍCIOS

1. Releia os capítulos "As sociedades africanas" e "O tráfico de escravos e os africanos no Brasil" e responda: quais foram as principais transformações ocasionadas pela chegada dos europeus na África? Destaque trechos que comprovem a sua resposta.
2. Assista a um dos filmes listados a seguir. Depois, em uma roda de conversa, discuta com a classe as principais questões sobre a condição do negro retratadas no filme.

Rio Zona Norte
1957, 86', P&B
Direção: Nelson Pereira dos Santos
História de um compositor de samba negro – Espírito – que tem suas músicas apropriadas por outras pessoas.

Assalto ao trem pagador
1962, 102', P&B
Direção: Roberto Farias
História do negro Tião Medonho, morador de uma favela, que não aceita a liderança do marginal branco Grilo.

Xica da Silva
1976, 117', cor
Direção: Cacá Diegues
História de uma escrava negra que se casa com um branco fidalgo no século XVII em Minas Gerais.

Brasilianas 2 – Aruanda
1960, 20', P&B
Direção: Lindoarte Noronha
História do quilombo Olho d'Água da serra do Talhado (PB).

O Rap do Pequeno Príncipe contra as almas sebosas
2000, 75', cor
Direção: Paulo Caldas e Marcelo Luna
História de um músico e um matador da periferia do Recife que têm suas vidas entrelaçadas.

O fio da memória
1991, 115', cor
Direção: Eduardo Coutinho
Histórias de personagens e situações do presente, retratando a história dos negros no Brasil.

Feiticeiros da Palavra
2001, 56', cor
Direção: Rubens Xavier
História do jongo, uma manifestação musical afro-brasileira.

Retratos do Vale
2002, 51', cor
Direção: Luiz Bargmann
A história de duas senhoras, uma negra e outra branca, retrata o passado colonial do Brasil e a região onde nasceram, o Vale do Paraíba (SP).

Atlântico Negro – na rota dos orixás
1998, 54', cor
Direção: Renato Barbieri
Documentário busca as origens africanas da cultura brasileira.

O povo brasileiro – Brasil Crioulo e Matriz Afro
2000, 260', cor
Direção: Isa Ferraz

No episódio "Brasil Crioulo", o antropólogo Darcy Ribeiro apresenta a opulência e a decadência da região cultural chamada Crioula (Bahia, Rio de Janeiro, Pernambuco, Maranhão). Em "Matriz Afro", retrata aspectos das culturas africanas (bantos, haúças, jeje, iorubas) que estão na base da formação da nação brasileira.

3. Com a orientação do(a) professor(a), reúna-se em grupo e elabore um mapa do Brasil com as principais revoltas organizadas por escravos, identificando as datas, os territórios e outras informações importantes. Depois redija um texto apontando as regiões em que se concentraram as revoltas e discuta com seus colegas quais são as hipóteses que explicam essa concentração.

4. Discuta com os colegas e localize no mesmo mapa os quilombos que existiram no Brasil. Faça um mural contendo a localização dos quilombos no mapa e um texto-síntese com os seus principais dados, como data de origem, tamanho, grupos sociais etc. Relacione esses dados com as informações a respeito das revoltas organizadas por escravos.

5. Faça uma pesquisa e descubra se na sua cidade ou estado existem remanescentes de quilombos. Se existirem, escreva um texto contando a sua história.

6. Pesquise, com seus colegas, fontes históricas (relatos de viajantes, jornais, dados econômicos e populacionais, documentos impressos, fotografias, depoimentos) sobre as condições de vida e de trabalho dos negros antes e depois da abolição da escravidão. Organize os documentos e faça uma análise dos dados encontrados, comparando-os no tempo e apontando as mudanças mais significativas. Apresente em murais alguns documentos, redigindo textos explicativos.

BIBLIOGRAFIA

ALENCASTRO, Luiz Felipe. *O trato dos viventes.* Formação do Brasil no Atlântico Sul. São Paulo: Cia. das Letras, 2000.

ALGRANTI, Leila Mezan. *O feitor ausente:* estudo sobre a escravidão urbana no Rio de Janeiro. Petrópolis: Vozes, 1988.

AZEVEDO, Elciene. *Orfeu de carapinha:* a trajetória de Luiz Gama na imperial cidade de São Paulo. Campinas: Unicamp, 1999.

BERTIN, Enidelce. *Alforrias em São Paulo no século XIX:* liberdade e dominação. São Paulo: Humanitas, 2003.

_____. Africanos livres em São Paulo. In: *Anais do XXIII Simpósio Nacional da ANPUH.* História: guerra e paz. Londrina: UEL, 2005.

BRUNO, Ernani Silva. *Histórias e tradições da cidade de São Paulo.* 4. ed. São Paulo: Hucitec, 1991, v. 3.

BUENO, Francisco de Assis Vieira. *A cidade de São Paulo.* São Paulo: Biblioteca Academia Paulista de Letras, 1976, v. 2.

CAPELA, José. *O escravismo colonial em Moçambique.* Portugal: Afrontamento, 1993.

CARDOSO, Ciro Flamarion. *Escravo ou camponês:* o protocampesinato negro nas Américas. São Paulo: Brasiliense, 1987.

CASTRO, Hebe Maria Mattos de. *Das cores do silêncio.* Os significados da liberdade no sudeste escravista-Brasil séc. XIX. Rio de Janeiro: Arquivo Nacional, 1995.

COSTA, Emilia Vioti da. *Da senzala à colônia.* São Paulo: Difusão Europeia do Livro, 1966.

DIAS, Maria Odila Leite. *Quotidiano e poder em São Paulo no século XIX.* 2. ed. São Paulo: Brasiliense, 1995.

FLORENTINO, Manolo Garcia. *Em costas negras:* uma história do tráfico atlântico de escravos entre a África e o Rio de Janeiro (século XVIII e XIX). Rio de Janeiro: Arquivo Nacional, 1995.

_____; GÓES, José Roberto. *A paz nas senzalas.* Famílias escravas e tráfico atlântico, RJ c.1790-1850. São Paulo: Civilização Brasileira, 1997.

Gomes, Flávio dos Santos. *A hidra e os pântanos:* mocambos, quilombos e comunidades de fugitivos no Brasil, séculos XVII-XIX. São Paulo: Unesp/Polis, 2005.

_____. *Palmares.* São Paulo: Contexto, 2005.

_____; Reis, João José. *Negociação e conflito:* a resistência negra no Brasil escravista. São Paulo: Cia das Letras, 1989.

Hernandez, Leila Maria Gonçalves Leite. *Os filhos da terra do sol.* A formação do Estado-nação em Cabo-Verde. São Paulo: Summus, 2002.

_____. *A África na sala de aula:* visita à história contemporânea. São Paulo: Selo Negro, 2005.

Holanda, Sérgio Buarque de. *Caminhos e fronteiras.* Rio de Janeiro: José Olympio, 1956.

Karasch, Mary. *A vida dos escravos no Rio de Janeiro, 1808-1850.* São Paulo: Cia. das Letras, 2000.

Lovejoy, Paul. *A escravidão na África:* uma história de suas transformações. Rio de Janeiro: Civilização Brasileira, 2002.

Machado, Maria Helena P. T. *Crime e escravidão*: trabalho, luta e resistência nas lavouras paulistas, 1830-1888. São Paulo: Brasiliense, 1987.

_____. *O plano e o pânico:* os movimentos sociais na década da abolição. Rio de Janeiro/São Paulo: UFRJ/Edusp, 1994.

Oliveira, Maria Inês Côrtes. Quem eram os negros da Guiné? A origem dos africanos na Bahia. *Afro-Ásia.* São Paulo, n. 19-20, 1997, pp. 37-73.

Pantoja, Selma. A dimensão atlântica das quitandeiras. In: Furtado, Júnia Ferreira (org.). *Diálogos oceânicos.* Minas Gerais e as novas abordagens para uma história do Império Ultramarino Português. Belo Horizonte: UFMG, 2001.

Pinsky, Jaime. *A escravidão no Brasil.* 20. ed. São Paulo: Contexto, 2006.

Reis, João José. *A rebelião escrava no Brasil*: a história do levante dos malês em 1835. São Paulo: Cia. das Letras, 2003.

_____; Gomes, Flávio dos Santos (orgs.). *Liberdade por um fio:* história dos quilombos no Brasil. São Paulo: Cia das Letras, 1996.

Rodrigues, Jaime. *De costa a costa.* Escravos, marinheiros e intermediários do tráfico negreiro de Angola ao Rio de Janeiro (1780-1860). São Paulo: Cia. das Letras, 2005.

Schwartz, Stuart. *Segredos internos:* engenhos e escravos na sociedade colonial, 1550-1825. São Paulo: Cia. das Letras, 1988.

Silva, Alberto da Costa e. *A manilha e o libambo.* A África e a escravidão de 1500 a 1700. Rio de Janeiro: Nova Fronteira/Fundação Biblioteca Nacional, 2002.

_____. *Um rio chamado Atlântico.* A África no Brasil e o Brasil na África. Rio de Janeiro: Nova Fronteira/UFRJ, 2003.

_____. *Francisco Félix de Souza, mercador de escravos.* Rio de Janeiro: Nova Fronteira/ UFRJ, 2004.

Silva, Eduardo. *As camélias do Leblon e a abolição da escravatura:* uma investigação de história cultural. São Paulo: Cia das Letras, 2003.

Soares, Mariza de Carvalho. *Devotos da cor.* Identidade étnica, religiosidade e escravidão no Rio de Janeiro, século XVIII. Rio de Janeiro: Civilização Brasileira, 2000.

Souza, Laura de Mello e. *Opulência e miséria das Minas Gerais.* 7. reimpressão. São Paulo: Brasiliense, 1997.

Souza, Marina de Mello e. *A África e o Brasil africano.* São Paulo: Ática, 2006.

Thornton, John. *A África e os africanos na formação do mundo atlântico, 1400-1800.* Rio de Janeiro: Elsevier, 2004.

Verger, Pierre. *Fluxo e refluxo do tráfico de escravos entre o golfo do Benin e a Bahia de Todos os Santos do século XVIII a XIX.* 3. ed. São Paulo: Corrupio, 1987.

Wissembach, Maria Cristina Cortez. *Sonhos africanos, vivência ladina.* Escravos e forros em São Paulo. (1850-1880). São Paulo: Hucitec, 1998.

REFERÊNCIAS DAS CITAÇÕES

AESP, *O Farol Paulistano,* São Paulo, 14 de maio de 1828, 03.03.004 (microfilme).

AESP, *O Farol Paulistano,* São Paulo, 3 de outubro de 1829, 03.03.004 (microfilme).

ALVARÁ em forma de lei, 3.3.1741. *Documentos interessantes para a história e costumes de São Paulo,* v. XVI, pp. 254-5.

ARQUIVO DA CÚRIA METROPOLITANA DE SÃO PAULO (ACMSP), Registro de Batismo, Freguesia do Ó, São Paulo, 30 de março de 1816, Livro 5-2-23.

ARQUIVO DO ESTADO DE SÃO PAULO (AESP), *O Farol Paulistano,* São Paulo, 24 de abril de 1830, 03.03.005 (microfilme).

BRAND, Charles. *Journal of Voyage to Peru:* a passage across the Cordillera of the Andes in the winter of 1827, performed on foot in the snow, and a journey across the Pampas. Londres: Henry Colburn, 1828.

GAMA, Luis. *Trovas burlescas de Getulino.* 3. ed. São Paulo: Bentley Júnior, 1904.

RUGENDAS, Johann Moritz. *Viagem pitoresca através do Brasil.* 8. ed. Belo Horizonte/São Paulo: Itatiaia/Edusp, 1979.

SAINT HILAIRE, Auguste. *Viagem à província de Goiás.* Belo Horizonte: Itatiaia, 1975.

TRATADO proposto a Manuel da Silva Ferreira pelos seus escravos durante o tempo em que se conservaram levantados (c. 1789). In: SILVA, Eduardo; REIS, João José. *Negociação e conflito:* a resistência negra no Brasil escravista. São Paulo: Cia das Letras, 1989.

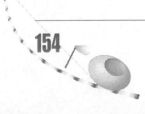

A cultura afro-brasileira

Os africanos, quando chegaram ao Brasil, passaram a conviver com diversos grupos sociais – portugueses, crioulos, indígenas e africanos originários de diferentes partes da África. Nesse caldeirão social tentaram garantir a sobrevivência, estabelecendo relações com seus companheiros de cor e de origem, construindo espaços para a prática de solidariedade e recriando sua cultura e suas visões de mundo. Dessa maneira, integraram as irmandades católicas, praticaram o islamismo e o candomblé e reuniram-se em batuques e capoeiras. Com isso, os africanos influenciaram profundamente a sociedade brasileira e deixaram contribuições importantes para o que chamamos hoje de cultura afro-brasileira.

RELIGIOSIDADE

ISLAMISMO

Os africanos muçulmanos chegaram em maior número no século XIX e foram enviados, em especial, para a Bahia, vindos da África Ocidental, sobretudo dos estados haúças Kano, Zaria, Gobir e Katsina. Esses estados passaram por guerras de cunho religioso, as chamadas *jihads*, lideradas pelo grupo islâmico fulani, pelos quais foram unificados, dando origem ao Califado de Sokoto.

Os escravos que chegaram à Bahia, nessa época, eram originários dessas guerras e da política expansionista dos fulanis em territórios iorubás com influência islâmica, como Nupe, Oió e Borno. Esses caivos eram embarcados, em especial nos portos do golfo do Benin e conhecidos na Bahia como nagôs. Antes disso, alguns povos islamizados como os malinkes ou mandingas já haviam desembarcado no Brasil.

Os africanos muçulmanos na Bahia eram conhecidos por malês, palavra que se aproxima de *ìmàle*, que quer dizer "muçulmano" em iorubá. Assim, de malês eram chamados quaisquer muçulmanos, fossem eles haúças, nagôs, tapas ou jejes.

Os malês utilizavam como símbolos de sua religião os amuletos, patuás ou bolsas de mandingas. Esses amuletos eram muito comuns na África Ocidental e considerados verdadeiros talismãs, protegendo os africanos contra ataques em guerras, viagens e espíritos do mal. No Brasil, eram feitos, em geral, de uma oração colada dentro de pequenas bolsinhas de couro. A eles podia-se acrescentar búzios, algodão, ervas e areia.

Os malês tinham também como símbolos o abadá – uma espécie de camisola grande de cor branca, provavelmente de origem haúça, utilizada na Bahia apenas nas cerimônias rituais – além de barretes (chapéus), turbantes e anéis de ferro. Organizavam-se em torno de um mestre e reuniam-se em casas de oração e estudo do Alcorão, que, na verdade, eram as residências dos participantes. Aí faziam preces, copiavam orações, aprendiam a ler e escrever em árabe.

CALUNDU

No Brasil dos séculos XVII e XVIII, calundu representava a prática de curandeirismo e uso de ervas com a ajuda dos métodos de adivinhação e possessão. O termo *calundu* era associado à palavra "quilundo", de origem quimbundo (língua banto), que designa a possessão de uma pessoa por um espírito. As pessoas que praticavam o calundu eram conhecidas

como curandeiras. Possuíam grande influência sobre a comunidade, pois eram consideradas importantes líderes religiosos. Por isso, eram sempre perseguidos pelas autoridades locais. Na cidade de São Paulo, por exemplo, algumas africanas curandeiras eram famosas, como Maria D'Aruanda e Mãe Conga, procuradas por serem "desinquietadoras de escravos".

Os curandeiros detinham o conhecimento de certas "técnicas medicinais". Na realidade, elas eram uma mistura de costumes africanos, portugueses e indígenas, que consistiam, basicamente, no uso de ervas, frutos e produtos naturais fáceis de encontrar. Com isso, os curandeiros atendiam a doentes de todas as camadas sociais, sobretudo os escravos, que possuíam poucos recursos. Além de produtos naturais, também sabiam manipular substâncias químicas, como venenos, sendo procurados pelos escravos maltratados desejosos por matar os seus proprietários ou apenas por deixá-los mais tranquilos. Nesse caso, era-lhes dado algum calmante, que os tornavam inofensivos, parecendo estar sob efeito de encanto ou feitiço. Por isso, os curandeiros eram conhecidos como feiticeiros ou bruxos.

Esses indivíduos, na sua maioria africanos, eram considerados verdadeiros líderes, na medida em que conseguiam amenizar as agruras causadas pelo sistema escravista ao "amansar" ou até mesmo matar os senhores mais cruéis, curar as doenças dos cativos, prever-lhes um futuro melhor e, enfim, propiciar apoio e solidariedade aos seus companheiros. Dessa forma, eram perseguidos e controlados pelas autoridades locais.

Por conta de suas características, pode-se afirmar que a prática do calundu ou do curandeirismo recebeu influências das tradições da África Centro-Ocidental, nas quais, além dos ancestrais, outros indivíduos são dotados de caráter sagrado. É o caso dos reis, chefes, pais e os ligados à religião, como aqueles que praticam a adivinhação e o curandeirismo.

Nessas sociedades centro-ocidentais africanas, os valores positivos, como a saúde, a harmonia, a fecundidade e a riqueza eram considerados importantes. Tudo aquilo que era contrário, isto é, a doença, a infertilidade e a escravidão, resultava de feitiçarias provocadas por pessoas mal-intencionadas, por espíritos malévolos ou esquecidos pela comunidade.

Para conseguir se livrar dos aspectos negativos e retomar a harmonia, era necessário, em primeiro lugar, descobrir a causa dos infortúnios. Por ser oculta, a causa só seria descoberta pelo curandeiro, que, dotado de um poder especial, se comunicava com os ancestrais, que a revelavam. Em segundo lugar, era preciso realizar cerimônias com danças, músicas e rituais de possessão, bem como utilizar símbolos, como os objetos sagrados e mágicos em homenagem aos ancestrais.

Para muitos africanos que estavam no Brasil, o calundu ou curandeirismo, além de ser uma oportunidade de expressar suas visões de mundo e crenças religiosas, era uma forma de luta e de resistência ao sistema escravista, uma tentativa de retomarem o que consideravam importante e que haviam perdido com a escravidão e a diáspora.

No conjunto de crenças africanas sobre o universo, em especial na região Centro-Ocidental, era (e ainda é até hoje) atribuída uma grande importância aos espíritos dos ancestrais, pois são considerados os seres intermediários entre o homem e o Ser Supremo, criador de todo o universo. Para tanto, os ancestrais são dotados de muita energia, chamada de energia vital, adquirida e acumulada durante a sua existência na Terra. Os ancestrais foram grandes homens, que tiveram uma existência repleta de ações dignas e realizações importantes. Deixaram, assim, uma lição, uma herança a ser seguida pelos seus descendentes.

Por isso, para se conseguir os valores positivos e levar uma vida com harmonia, não se poderia deixar de cultuar os seus ancestrais mortos, agradando-os com oferendas, sobretudo, aqueles que deram origem às comunidades. Ainda mais quando se acreditava que, com a morte, a energia vital poderia se dissipar. E, para que isso não ocorresse, era necessário realizar oferendas, preces e rituais fúnebres, objetivando a manutenção da energia vital mesmo depois da morte.

As oferendas e homenagens aos ancestrais eram oferecidas em lugares sagrados, em geral, no meio da natureza, debaixo de árvores, num bosque, em rios, ou mesmo em suas tumbas, nos cemitérios e altares construídos nas aldeias e nas encruzilhadas. Era muito comum oferecer alimentos e bebidas.

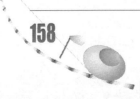

Além de serem cultuados e reverenciados, os mortos tinham que receber um enterro digno. Como verdadeiro rito de passagem, no qual acontece a separação física do mundo profano e a chegada do morto ao mundo sagrado dos ancestrais, os enterros deveriam ser realizados conforme as tradições, com velório, preparação do morto, sepultamento e luto.

A MORTE E OS RITUAIS FÚNEBRES

Dada essa importância aos rituais fúnebres na cultura africana, no Brasil os africanos procuraram se preparar para garantir que, no momento da morte, fosse possível dar um destino digno ao seu corpo. Nunca é demais lembrar que, diante das condições do sistema escravista, muitos cativos acabavam não recebendo um sepultamento, pois dependiam da boa vontade e das condições financeiras do proprietário, sendo, muitas vezes, abandonados nas ruas.

No Brasil, a sociedade como um todo, incluindo nesse rol os africanos libertos, deixava em testamentos as disposições religiosas, como o tipo da mortalha, o modo de acompanhamento do corpo por religiosos, o número de missas a se realizar, entre outras. Por isso era tão importante pertencer a uma irmandade, pois ela seria responsável por garantir um fim digno ao indivíduo, sobretudo aos escravos, africanos ou crioulos.

Nas irmandades, os enterros eram acompanhados pelos demais irmãos com um aparato próprio, como esquife, guião, cruz e capelão. Era muito recorrente, como último desejo em vida, que o enterro fosse acompanhado também por padres, que seguiam em procissão até o lugar da sepultura. O sepultamento no interior das igrejas era um costume muito difundido, porque se acreditava que assim estaria mais próximo da salvação. Mas todos esses serviços (o acompanhamento de padres, missas e o enterro dentro das igrejas) custavam caro, e a sua realização dependia das condições financeiras do morto ou de sua família. Mesmo assim, eram muito requisitados, na medida em que garantiriam a passagem da alma para o outro mundo, não permitindo que ela ficasse vagando neste mundo.

Era costume também escolher a mortalha com que se seria sepultado. Em geral, a cor mais solicitada, por escravos e libertos, era o branco, pois representava a morte para alguns grupos africanos, como os nagôs e os jejes. Contudo, a mortalha branca tinha um valor mais baixo do que a de cor preta, talvez por esse motivo fosse escolhida pelos africanos com poder aquisitivo menor. Há ainda informações sobre negros enterrados com hábitos do santo de sua devoção.

O memorialista Leonardo Arroyo deixou, no século XIX, um relato sobre os rituais fúnebres dos africanos da irmandade de Nossa Senhora do Rosário da cidade de São Paulo:

> Mas nem tudo eram festas. Havia também os cerimoniais fúnebres, tocados de reminiscências africanas e tolerados pela igreja até certo ponto. Esse certo ponto foi a vizinhança que se desenvolvia em torno da igreja. São Paulo crescia e os cidadãos que vinham morar para o largo do Rosário começaram a se inquietar com a cantoria dos negros pela noite a dentro quando morria um membro da Irmandade.

Entre os escravos e libertos africanos era muito comum realizar o sepultamento durante a noite, assim, era viável a participação dos companheiros, sobretudo escravos que trabalhavam durante o dia inteiro, no cortejo fúnebre de algum amigo ou parente. É famosa a descrição de Antonio Egidio Martins do sepultamento de um africano na Igreja de Nossa Senhora do Rosário:

> À proporção que iam pondo terra sobre o cadáver, socavam este com uma grossa mão de pilão, cantando o seguinte: Zoio que tanto vê. Zi bocca que tanto falla. Zi bocca que tanto zi comeo e zi bebo. Zi cropo que tanto trabaiou. Zi perna que tanto ando. Zi pé que tanto pizou.

CANDOMBLÉ

As primeiras referências ao candomblé no Brasil datam do século XIX. Em linhas gerais, esse culto resume-se na prática de oferendas aos ancestrais e no processo de iniciação dos participantes no ritual de possessão. Esses ancestrais, relacionados à fundação das principais linhagens africanas, são denominados orixás e voduns e se comunicam com os devotos por meio da possessão. Desde aquela época, esses

devotos são conhecidos como pai e mãe de santo e precisam passar por um processo de iniciação para incorporarem os espíritos dos ancestrais.

Os candomblés na Bahia do século XIX eram liderados por libertos, embora fosse muito comum a entrada de escravos e até mesmo a ajuda àqueles que estavam fugidos. A participação de pardos, crioulos, brancos, livres, escravos, libertos, pobres e ricos era incentivada como uma estratégia para a sua sobrevivência.

Apesar de existir espaço para a participação dos vários grupos sociais e africanos de diversas origens, cada candomblé possuía características diferentes e modos diversos de professar a fé. Essa diferenciação era feita com base nas tradições religiosas de diferentes localidades africanas.

O candomblé recebeu uma maior influência das tradições religiosas da região ocidental da África, que tinham como prática o culto de imagens em pequenos altares e os sacrifícios de animais em oferendas às divindades, realizados em espaços especificamente destinados aos rituais coletivos.

Dentre essas tradições africanas ocidentais, duas, em especial, marcaram o candomblé: a jeje ou daomeana, dos cultos voduns, e a iorubá ou nagô, dos cultos dos orixás. No século XVIII, quando a maior parte dos africanos desembarcados na Bahia eram originados de Ajudá e Aladá, predominavam nesses reinos o culto dos voduns. Em linhas gerais, esse culto resumia-se na prática de oferendas às divindades e aos processos de iniciação de devotos (vodúnsis), a maior parte mulheres. Essa forma de expressão religiosa era bastante complexa na África Ocidental, incluindo templos em homenagens às divindades, uma hierarquia entre os sacerdotes e rituais, como procissões e manifestações com toques de tambores. O culto aos voduns daomeanos foi importante, por exemplo, na concepção do tambor de mina do Maranhão.

O candomblé baseado no culto aos orixás dos povos iorubás ou nagôs foi formado na Bahia, no século XIX, quando o tráfico trouxe do continente africano um número significativo de escravos originários de várias cidades iorubás: Queto, Ijexá, Efã, entre outras. No Brasil, estas acabaram emprestando o nome aos terreiros de sua influência. Foram, sobretudo os candomblés da nação queto, cujos rituais e divindades serviram de exemplo aos demais cultos dos orixás, que predominaram na Bahia. No entanto, os candomblés iorubás com diferentes origens expandiram-se por todo o Brasil. Em Pernambuco, por exemplo, conhecido como xangô, recebeu influência da nação egba. No Rio Grande do Sul, por sua vez, chamado de batuque, é de origem oió-ijexá.

Existem ainda os candomblés angolas, que apesar da origem centro-ocidental, cultuam os orixás, que são as divindades tipicamente iorubás. Eles influenciaram fortemente a criação da umbanda (religião baseada também no catolicismo e no espiritismo) no sudeste brasileiro, em especial no Rio de Janeiro e em São Paulo, no século xx.

Desse modo, o candomblé, além de ser uma forma de expressão religiosa, servia igualmente para marcar os espaços das diferentes "nações" africanas. Por isso, até hoje existem as diferentes "nações" do candomblé, com base na diferenciação feita entre as influências recebidas das diversas tradições africanas.

OS ORIXÁS

No candomblé de origem iorubá os seres sobrenaturais que orientam o mundo dos vivos e regem as forças da natureza são chamados de orixás. No Brasil, os principais orixás são:

Exu ou **Elegbara** é considerado o mensageiro entre os orixás. Tem a função de atender aos pedidos feitos aos orixás e punir as pessoas que não cumprem suas obrigações. É simbolizado com um tridente. As cores que representam esse orixá são o vermelho e o preto e o dia da semana é segunda-feira.

Iansã é um orixá feminino, considerada uma guerreira. Seu símbolo é um raio, possuindo o domínio dos ventos e das tempestades. Suas cores são o branco e o vermelho e o dia da semana é a quarta-feira.

Iemanjá é outro orixá feminino, considerada a mãe de todos os orixás. Ela representa as águas, por isso seu símbolo é um colar de contas cristalinas. Sua cor é o azul e o dia da semana, o sábado.

Ogum é o orixá das guerras. Criou as montanhas e os minerais. Tem o poder de abrir os caminhos para a evolução do mundo usando

a sua espada. As cores que o representam são o vermelho ou o anil e o dia da semana é a quinta-feira.

Oxalá ou **Obatalá** é o orixá criador da humanidade. Seu símbolo é o cajado, sua cor, o branco, e o dia da semana é a sexta-feira.

Oxóssi é o orixá da caça e junto com Ogum desbrava os caminhos e remove os obstáculos da vida. É representado pelo arco e a flecha, pela cor verde e seu dia é quinta-feira.

Oxum é um orixá feminino que representa a beleza e o amor. Seus símbolos são os seixos rolados e a sua cor é o amarelo. O dia da semana é o sábado.

Xangô é o orixá do poder e da justiça. Domina os raios e os trovões. Seu símbolo é o machado de duas lâminas e as cores, o branco e o vermelho. O dia da semana é a quarta-feira.

IRMANDADES RELIGIOSAS DOS HOMENS DE COR E A FESTA DE REIS E RAINHAS NEGROS

Uma outra forma de organização dos africanos, que levava em conta a "nação" a qual pertenciam, eram as irmandades religiosas. Com origem na Europa medieval, as irmandades foram criadas com dois objetivos principais: o de devoção, propagando a doutrina católica, e o de caridade, dando assistência aos associados e seus familiares.

No Brasil, foram criadas várias irmandades por quase todo o território. Para que elas existissem, era necessária uma igreja própria ou "emprestada" – nesse caso, até que a irmandade pudesse construir a sua própria igreja, ela ocupava os altares laterais de igrejas dedicadas a outros santos. Para que tivesse um estatuto legal, era preciso um Compromisso (conjunto de direitos e deveres que deveriam ser seguidos pelos associados e a relação de cargos a serem ocupados), aprovado pelas autoridades eclesiásticas e pelo rei.

Para fazer parte dessas associações, era preciso pagar um valor de entrada e outro anualmente, chamado de esmolas. Essa arrecadação era destinada aos gastos com as festas, missas pelas almas dos irmãos defuntos, sepulturas e cortejos com cruz, guião, opas, esquife e velas. A maior parte dos escravos associados precisava da ajuda dos proprietários para realizarem o pagamento da entrada e das esmolas, embora muitos conseguissem o valor necessário por meio de serviços extras ou como escravos de ganho. Também necessitavam, a fim de participarem das missas, festas e reuniões na irmandade, contar com a compreensão dos senhores para que fossem liberados dos seus trabalhos nos domingos e dias santos.

As irmandades eram divididas de acordo com a cor da pele e a condição social, existindo aquelas compostas somente por livres, outras por escravos e libertos. Havia ainda as que eram destinadas aos brancos e outras apenas aos negros. As mais ricas das associações eram a do Santíssimo Sacramento e as das Ordens Terceiras do Carmo e de São Francisco, integradas por brancos.

A origem era outro critério adotado para a composição dessas associações. Os portugueses, por exemplo, formaram as irmandades de Nossa Senhora das Angústias e da Ordem Terceira de São Domingos. Da mesma forma, havia uma diferenciação entre pardos e negros e, dentre estes últimos, a separação entre africanos e crioulos (descendentes de africanos, nascidos no Brasil). Tudo isso existia, em grande medida, porque a sociedade brasileira era marcada de forma profunda pela escravidão, na qual a cor da pele, a origem e a condição social tinham grande importância.

Como pretos e pardos eram proibidos de participar das irmandades de brancos, pois estas exigiam a comprovação da pureza de sangue, isto é, o associado não poderia ter ascendência moura, judia, africana ou indígena, foram criadas as associações específicas para essas camadas sociais, a fim de que elas aderissem à doutrina católica, mas de forma que não precisassem dividir o mesmo espaço com os brancos.

As irmandades compostas por negros, escravos e libertos eram de grande importância social para a manutenção de relações de solidariedade entre seus membros e para a tentativa de amenizar as agruras do sistema escravista. A maior parte delas tinha devoção por santos negros, como Santo Elesbão, Santa Efigênia e São Benedito. A mais popular entre elas era a de Nossa Senhora do Rosário dos Homens Pretos. Além da cor da pele, os irmãos, como eram chamados os associados às irmandades, levavam

em conta na escolha do santo a sua origem e as dificuldades enfrentadas, incentivados também pelos missionários das ordens religiosas, que propagaram o culto aos santos negros para os escravos.

Apesar das irmandades serem instituições de origem europeia, direcionadas para a catequese católica, os africanos e seus descendentes conseguiram criar nas associações um espaço para cultivar as suas culturas, pois nesses locais eram-lhes facilitados os contatos com seus companheiros de cor e de condição social. Além disso, elas foram importantes socialmente, porque ofereciam assistência, ajudavam em momentos de dificuldade financeira, proporcionavam um enterro e uma sepultura dignos e colaboravam com a compra de alforria.

No Brasil, as irmandades dos homens de cor, como eram chamadas aquelas reservadas aos negros, organizavam-se com base na origem, dividindo-se entre as dos crioulos e as dos africanos. Os crioulos costumavam se opor, com maior frequência, à entrada de africanos ou "nações" específicas nas suas irmandades. No entanto, os brancos eram, em geral, bem recebidos nas associações de negros, bem como nas de pardos, tendo em vista a possibilidade de fornecerem contribuições maiores, já que tinham mais condições financeiras e de representá-los legalmente, ocupando cargos de escrivão e tesoureiro, pois muitos escravos e libertos não sabiam ler e escrever. Mas é preciso ressaltar que o acesso aos principais cargos ficava restrito aos negros, que, dessa maneira, garantiam o controle político da irmandade.

Já entre os africanos, existiam as separações por "nações". Embora eles fossem mais flexíveis, não impedindo geralmente a participação de outros grupos, reservavam os cargos mais importantes à "nações" específicas, como nas irmandades de Nossa Senhora do Rosário que elegiam, em sua maioria, os africanos de "nação" angola para ocuparem os cargos de direção. Por outro lado, há o caso da Irmandade do Rosário em Salvador, que permitia somente a entrada de angolas e crioulos.

Diferentes "nações" africanas fundaram suas próprias irmandades. Em Salvador, os nagôs da "nação" queto criaram a Irmandade de Nossa Senhora da Boa Morte, na igreja da Barroquinha, e os jejes instituíram a Irmandade do Senhor Bom Jesus das Necessidades e Redenção na igreja do Corpo Santo, na Cidade Baixa. No Rio de Janeiro, os africanos da "nação" mina fundaram a Irmandade de Santo Elesbão e Santa Efigênia. Na cidade de São Paulo, existiam três irmandades organizadas por negros: a de Nossa Senhora do Rosário dos Homens Pretos, a de Santo Elesbão e Santa Efigênia, e a de São Benedito. A irmandade em devoção a Nossa Senhora do Rosário reservava os cargos de rei e rainha para os africanos de "nação" angola, enquanto as outras duas não faziam nenhuma distinção quanto aos seus associados.

O destaque de determinadas "nações" africanas em alguns cargos da irmandade poderia ser uma estratégia dos próprios africanos para marcar as diferenças entre eles que, muitas vezes, eram ignoradas ou apagadas, quando a sociedade simplesmente os considerava escravos e libertos africanos. No entanto, em outras situações, essa estratégia não fazia sentido, sendo mais interessante para eles permitir a entrada de qualquer grupo, pois quanto maior o número de pessoas conhecidas, maior seria a rede de apoio e de solidariedade acessada nos momentos difíceis.

Por outro lado, a distinção entre as "nações" no interior da irmandade pode ser explicada pelo fato de ser organizada por um grupo específico, pela existência de um número maior de africanos desse grupo como associados ou ainda por esse grupo ter sido o fundador da irmandade, merecendo um lugar de importância na associação. De qualquer forma, é válido afirmar que havia uma preocupação dos próprios membros das irmandades negras em distinguir as "nações" africanas e se organizarem de acordo com esse critério.

Até pouco tempo, era muito recorrente a ideia de que as irmandades negras formavam um espaço de acomodação e conversão dos africanos aos rituais dos brancos católicos, ao passo que, por exemplo, o culto aos orixás e aos voduns e o islamismo eram, com mais frequência, considerados verdadeiros representantes da cultura africana.

Em primeiro lugar é preciso lembrar que a escravidão e a diáspora transformaram o cotidiano desses africanos, sendo inviável, no contexto dessa experiência, a transposição das manifestações religiosas ou, de uma maneira geral, culturais de forma direta e intacta da África para o Brasil.

Em segundo lugar, a diáspora proporcionou aos africanos a interação social com diferentes grupos: portugueses, brasileiros, descendentes de africanos, africanos de diversas origens e indígenas.

A escravidão, de certa forma, delimitou os espaços possíveis de serem ocupados por esses africanos. A partir da condição social e da convivência com outros grupos foi possível criar novas formas de se expressar culturalmente. Por isso, as irmandades são tão importantes quanto qualquer outra forma de expressão, pois permitiram o encontro de africanos que queriam manifestar aquelas que se tornaram também as suas crenças e compartilhar as suas visões de mundo.

Todo ano as irmandades realizavam uma festa em homenagem ao santo padroeiro. Era uma ocasião importante para a reunião entre negros escravos e libertos, africanos e crioulos. Essa festa compreendia missas, sermões e procissões. Mas ela não acabava aí, havia música, danças, comidas, desfiles de reis e rainhas ao som de batuques.

O memorialista Antonio Egídio Martins deixou esta descrição da celebração na cidade de São Paulo, no século XIX:

> *Por ocasião das solenidades que, antigamente, se efetuavam na igreja de Nossa Senhora do Rosário, em honra desta Santa, se realizavam também, em frente à mesma igreja, festejos populares, postando-se aí um numeroso bando de pretos africanos, que executavam, com capricho, a célebre música denominada Tambaque (espécie de Zé Pereira), cantando e dançando com as suas parceiras, que adornadas de rodilha de pano branco na cabeça, pulseira de prata, e de rosário de contas vermelhas e de ouro no pescoço, pegavam no vestido e faziam requebrados, sendo por isso vitoriados com uma salva de palmas pela numerosa assistência [...].*

AS IRMANDADES CATÓLICAS NA ÁFRICA

Muitos africanos, sobretudo da região Congo-Angola, tiveram o primeiro contato com as irmandades ainda na África, pois conheciam a doutrina católica por conta da conversão de alguns reinos ao catolicismo e pela catequese promovida por missionários, mercadores e colonos. As irmandades negras, em especial as de Nossa Senhora do Rosário, tiveram um papel importante na propagação do catolicismo na África Centro-Ocidental. A devoção a essa santa, originada na Europa por São Domingos de Gusmão, foi difundida no continente africano, especialmente pelas atividades missionárias dos dominicanos. No início do século XVII foi fundada pelo capuchinho Antonio de Gaeta, em Matamba, uma associação dedicada à devoção de Nossa Senhora do Rosário. Os capuchinhos também estiveram em várias localidades (Quissamã, Caçanje e Massangano), propagando a doutrina católica África adentro.

OUTROS SANTOS NEGROS:
SÃO BENEDITO, SANTO ELESBÃO E SANTA EFIGÊNIA

A história de São Benedito pode explicar a sua popularidade entre os negros. Esse santo era filho de escravos africanos, nascido na Sicília, em 1524. Sua morte aconteceu em Palermo, em 1589, e logo depois já era cultuado em Portugal. A irmandade em sua homenagem foi instituída em 1609, no Mosteiro de Santa Ana, em Lisboa. A devoção a esse santo na África, mais especificamente em Angola, e na América teve início no século XVII, propagada pelos franciscanos. Várias irmandades de São Benedito foram criadas no Brasil. Na Bahia, havia uma irmandade em devoção a São Benedito localizada no Convento de Salvador, assim como na cidade de São Paulo, no Convento de São Francisco.

Por sua vez, o culto a Santo Elesbão e Santa Efigênia foi incentivado pelos religiosos carmelitas. Santa Efigênia teria sido uma princesa da Núbia, na África. Convertida ao cristianismo e batizada por São Mateus, ela chegou a fundar um convento. Seu tio, que lhe havia proposto casamento, ao receber uma resposta negativa, colocou fogo em sua casa, que não foi destruída por um milagre. Datam do século XVIII as notícias sobre imagens e a existência de uma confraria em homenagem a essa santa na igreja do Carmo, em Lisboa.

Santo Elesbão também foi um africano, segundo a tradição carmelita, descendente do Rei Salomão e da Rainha de Sabá. Nasceu na Etiópia e tornou-se imperador nessa região, no século VI, promovendo a expansão desse reino cristão. Já mais velho, renunciou ao poder, deixando no seu lugar o filho, e passou a se dedicar à vida religiosa. Em Lisboa, na Igreja do Carmo, havia uma imagem de Santo Elesbão e uma irmandade em sua homenagem. Na África, há relatos dessa devoção desde o século XVIII, existindo, já nessa época, em Luanda, uma capela dedicada a esses dois santos.

Além da festa do santo padroeiro, outra ocasião muito importante para a irmandade era a eleição e a coroação do Rei e da Rainha. Nessa celebração, negros, escravos e libertos, africanos ou crioulos, desfilavam pelas ruas de maneira grandiosa, adornados com manto, coroa e cetro, dançando ao som de músicas de batuques. Nesse momento, deixavam de ser vistos apenas como mão de obra trabalhadora e se destacavam da sociedade, ocupando um lugar de distinção e poder.

Como relatou Antonio Egidio Martins, na São Paulo do século XIX, depois da realização da missa com cantos e sermões

> *[...] os mesmos africanos acompanhavam, tocando quantos instrumentos esquisitos haviam, e cantando, o Rei e a Rainha, com a sua corte, composta de grande número de titulares e damas, que se apresentavam muito bem vestidos. O Rei e a Rainha, logo que chegavam em casa, ofereciam aos mesmos titulares (títulos que então possuíam os antigos estadistas do tempo do Império) e às damas um opíparo jantar, durante o qual trocavam-se amistosos brindes entre os convivas, mandando as majestades distribuir bebidas aos tocadores de tambaque que ficavam na rua esperando a saída das mesmas personagens. Estas voltavam para a igreja a fim de tomarem parte na solene procissão de N. Sra. do Rosário.*

Essa manifestação chamava a atenção de toda a população, sendo uma oportunidade para atrair as pessoas para a irmandade, aumentando suas arrecadações e importância. Alguns proprietários faziam questão de ter seus escravos como membros ou rei e rainha de uma irmandade, pois isso lhes rendia prestígio social.

Por outro lado, essas festas causavam preocupação nas autoridades, porque configuravam uma ruptura na rotina da cidade. Era um momento em que os valores da sociedade escravista subvertiam-se, com negros

escravos e libertos adornados de reis e rainhas desfilando com toda a sua corte e ao som de músicas de batuques, retomando aspectos de uma herança africana. Tudo isso afrontava as normas da sociedade escravista. Além disso, proporcionava uma concentração de grande número de escravos participantes da festa, constituindo-se um momento propício para revoltas. Dessa forma, elas eram permitidas com limites e seus excessos reprimidos.

A festa da eleição de reis e rainhas africanos era um costume também nas colônias espanholas, existindo relatos em Cuba, Peru, México, Venezuela, Argentina e Uruguai. Em Cuba, por exemplo, havia os chamados cabildos de nação, organizados de acordo com a origem de seus associados e com o objetivo de prestar auxílio nos momentos de dificuldade, em caso de doenças e morte, realizando enterros, bem como contribuindo para a obtenção de alforria. Cada cabildo tinha uma espécie de rei e uma rainha e a festa de coroação, realizada com desfiles e danças, acontecia no Dia de Reis, 6 de janeiro.

Os cargos de reis e rainhas das irmandades asseguravam aos seus detentores poder religioso e político, assim como acontecia em terras africanas, onde a maioria das sociedades organizava-se em torno de linhagens comandadas por chefes que exerciam tanto um poder político quanto religioso. Alguns africanos, quando reis e rainhas das irmandades no Brasil, desempenharam papéis de líderes na comunidade negra e eram respeitados pelos demais irmãos associados, que lhes procuravam para resolver questões internas importantes e até mesmo externas à irmandade.

No âmbito das irmandades, os africanos encontraram nos irmãos associados, os seus "parentes de nação" e construíram um novo tipo de família, simbólica, já que a de origem havia sido desmantelada ainda no continente africano. A escravidão e a diáspora impossibilitaram a continuidade de famílias, mas não destruíram as experiências desses africanos. As ideias de parentesco e de organizações em torno de grupos, mesmo que estes tenham sido recriados em "nações", foram reaproveitadas pelos africanos no Brasil.

UMBANDA

A umbanda começou a ser praticada no século XX, na região Sudeste do Brasil, sobretudo no Rio de Janeiro e em São Paulo. Chamada inicialmente de espiritismo de umbanda, pode-se dizer que essa religião afro-brasileira é uma mistura do candomblé baiano, que chegou ao Rio de Janeiro entre os séculos XIX e XX, com o espiritismo kardecista, trazido da França no final do século XIX, e o catolicismo. Deste último a umbanda incorporou alguns valores, as devoções a Jesus, à Maria e aos santos e as orações. Além desses vários elementos, a umbanda ainda associou-se aos símbolos e espíritos dos rituais indígenas.

O princípio básico da umbanda é a crença na existência de forças sobrenaturais que interferem neste mundo. O conhecimento e a relação com essas forças sobrenaturais requerem rituais e processos iniciáticos. A umbanda faz a distinção entre as forças benéficas e maléficas. As forças benéficas são os chamados guias de caridade, os caboclos, os pretos-velhos e outros espíritos. Por outro lado, as forças do mal formam um panteão de exus-espíritos e pombagiras, entidades cultuadas para fazer o mal quando este é necessário.

JOÃO DE CAMARGO

João de Camargo ou Nhô João, como era chamado, foi um negro liberto que viveu entre o final do século XIX e a primeira metade do século XX. A maior parte da sua vida passou em Sorocaba, interior de São Paulo, morrendo em 1942. Filho de Francisca, escrava de Luís de Camargo Barros (de quem herdou o sobrenome) e de pai incógnito, foi batizado, como era costume na época, na Igreja Matriz de Nossa Senhora das Dores de Sarapuí. Trabalhou na fazenda do seu senhor até a abolição da escravidão, em 1888, quando, então, se dirigiu para Sorocaba. Foi cozinheiro, agricultor, trabalhou em olarias e até combateu como soldado voluntário na Revolução Federalista. Chegou a se casar com Escolástica do Espírito Santo, mas depois de cinco anos se separaram.

João de Camargo recebeu influência das tradições africanas, em especial da prática de curandeirismo, por meio da sua mãe, Nhá

Chica. Por outro lado, na fazenda do seu senhor e do padre João Soares do Amaral, a quem conhecia desde a adolescência, absorveu os ensinamentos católicos. Do contato com essas duas vertentes religiosas nasceu o guia espiritual que foi Nhô João.

Desde cedo sentia a sua volta fenômenos estranhos, como vozes, gritos e luzes. Rezava sempre ao pé de uma cruz que existia na Estrada da Água Vermelha, onde havia morrido um menino e lhe acendia velas. Já nessa época passou a promover a cura de pessoas. Um dia, ouviu vozes que lhe aconselharam construir uma igreja no bairro da Água Vermelha. E, com a ajuda de várias pessoas, fundou a Capela do João de Camargo ou Capela Bom Jesus do Bonfim, existente até hoje no antigo bairro da Água Vermelha, em Sorocaba. Um espaço criado especialmente para praticar a caridade, a cura e a devoção aos santos católicos e às divindades africanas. Como a prática do curandeirismo era proibida por lei, em 1913, João de Camargo foi processado judicialmente, mas absolvido. Contudo, para evitar as perseguições, fundou em sua Capela a Associação Espírita e Beneficente Capela do Senhor do Bonfim, dessa forma, incorporando também traços do espiritismo em sua religião. Até hoje Nhô João possui diversos devotos.

AS RELAÇÕES FAMILIARES, DE AMIZADE E DE COMPADRIO

A construção de novas redes de amizade tinha início ainda no continente africano, nos caminhos das caravanas de escravos, na viagem do interior para o litoral da África. Depois, nos navios negreiros, os africanos se identificavam como "malungos" ou companheiros de embarcação. E, quando no Brasil chegavam, muitos desses "malungos" conseguiam preservar o contato por muito tempo, em especial aqueles comprados pelo mesmo senhor. Outros tinham a sorte de restabelecer os vínculos familiares originais, sobretudo em localidades brasileiras que receberam grandes levas de escravos africanos originários de uma mesma região da África, reencontrando seus parentes consanguíneos com a ajuda de outros escravos ou libertos que trabalhavam diretamente no comércio de cativos.

No entanto, a maioria teve de criar novos vínculos, estabelecer uma comunidade de apoio e solidariedade no contexto da escravidão. E fizeram isso, com frequência, nas relações de compadrio e da escolha dos cônjuges, levando em consideração os "laços de nação".

Por outro lado, muitos foram os escravos que, depois de libertos, conseguiram adquirir algum patrimônio, bens móveis, imóveis e escravos, deixando, da mesma forma que o antigo senhor, seu legado a parentes e amigos, assim como liberdade a seus cativos. A prática de transmissão do legado material nos permite perceber as relações de solidariedade existentes entre parentes e conhecidos. Mesmo a distância, os vínculos familiares eram mantidos. Os libertos, por uma questão também de sobrevivência, possuíam uma extensa relação com parentes e companheiros de condição.

Escravos e libertos enxergavam também na relação de compadrio uma possível estratégia de sobrevivência, pois com isso configuravam uma rede de apoio com os padrinhos de seus filhos. Além da construção de um parentesco simbólico, a escolha dos padrinhos era muito importante por conta da possibilidade desses se dedicarem à compra da liberdade de seus afilhados, em especial aqueles que tivessem uma boa situação financeira ou prestígio social.

Nesse sentido, a escolha para padrinho de batismo era uma estratégia muito utilizada pelos pais para a conquista de laços sociais. A alforria, portanto, nunca era uma experiência solitária. Resultava de toda uma relação de solidariedade. Quando se precisava de uma contribuição para o pagamento da alforria, os laços de família, os vínculos de amizade e o apadrinhamento influenciavam profundamente. Um padrinho importante e influente colaborava para que o indivíduo pudesse ascender socialmente. Na falta de herdeiros legítimos eram comuns as doações de bens aos afilhados.

Observe-se, como exemplo, o testamento da liberta Francisca Furtunata Lopes do Amaral, moradora na cidade de São Paulo na segunda metade do século XIX: "[...] deixo a cada uma das ditas minhas escravas a quantia de vinte e cinco mil réis, em termo de oito libras, e bem assim deixo a ambas toda minha roupa branca para que repartam igualmente entre si [...]".

Os libertos elegiam como seus herdeiros as irmandades religiosas, deixando, se não todos os seus bens, uma quantia em dinheiro. A mesma liberta determinou ainda: "Deixo para a cera de Nossa Senhora do Rosário dos pretos doze mil réis. Deixo para a Irmandade do Santíssimo Sacramento da Sé a quantia de dez mil réis [...]".

Na segunda metade do século XIX, quando o número de alforrias aumentava e o de negros livres crescia, as irmandades possuíam não somente uma atuação religiosa, mas também social, organizando reservas de auxílio e até mesmo participando do movimento abolicionista.

Os libertos conseguiam constituir família e ter uma boa situação financeira, adquiriam bens como imóveis, joias e até mesmo escravos, deixando ainda para seus herdeiros quantias em dinheiro. O próprio ato de escrever o testamento e cumprir as disposições como mandar rezar missas, ser enterrado com o hábito de determinado santo, implicava gastos.

Durante muito tempo acreditou-se que o escravo, sobretudo o africano, era promíscuo, dado com facilidade ao intercurso sexual, tendo vários parceiros, sendo, por isso, impossível a formação de laços matrimoniais entre eles. Costumava-se dizer que essa ideia estava vinculada à própria personalidade do negro, ao caráter "inferior" dessa raça, associada também ao costume da poligamia em algumas sociedades do continente africano.

Mas, na realidade, existiam algumas dificuldades para que essa camada social contraísse o matrimônio, causadas, em certa medida, pela entrada no país de um maior número de africanos do sexo masculino e adultos na faixa dos 20-29 anos, pois visava-se abastecer, em especial, as grandes propriedades com mão de obra produtiva. Esse fato acarretava o envelhecimento mais rápido da população escrava africana e menos tempo possível para encontrar um companheiro. Além disso, as chances eram menores em propriedades com um número pequeno ou médio de escravos, sendo necessário encontrar um companheiro fora da propriedade de seu senhor. E se o proprietário não permitisse que o escravo morasse fora da propriedade, o casal teria de viver em casas separadas.

Outro obstáculo era o alto índice de mortalidade entre os escravos. Levados a trabalhar nas grandes propriedades de café, nos engenhos de

açúcar, na mineração, no comércio, no transporte, na limpeza da cidade, em serviços domésticos, na lavagem de roupa, como escravos de ganho ou de aluguel, muitos trabalhavam durante todo o dia e também à noite, alimentando-se inadequadamente, morando em habitações insalubres e recebendo castigos físicos. As condições de vida precárias deixavam-nos vulneráveis a muitas doenças, acarretando a morte prematura.

Muitos óbitos aconteciam com os escravos "boçais" ou "novos", isto é, que acabavam de chegar ao Brasil. Morriam em decorrência das péssimas condições da longa viagem que faziam, em navios lotados, da África até o Brasil. Lembrando-se que as agruras iniciavam-se ainda no continente africano, no caminho das caravanas do interior até o litoral. Muitos nem conseguiam finalizar a viagem, morrendo em alto mar. Alguns africanos que resistiam à travessia do Atlântico chegavam muito debilitados, morrendo logo após o desembarque.

Contudo, apesar do sistema escravista ter proporcionado aos escravos uma situação precária de sobrevivência, eles conseguiram constituir suas próprias famílias. Note-se que a escolha dos cônjuges era facilitada entre aqueles que tinham o mesmo proprietário. Além disso, havia uma preferência por uniões endogâmicas, isto é, os africanos casavam-se mais entre si, e muitas vezes escolhiam seus cônjuges dentro de seus próprios grupos ou "nações". As relações conjugais eram menores entre africanos e crioulos. Por outro lado, muitos libertos casavam-se com escravas, ou o contrário, garantindo, assim, um companheiro com mais condições para ajudar na compra da alforria.

Além de estar presente nas irmandades religiosas, nas uniões matrimoniais, nas relações de compadrio, a distinção das "nações" era recorrente entre os africanos no âmbito do trabalho. Em algumas cidades, como Salvador, Recife e São Luís, existiam os cantos de trabalho. Nesses locais, os africanos que eram escravos de ganho dividiam-se conforme a sua "nação" e cada grupo ficava no seu "canto" (o canto dos jejes, o canto dos angolas, assim por diante), aguardando a contratação dos seus serviços.

Em Pernambuco, no século XVIII, as corporações de ofícios e paramilitares também levavam em conta critérios profissionais e étnicos, dividindo-se entre as de Pretos Ganhadores da Praça do Recife, Pescadores do Alto da Cidade de Olinda, Canoeiros do Recife, Pretos Marcadores de Caixas de Açúcar e Sacas de Algodão, e as organizações de corpos paramilitares reuniam-se em Nação dos Ardas do Botão da Costa da Mina, Nação Dagome, Nação da Costa Suvaru, "Pretos Ardas da Costa da Mina" etc.

Nessas associações, existia uma hierarquia entre os cargos elegíveis de "governadores", secretários de Estado, generais, tenentes, marechais e coronéis. O posto mais elevado era ocupado pelo "rei do Congo", responsável pela nomeação dos governadores das corporações, que tomavam posse a cada três anos, em festas relacionadas às irmandades religiosas, em especial à Irmandade de Nossa Senhora do Rosário. Nesse caso, é possível notar também nas relações de trabalho a construção de espaços em torno das "nações".

A reunião de africanos, escravos e libertos com base em grupos de "nações" foi uma das características das formas de organização dessa população em praticamente toda a América, fosse nas irmandades católicas, nas associações profissionais, nas relações matrimoniais ou nos laços de parentesco e compadrio. Esses grupos serviram como ponto de apoio a essa camada social destituída de suas famílias originais, possibilitando espaços para manifestar suas visões de mundo e crenças, construir alianças ao mesmo tempo em que ressaltavam a existência da diversidade entre os africanos.

INFLUÊNCIA AFRICANA NA CULINÁRIA BRASILEIRA

Os africanos no Brasil foram levados a trabalhar, entre outros serviços, como escravos domésticos. E dentre as atividades desempenhadas no interior dos casarões dos engenhos, das fazendas ou das cidades, o preparo das refeições era tarefa primordial. Dos escravos africanos vieram as técnicas e os modos de cozinhar os alimentos; do comércio realizado com a África, uma variedade de produtos, como o azeite de dendê, a banana, o café, a pimenta malagueta, o óleo de amendoim, a abóbora, o quiabo etc. Um dos pratos mais populares no Brasil leva alguns desses produtos: o acarajé, feito com feijão-fradinho,

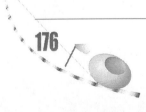

azeite de dendê, pimenta, sal e camarões. O angu, uma espécie de mingau feito com farinha de milho ou de mandioca, água, pimenta e azeite, e a apreciada moqueca de peixe ou de camarão cozido com dendê, tomate e pimenta, são pratos encontrados nos dois lados do Atlântico. Outro prato que resultou da criatividade africana foi a feijoada, preparada com feijão, que já fazia parte da dieta africana, aqui acrescido de pedaços de carnes.

BATUQUES

Nos dias de folga do árduo trabalho, em geral nos domingos, dias santos e de festas religiosas, escravos e libertos deslocavam-se das propriedades rurais ou de seus locais de trabalho na cidade e tomavam os espaços públicos, as ruas centrais, as praças, as pontes e os chafarizes. Iam ao encontro de seus companheiros africanos de diversas origens ou crioulos, para se divertirem e compartilharem costumes e manifestações culturais.

Esses encontros entre africanos e crioulos, escravos e libertos eram, por vezes, incentivados pelos seus proprietários. Com isso, os senhores tentavam evitar um descontentamento que pudesse levar a graves rebeliões. Na realidade, enxergavam nessas oportunidades uma maneira de eliminar as tensões proporcionadas pelo sistema escravista. Por outro lado, as autoridades públicas viam apenas tumultos e excessos nessas manifestações e, alegando o incômodo que essas diversões causavam ao restante da sociedade e também o perigo de revoltas, promoviam sobre elas um controle intenso.

Africanos e seus descendentes aproveitavam as festas do calendário religioso católico, como o Natal, a Quaresma e a Semana Santa, para realizar suas específicas manifestações culturais, como danças, batuques e capoeiras. Nessas datas, eles circulavam com maior liberdade, tendo em vista o incentivo dos proprietários à participação de seus escravos nessas celebrações, já que ao mesmo tempo evitavam a insatisfação dos escravos e mostravam sua devoção e o seu prestígio social, ao fazê-los desfilar pelas procissões. Assim, os africanos conseguiam se reunir com seus conhecidos e praticar suas tradições culturais durante os intervalos dessas festas.

Havia uma brincadeira de origem portuguesa realizada na semana anterior à Quarta-feira de Cinzas, conhecida como entrudo, na qual as pessoas jogavam umas nas outras bolas coloridas feitas de cera em formato de frutas cheias de água e perfume. Muitos escravos e libertos eram responsáveis pela fabricação dessas bolas e as vendiam, ganhando um dinheiro extra. No entanto, também as arremessavam nos passantes e aproveitavam mais esse momento para se reunirem e participarem de batuques e danças.

O batuque era uma manifestação cultural marcada pela música e por movimentos de dança. O viajante Johann M. Rugendas, quando esteve no Brasil, no século XIX, fez uma descrição dessa manifestação, em que os dançarinos, homens e mulheres, ficavam numa espécie de círculo, cantando músicas em suas línguas e acompanhando com o bater das palmas:

> *A dança habitual do negro é o batuque. Apenas se reúnem alguns negros e logo se ouve a batida cadenciada das mãos; é o sinal de chamada e de provocação à dança. O batuque é dirigido por um figurante; consiste em certos movimentos do corpo que talvez pareçam demasiado expressivos; são principalmente as ancas que se agitam; enquanto o dançarino faz estalar a língua e os dedos, acompanhando um canto monótono, os outros fazem círculo em volta dele e repetem o refrão [...].*

Há vários relatos de cronistas, viajantes e religiosos que passaram pelo Brasil no século XIX e mencionaram a existência de uma aproximação entre o batuque e algumas danças vistas na África Centro-Ocidental, em especial nas regiões do Congo e de Angola. Alguns traços comuns foram notados, como o acompanhamento da dança com canto e palmas, a disposição dos participantes em pares ou sozinhos, formando um círculo e se encaminhando em direção ao seu centro no momento da troca dos pares.

Dessa forma, o batuque praticado no Brasil seria originário de uma dança chamada "batuco", praticada pelos povos de Ambriz, do Congo, e nos territórios em torno de Luanda. O cronista Joachim John Monteiro, quando esteve na região do Congo e Angola, no final do século XIX, deixou a seguinte descrição do "batuco":

[...] forma-se um círculo dos dançarinos e espectadores; tangem-se marimbas e batem-se vigorosamente tambores, e todos reunidos batem palmas acompanhando a batida dos tambores, e gritam uma espécie de coro. Os dançarinos, tanto homens como mulheres, saltam com um grito dentro do círculo e começam a dançar. Isso consiste quase exclusivamente em balançar o corpo com um pequeno movimento dos pés, cabeça e braços, mas ao mesmo tempo os músculos dos ombros, costas e nádegas são violentamente contraídos e convulsionados.

No Brasil, o batuque foi incorporado à prática da religião católica ao ser realizado nos rituais e festas em homenagens aos santos das irmandades, nos desfiles de reis e rainhas e nos cortejos fúnebres. Para os africanos, a música e a dança possuíam uma relação direta com o universo religioso, sendo utilizadas como meios de comunicação com o mundo espiritual. O memorialista Afonso de Freitas conta-nos que, no século XIX, em São Paulo, escravos e libertos, depois de realizadas as festas e procissões religiosas, continuavam a festejar com suas danças e músicas extraídas "do ruído secco do réque-réque, ao som rouco e soturno dos tambús, das puitas e dos urucungos que, com a marimba solitária formavam a collecção dos instrumentos africanos conhecidos em nossa terra".

Porém, o batuque recebia um intenso controle das autoridades públicas, porque era visto como uma ocasião propícia para a organização de revoltas. Além disso, as autoridades eclesiásticas também o condenavam, considerando um costume bárbaro e imoral, realizado por africanos, que, com seus instrumentos e ritmos, movimentavam freneticamente o corpo, sobretudo as ancas.

Várias outras manifestações culturais seriam derivadas das rodas musicais praticadas pelos africanos, como o lundu e o samba. No século XIX, o viajante Johann M. Rugendas deixou este relato sobre o lundu:

Outra dança negra muito conhecida é o 'lundu', também dançada pelos portugueses, ao som do violão, por um ou mais pares. [...] Acontece muitas vezes que os negros dançam sem parar noites inteiras, escolhendo, por isso, de preferência, os sábados e as vésperas dos dias santos.

O lundu e o samba eram marcados pela introdução das palmas e pelo movimento do corpo de forma constante. O lundu, por exemplo, conhecido como umbigada – pois era realizado em pares e, em determinados momentos, os corpos dos participantes avançavam um em direção ao umbigo do outro – teria recebido a influência de uma manifestação da região Congo-Angola. No entanto, por ser mais aberta à participação de pessoas de outras camadas sociais, em particular dos portugueses, que até mesmo o levaram para Portugal, incorporaram instrumentos de corda, como o violão. Nessa mesma área de influência do batuque, encontra-se o samba, palavra derivada de *semba*, que em quimbundo e em outras línguas da região de Angola significa movimento pélvico.

Mesmo sob influência da cultura africana, o batuque era uma prática que incorporava pessoas de várias camadas sociais e origens. Não é demais repetir que a experiência histórica da escravidão e da diáspora proporcionou o contato dos africanos com indivíduos diferentes e trocas culturais diversas.

Mas, essa integração de crioulos e pardos, libertos e livres, era combinada com a presença constante de novos africanos que chegavam ao Brasil trazidos pelo intenso tráfico de escravos e com eles, as crenças, costumes, visões de mundo e experiências africanas eram renovadas. Dessa forma, o batuque era para o africano um importante momento de encontro com seus companheiros de cor, de condição social e de origem, ou seja, uma das poucas chances de compartilhar experiências e conquistar laços de solidariedade. Talvez esse fato tenha contribuído para que o batuque preservasse a imagem de uma manifestação tipicamente africana e escrava, mesmo considerando-se que novos elementos poderiam ser combinados com outros de culturas distintas, criando-se uma outra manifestação ou ainda reinventada-a.

A INFLUÊNCIA AFRICANA NO PORTUGUÊS DO BRASIL

A existência de um grande número de africanos e de seus descendentes contribuiu enormemente para que o português falado no Brasil recebesse a influência e fosse repleto de elementos das línguas africanas. Além disso,

O NOVO
FAROL PAULISTANO

NUMERO 195   SEXTA FEIRA 9 DE AGOSTO.   ANNO DE 1833.

S. PAULO: NA TYP. DO FAROL PAULISTANO. 1833. *Celui qui dédaigne la modération répousse la justice.* — DROZ.

INTERIOR.

GOVERNO PROVINCIAL.

Accuso a recepção do seu Officio de 6 do corrente, em que me participa haver remettido p.ª a prisão do quartel do 6.º Batalhão, como recruta, ao paisano José Narciso Alves, por julgal-o nas circunstancias, apezar de ter apresentado uma guia, em que mostra que sendo Miliciano, se achava servindo, como addido, no Batalhão N. 11 de 1.ª Linha de Minas geraes, que foi dissolvido no Rio de Janeiro em 1829, a vista do que tenho a responder-lhe, que o Art. 3 do Decreto de 9 de Julho do anno passado, não permitte que seja recrutado algum individuo dos que tiverão baixa por terem preenchido o tempo, ou em consequencia de se haver dissolvido o Corpo em que servião, mas que sejão convidados a entrarem de novo voluntariamente para o serviço, exceptuados os que tiverem commettido crimes. Deos guarde a V. m. Palacio do Governo de S. Paulo 13 de Julho de 1833. Rafael Tobias de Aguiar — Sr. Juiz de Paz do Destricto do Sul da Freguezia da Sé d'esta Cidade.

— Tendo de mandar fazer em algumas salas desoccupadas do quartel do 6. Batalhão de Caçadores, e que estavão empregadas com o Trem, os necessarios arranjos para servir de casa de prisão com trabalho, V. S. mandará entregar ao Almoxarife desta Cidade quatro centos mil reis para a compra das madeiras precisas; a fim de que estando promptas, se dê principio á factura das obras precisas para o dicto fim, devendo esta quantia, como as outras que forem mister, serem aplicadas da quantia consignada na Lei do orçamento para semelhante objecto. Deos Guarde a V. S. Palacio do Governo de S. Paulo 15 de Julho de 1833 — Rafael Tobias de Aguiar — Sr. Luiz Antonio da Silva Freire.

— Sendo conveniente que quanto antes sejão julgados os criminosos que existem na Cadea dessa Villa, porque, alem da fraqueza dessa Prisão, que como me informa o Juiz de Paz, inquieta os habitantes d'essa Villa, obrigando-os a guardal-a, devem os delinquentes ser julgados com a maior presteza; ordeno á VV. mm. que me enviem com a maior brevidade a lista dos Jurados d'esse Termo, como lhes cumpre, e ja determinei em Officio de 19 de Abril do corrente, Deos guarde a VV, mm, Palacio do Governo de S. Paulo 15 de Julho de 1833 — Rafael Tobias de Aguiar — Srs. Presidente e Membros da Camara Municipal da Villa de Lorena.

— Tenho presente o seu Officio de 20 do pp., e por elle fico sciente de que V. m. de accordo com o Juiz de Paz do 1. Destricto d'essa Villa passa a dar todas as providencias precisas para que sejão apprehendidos os introductores da moeda falsa.

E quanto as moedas que V. m. pede que eu lhe trasmitta para modelos das que devem ser consideradas verdadeiras, lhe declaro que nem eu tenho até agora fixado taes modelos, como V. m. refere, no seu Officio, nem fixarei, por isso que o juizo sobre a veracidade ou falsidade da moeda deve pertencer as Auctoridades, a quem compete a execução immediata das disposições do Codigo Criminal a tal respeito, e obstar por conseguinte a introducção da que for conhecidamente falsa. Deos guarde a V. m. Palacio do Governo de S. Paulo 15 de Julho de 1833 — Rafael Tobias de Aguiar — Sr. Juiz de Paz do 2. Destricto da Villa de Santos.

— Accuso a recepção do seu Officio de 7 do pp., com o qual me enviou a copia do Auto de Arrematação de vinte e tres pontes na Estrada nova que dessa Villa vem para esta Capital; e approvando a arrematação feita, lhe recomendo não só a maior brevidade na conclusão dessas obras, mas tambem no concerto, e reparo a toda estrada, para o que determino que lhe seja entregue pela Thesouraria d'esta Provincia a quantia de 800$000 rs., devendo enviarme a conta do que ja tem dispendido na mencionada estrada. Deos guarde á V. m. Palacio do Governo de S. Paulo 15 de Julho de 1833. Rafael Tobias de Aguiar — Sr. Joaquim Antonio da Silva.

S. PAULO.

Depois que aqui chegou o Exm. Sr. Costa Carvalho, com o fim de cuidar de sua saude, espalhou-se que havia combinação para alguma mudança de cousas, e que formado estava o plano para se nomear nova Regencia. Para que o povo desse mais credito a uma invenção tão pueril, dicerão que tambem se retiraria do Rio de Janeiro o Sr. Brau-

Fonte: *O Novo Farol Paulistano*, São Paulo, 20 de agosto de 1833, Arquivo Edgard Leuenroth – Unicamp.

proporcionou a criação de línguas próprias em algumas comunidades negras, como em Cafundó (SP) e Tabatinga (MG), bem como da denominada língua de santo dos candomblés. Exemplo maior é a palavra axé, de origem fon/iorubá, utilizada nos terreiros com o sentido de "assim seja" ou "boa sorte".

Entre as línguas ocidentais da África, as que exerceram maior influência no Brasil foram o iorubá e a do grupo ewe-fon, esta última falada pelos chamados africanos jejes e minas no Brasil. Já as línguas da região centro-ocidental africana são o quicongo, o quimbundo e o umbundo.

Há vários relatos de viajantes que mencionam a frequência com que os africanos conversavam em línguas de seu continente no Brasil. Na cidade de São Paulo, por exemplo, na primeira metade do século XIX, os anúncios de escravos fugidos publicados nos jornais mostram um número significativo de africanos que ainda não dominavam o português.

Por outro lado, muitos escravos, notadamente aqueles originários da área centro-ocidental da África, já sabiam se comunicar um pouco no idioma dos proprietários, pois nessa região o português era muito falado por conta do intenso comércio e das ações de missionários. Também existiam línguas africanas ou variantes, por exemplo, do quimbundo (Luanda), quicongo (rio Zaire) ou lunda (Caçanje), comumente aplicadas nas relações comerciais e, que por isso, tornaram-se meios de comunicação dos africanos no Brasil.

Com o auge da mineração, no século XVIII, a quantidade de escravos do grupo linguístico ewe-fon, ou seja, da África Ocidental, aumentou enormemente, sobretudo em Minas Gerais. Por isso, em 1731 ou 1741, Antônio da Costa Peixoto escreveu *A obra nova da língua geral de mina*, com o objetivo de orientar os proprietários no trabalho de dominação dos cativos dessa origem por meio do conhecimento da sua língua.

Na Bahia, a influência do grupo linguístico iorubá é até hoje identificada em vários termos nos cultos aos orixás (Xangô, Iemanjá, Oxóssi, Oxum etc.), embora existam palavras do grupo ewe-fon, sobretudo nos rituais religiosos do candomblé, como rum, rumpi, lé, peji, runcó, panã, ajuntó, entre outras.

Estas são algumas palavras de origem africana: mucama, dengo, caçula, xingar, cochilar, dendê, bunda, cachaça, carimbo, marimbondo,

samba, candomblé, umbanda, tanga, cachimbo, fubá, banguela, capanga, mocotó, cuíca, agogô, muamba, sunga, jiló, gogó, forró, berimbau, entre outras.

CAFUNDÓ

Cafundó é o nome de uma comunidade rural localizada a 14 km do município de Salto de Pirapora, distante 30 km de Sorocaba e 150 km de São Paulo. A palavra quer dizer lugar afastado, muito distante, no fim do mundo. Conta a história que essas terras (cerca de 220 hectares) foram doadas por Joaquim Manoel de Oliveira a seus escravos, próximo à abolição da escravidão, quando também os deixou libertos. Entre os escravos, estava o casal João Congo e Ricarda. Eles tiveram duas filhas, Ifigênia e Antônia, que, por sua vez, casaram-se e deram origem às duas famílias, Almeida Caetano e Pires Cardoso, que vivem até hoje no local. Desde o século xix, seus moradores sobrevivem do cultivo de produtos agrícolas, como milho, mandioca e feijão, e da criação de porcos e galinhas, para o consumo da comunidade.

Os habitantes de Cafudó preservam uma língua criada por seus antepassados, denominada cupópia, baseada em várias línguas africanas do grupo banto e na língua portuguesa. A cupópia é falada apenas pelos moradores de Cafundó cotidianamente, como se fosse um código secreto, servindo para a manutenção de uma identidade africana da comunidade. Exemplos de frases em cupópia: *vimbundo está cupopiando no injó do tata* (o homem preto está falando na casa do pai); *o cafombe cuendou da ambara para cunuar avero com nhapecava* (o homem branco veio da cidade para beber café com leite); *curimei vavuro* (trabalhei muito).

CAPOEIRA

Outra prática, muito comum, sobretudo nas cidades, entre os negros de ganho, escravos e libertos, que vendiam alimentos pelas ruas, era a capoeira. Para proteger de roubos suas mercadorias, que carregavam em cestos chamados de capoeiras, os negros de ganho movimentavam o corpo, de maneira que pareciam fazer uma coreografia. Com isso, a capoeira se tornaria conhecida como uma dança ou brincadeira, feita por escravos e libertos nas horas vagas.

O termo capoeira, originário do tupi-guarani ("caapo", buraco de palha ou cesto de palha) e com o acréscimo europeu do termo "eiro" (de quem o carrega), aparece em dicionários do século XVIII e XIX com o significado de um tipo de cesto de palha. Antonio da Silva Morais, em dicionário dessa época, registrou o seguinte significado para capoeira:

> *Espécie de cesto sem fundo, grande e redondo, feito de ramos entranhados, e que se enche de terra bem batida, para proteger os que defendem uma praça ou posição; gabionada, cava coberta com seteiras ou canhoneiras dos lados; (popular) traquitana desengonçada. Ou ainda espécie de cesto fechado, feito de varas e tábuas com grades em que se metem capões, galinhas e outras aves.*

Além de ter esse caráter lúdico, de se caracterizar como uma ocasião para se brincar e festejar, a capoeira também era considerada uma forma de resistência contra roubos cotidianos, disputas de poder entre escravos e libertos, bem como de oposição ao sistema escravista. O viajante Rugendas descreveu essa manifestação no século XIX:

> *Os negros têm ainda um outro folguedo guerreiro, muito mais violento, a 'capoeira': dois campeões se precipitam um contra o outro, procurando dar com a cabeça no peito do adversário que desejam derrubar. Evita-se o ataque com saltos de lado e paradas igualmente hábeis; mas, lançando-se um contra o outro mais ou menos como bodes, acontece-lhes chocarem-se fortemente cabeça contra cabeça, o que faz com que a brincadeira não raro degenere em briga e que as facas entrem em jogo ensanguentando-a.*

Por isso, a prática da capoeira recebia um intenso controle, e seus participantes eram constantemente perseguidos pelas autoridades públicas.

Há indícios de elementos específicos das tradições africanas centro-ocidentais na prática da capoeira. Entre os povos do antigo reino do Congo existia uma dança de guerra semelhante à capoeira, podendo ser um ponto

de partida para a comprovação de suas raízes africanas. No Caribe também existem danças marciais com origem em tradições do Congo, como a *lagya*, na Martinica, e o *mani* ou *bombosa*, em Cuba. No entanto, é preciso lembrar que essa prática deve ser entendida dentro do contexto da escravidão e da diáspora de africanos para as Américas, no qual a capoeira foi o resultado de uma combinação das experiências desses africanos como escravos.

A capoeira pode ser vista, da mesma forma que as irmandades religiosas e as reuniões em batuques, como um espaço construído por escravos e libertos, africanos e crioulos, para encontros e afirmação de apoio e de solidariedade entre os membros de um mesmo grupo. Esses grupos distintos de capoeiras eram conhecidos por maltas. Eram verdadeiras organizações, marcadas por hierarquias, rituais e símbolos específicos. Nas maltas de capoeira fazia-se uso de um universo simbólico, que compreendia fitas e barretes com cores específicas, além de códigos sonoros, como os assobios. As diferenças entre os grupos eram estabelecidas pelas cores dos objetos, como as fitas vermelha ou amarela, de acordo com a malta. Os barretes também tinham suas cores próprias e demarcavam uma hierarquia no interior do grupo, pois eram usados pelos chefes das maltas. E os assobios marcavam o movimento dos componentes do grupo, a hora para atacar e o momento de retirada, além de alertarem para o perigo quando da chegada de inimigos ou policiais.

Para tornar ainda mais clara a relação da capoeira com as tradições culturais africanas, é preciso dizer que em alguns rituais tradicionais dos povos do rio Zaire, na África Centro-Ocidental, algumas cores exerciam papéis fundamentais para os africanos. Por exemplo, a representação do poder e da chefia era identificada pela cor vermelha. Assim como nas maltas de capoeira brasileiras, os barretes e as fitas vermelhas eram representativos de poder e utilizados por grupos específicos. Além disso, a maior parte das maltas de capoeira no Rio de Janeiro era composta pelos africanos centro-ocidentais, mais especificamente, por congos e cabindas, que na África eram povos vizinhos, localizados justamente na bacia do rio Zaire.

Da mesma forma que o batuque, a capoeira preservou a imagem de uma prática predominantemente escrava e africana, embora seus participantes não fossem exclusivamente africanos, mas, de alguma maneira, essa manifestação remetia-se às tradições dos seus ancestrais. No século XIX, ocorreu um aumento da participação de outras camadas sociais, libertos e livres pobres, passando a ser praticada não só por africanos, mas por crioulos e brancos.

Logo no início do século XIX houve um aumento das ocorrências policiais contra a capoeira, notadamente no Rio de Janeiro, por conta da chegada da corte portuguesa e do aumento da população escrava e africana na cidade. Por outro lado, em São Paulo, a repressão a essa prática intensificou-se um pouco mais tarde, em 1833, quando a Câmara Municipal criou uma Postura, proibindo-a em definitivo.

O CONTEXTO PÓS-ABOLIÇÃO E A ATUAÇÃO DOS NEGROS NA SOCIEDADE BRASILEIRA

Após a abolição da escravidão, os negros africanos e seus descendentes tiveram de enfrentar o problema do ingresso no mercado de trabalho livre. Nessa mesma época, o governo republicano (representante dos interesses dos grandes cafeicultores) promoveu uma campanha de branqueamento da população, visando à europeização do Brasil e a eliminação da herança biológica e cultural africana.

Para a elite brasileira, o negro, por conta do seu "caráter bárbaro" e "estado de selvageria", era um empecilho à formação de uma nação, pretendida o mais próximo possível da civilização. Portanto, o negro deveria ser excluído da sociedade brasileira, sendo proibida a sua entrada no país. O ideal da evolução étnica brasileira seria a pureza da raça branca. Por isso, concomitantemente à eliminação do negro, a imigração europeia foi incentivada com o intuito de promover o branqueamento da população. O governo republicano, além de incentivar, destinou recursos próprios para a imigração europeia, proporcionando, em grande medida, a exclusão dos negros do mercado de trabalho formal.

Italianos, portugueses, espanhóis e alemães foram chegando em grandes levas e encaminhados para trabalhar tanto nas áreas rurais, quanto

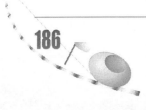

urbanas do Brasil, mas principalmente como colonos nas regiões mais prósperas, isto é, nas fazendas do centro-oeste de São Paulo. Aos negros sobraram as tarefas menos qualificadas e mais penosas e, em geral, sem qualquer tipo de contrato firmado, sendo, portanto, empregados e pagos por cada serviço prestado.

A mesma situação se repetia nas cidades. Aí, os negros eram subempregados em atividades domésticas, no transporte, na limpeza das ruas, no carregamento de cargas e na venda jornais. A exclusão racial não aconteceu apenas no âmbito do trabalho. Pode-se notar também que os negros foram excluídos geograficamente. Por conta da sua precária condição financeira, eles foram obrigados a residir nas regiões periféricas das cidades, habitando cortiços e pequenas casinhas de aluguel nos bairros afastados do centro paulistano e favelas que surgiam nos morros cariocas.

O desenvolvimento econômico, sobretudo em São Paulo, gerou, nas primeiras décadas do século xx, o aumento do setor industrial, acarretando, consequentemente, o crescimento urbano, a expansão do número de profissionais liberais e a formação das classes operária e média, compostas em sua maioria por brancos. No entanto, os negros, mesmo que de forma limitada, conseguiram adentrar nessas classes, trabalhando em algumas indústrias, ferrovias, empresas responsáveis pela eletricidade e pelo sistema de bonde, como a Light, a Tramway e a Power Company, e como jornalistas, músicos, advogados, literatos e funcionários públicos.

Os imigrantes europeus logo se organizaram para reivindicar melhores condições de trabalho, formando o movimento operário. Influenciados pelo anarquismo e pelo socialismo e com o objetivo de melhor enfrentar os empregadores e o governo, que os exploravam cada vez mais, os europeus não promoveram a segregação racial dentro do movimento. Reconhecendo o perigo de enfraquecimento em caso de divisões entre os trabalhadores, eles incorporaram os operários negros.

Os negros participaram até mesmo das lideranças no início do movimento operário em São Paulo. Os jornais organizados pela população negra também incentivavam os trabalhadores a participar do movimento operário. A Associação Auxiliadora das Classes Laboriosas foi fundada pelo líder negro Salvador de Paula, em 1891. Eugênio Wansuit, por exemplo, foi um dos organizadores da greve de trabalhadores das docas de Santos, em 1912.

Por volta da década de 1920, quando os trabalhadores imigrantes, organizados em associações políticas, passaram a reivindicar de maneira mais rigorosa e eficiente seus direitos e melhores condições de trabalho, acabaram perdendo a preferência dos empregadores e do governo, que deram mais oportunidades de emprego aos negros. Foi, sobretudo nessa época, que os negros conseguiram ingressar com mais intensidade nas indústrias e engrossar as fileiras do movimento operário.

Os negros pertencentes à classe operária, em geral, organizavam-se em associações, muitas vezes informais, com o objetivo de manifestar a sua cultura por meio da música, promovendo bailes, festas e encontros com seus companheiros de cor. Muitas dessas associações deram origem aos grupos carnavalescos e, mais tarde, às escolas de samba. Em 1914, por exemplo, foi criado, em São Paulo, o Grupo Carnavalesco Barra Funda (atual Camisa Verde), três anos depois surgiu o grupo de Campos Elíseos e, na década de 1920, o grupo Vai-Vai. No entanto, outras sociedades foram organizadas por negros que pertenciam à classe média e que não queriam se vincular àqueles grupos populares; é o caso do clube Luvas Pretas (1904) e do Kosmos (1908).

A imprensa brasileira no período pós-abolição costumava representar os negros de maneira depreciativa nos jornais e não fornecia espaço suficiente para divulgar eventos promovidos pelas comunidades e associações negras, tampouco para debater problemas e fazer reivindicações relativas a essa população.

Diante da falta de espaço na imprensa tradicional, os negros partiram para a imprensa alternativa e empenharam-se na criação de jornais feitos por eles próprios e que, além de divulgar a sua cultura, revelassem a luta pela igualdade de direitos e as suas reivindicações políticas. Vários jornais foram criados desde o final do século XIX: *A Pátria* (1889), *O Menelick* (1915), *O Alfinete* (1918), *O Kosmos* (1922), *Tribuna Negra* (1928), *Progresso* (1928) e *O Clarim da Alvorada* (1928).

A imprensa negra preocupava-se em divulgar a situação de exclusão vivida pelos negros e promover a solidariedade étnica com o objetivo de

diminuir as desigualdades. Além disso, denunciava o preconceito racial que assolava o Brasil, proibindo os negros de frequentar inúmeros recintos desde alguns restaurantes, clubes, cinemas até escolas e praças públicas. Também era responsável pela divulgação de notícias sobre a comunidade negra internacional, existindo troca de informações com associações e jornais norte-americanos, por exemplo.

Os jornais eram mantidos pelos assinantes, por arrecadações em festas e leilões e por anúncios de publicidade. Ademais, algumas associações negras financiavam essas edições e até mesmo publicavam seus próprios periódicos, como os jornais paulistanos *O Quilombo*, do Centro Cultural Henrique Dias, e *A Protetora*, da Sociedade Propugnadora 13 de Maio. Muitos exemplares eram distribuídos gratuitamente nos eventos dessas associações.

Os jornais eram produzidos por jornalistas amadores, profissionais liberais, artesãos, operários e funcionários públicos. Além de servir de instrumento político de denúncia da desigualdade e da segregação raciais e para a divulgação de eventos culturais, esses jornais exerciam um papel moralizador, combatendo os jogos, as bebidas e a vadiagem, e incentivando a honestidade, o trabalho e os bons costumes. Ainda exaltavam os grandes heróis negros José do Patrocínio, André Rebouças e Luís Gama, como exemplos a serem seguidos.

Ao longo do século xx, os negros atuaram também em associações culturais. No final da década de 1920, foram fundados os grupos teatrais negros Cia. Negra de Revistas e Cia. Bataclã Preta. Em 1927, foi criado o Centro Cívico Palmares, com o objetivo de montar uma biblioteca de livre acesso à comunidade negra. Com o decorrer do tempo, esse centro ampliou suas atividades e passou a promover conferências sobre temas que diziam respeito diretamente aos negros. No ano seguinte, criou uma campanha contra o decreto estadual que proibia o ingresso de negros na Guarda Civil. A partir desse momento, as associações negras voltaram-se mais para a atuação política.

Em 1931, foi fundada por Henrique Cunha e José Correia Leite, a organização Frente Negra Brasileira, tendo grande receptividade em todo o Estado de São Paulo, Bahia, Espírito Santo, Minas Gerais e Rio Grande do Sul. Essa organização promoveu cursos de alfabetização para adultos, ofereceu serviços na área jurídica – para resolver problemas como disputas de terras e trabalhistas –, e fundou uma escola, uma clínica médica e odontológica e uma cooperativa de crédito para a compra da casa própria.

Embora fosse contra a ideia da existência de uma democracia racial no Brasil, a Frente Negra Brasileira optou por seguir o integralismo – movimento de direita influenciado pelo fascismo, que defendia propostas das classes média e latifundiária brasileiras. Com isso, a ala de esquerda da comunidade desvinculou-se da associação e fundou o Clube Negro de Cultura Social e a Frente Negra Socialista.

Em 1938, num contexto de autoritarismo do Estado Novo, governado por Getúlio Vargas, no qual as organizações e os movimentos sociais eram fortemente reprimidos, a Frente Negra Brasileira e os jornais da imprensa negra acabaram extintos.

No entanto, mesmo sob o regime de ditadura de Vargas, algumas sociedades culturais e clubes negros permaneceram ativos e os desfiles das escolas de samba foram incentivados pelo governo, com a condição de se tornarem oficiais e controlados pelo Estado.

Após o fim do Estado Novo de Vargas, em 1945, o movimento negro retomou a sua força e, nesse mesmo ano, promoveu a Convenção Nacional dos Negros Brasileiros, a fim de apresentar propostas políticas à Assembleia Constituinte, que formularia a nova Constituição. A imprensa negra também ressurgiu com os jornais *Alvorada, Senzala, O Novo Horizonte*, entre outros.

Um ano antes, em 1944, foi fundado, por Abdias do Nascimento, um dos antigos representantes da Frente Negra Brasileira, o Teatro Experimental Negro (TEN) com o objetivo de combater a exclusão dos negros no teatro. Participaram também do TEN nomes como Grande Otelo, Ruth de Souza e Pixinguinha. Mas o movimento cresceu e, em 1945, Abdias do Nascimento e Francisco Solano Trindade fundaram o Comitê Democrático Afro-Brasileiro, atuando também no campo político, reivindicando o acesso aos direitos trabalhistas e à educação.

Em 1954, foi fundada a Associação Cultural do Negro, voltada para a organização de cursos, conferências e eventos culturais. Em ação conjunta com os grupos teatrais – Teatro Experimental do Negro e o Teatro Popular Brasileiro –, essa associação atuou através de atividades sociais, educacionais e culturais, visando promover a igualdade racial, reivindicando os direitos da população negra e da preservação da cultura afro-brasileira.

Nas décadas de 1960 e 1970, os negros destacaram-se nas lideranças do movimento sindical e novos grupos foram fundados por artistas e intelectuais negros, como o Centro de Cultura e Arte Negra, que publicou, em 1978, os *Cadernos Negros*, uma série de coleções de poesias escritas por autores negros.

Nessa época, os jovens negros brasileiros começaram a participar mais de grupos e associações atraídos pelas notícias sobre o movimento negro internacional, em especial o Movimento pelos Direitos Civis nos EUA e pelas lutas de libertação das colônias portuguesas na África.

Em 1978, o então chamado Movimento Negro Unificado (MNU) promoveu uma manifestação, nas escadarias do Teatro Municipal de São Paulo, contra o assassinato do trabalhador Robson Silveira da Luz e a proibição dos negros frequentarem o Clube de Regatas Tietê. Várias outras manifestações foram realizadas na Bahia, em Minas Gerais e no Rio de Janeiro. O MNU tinha por objetivo conscientizar a população negra da existência de desigualdades raciais e da necessidade de lutar contra a discriminação e de promover políticas públicas geradoras de melhores oportunidades aos negros nas áreas da educação, saúde, economia e cultura.

A partir desse momento, surgiram várias organizações de caráter não apenas cultural, mas político, que atuam até hoje na luta pelos direitos dos negros e pela igualdade racial. Como resultados dessa batalha pode-se citar a Lei n.4.370, de 1998, que prevê cotas para artistas negros na publicidade, e a de n. 10.639, de 2003, que tornou obrigatório o ensino de História da África e cultura afro-brasileira nas escolas. Além de as universidades públicas do Rio de Janeiro, em 2001, terem aprovado cotas para afrodescendentes.

Ao mesmo tempo em que atuavam contra a discriminação racial e lutavam para ocupar mais espaços na sociedade brasileira, os negros preservavam a sua cultura através de manifestações como as congadas, maracatus, tambor de crioula, afoxés e blocos afros, do samba e do movimento hip-hop.

MOVIMENTO NEGRO PELOS DIREITOS CIVIS NOS EUA

Na década de 1950, havia nos Estados Unidos uma lei de segregação racial que, entre outras coisas, obrigava os negros a ocuparem somente lugares reservados a eles em locais públicos. Em 1955, Rosa Parks foi presa por se recusar a dar o seu lugar a um homem branco dentro de um ônibus, em Montgomery, no Alabama. A comunidade negra, liderada por Martin Luther King (líder negro norte-americano, preso várias vezes e morto em 1968, ganhador do Prêmio Nobel da Paz por suas ideias e lutas pacifistas), uniu-se contra a lei de segregação e conseguiu torná-la inconstitucional. O Movimento dos Direitos Civis fez com que a sociedade norte-americana percebesse a existência de discriminação racial, que, além de ir contra os princípios liberais (base da sua política), também gerava a pobreza e o crime. A partir desse momento, surgiram vários movimentos de resistência liderados por negros contra a discriminação racial em todo o mundo.

CONGADAS E MARACATUS

A partir do século XIX, os reis africanos de "nação" passaram a ser chamados de "reis do Congo", título que representava os líderes das comunidades negras, mesmo que estes não fossem originários daquele reino. Com o passar do tempo, uma identidade negra foi construída em torno dessa manifestação, englobando não somente os africanos de várias regiões da África, mas também seus descendentes. E hoje, conhecida como Congada, é uma das festas negras mais populares no Brasil.

O maracatu de baque virado ou nação, conhecido como o tradicional, tem sua origem também nas festas de coroação de reis e rainhas negros e que depois de alguns anos foi incorporado às manifestações carnavalescas de Pernambuco. O desfile é realizado por vários personagens que compõem a corte do rei e da rainha, entre eles, príncipe, princesa, dama de honra, embaixador, duque, escravo – que leva um guarda-sol para proteger os régulos – entre outros. Os músicos tocam instrumentos de percussão, como zabumbas, caixa de guerra, gonguê, tarol, tambores e atabaques e cantos de origem africana são entoados pelos participantes.

Uma boneca, em geral feita de pano, chamada *calunga*, é levada pelas damas de paço, representando uma divindade. Como vimos no capítulo sobre as sociedades africanas, no século XIII os chefes de algumas linhagens ambundas, na região Centro-Ocidental da África, recebiam uma boneca de madeira, também denominada *calunga*. Essa boneca tinha o poder de se comunicar com as forças sobrenaturais e era o símbolo do poder político das linhagens. Cada *calunga* representava um território banhado por um rio e a linhagem que a detinha era responsável por aquela área.

Em Pernambuco, depois da abolição da escravidão e com o advento da República, a figura do rei do Congo desapareceu dos cortejos e, no seu lugar, foi colocada a boneca como representação do poder político e espiritual.

É significativa a descrição do maracatu carnavalesco em Pernambuco deixada por Francisco Augusto Pereira da Costa, em 1908:

> Rompe o préstito um estandarte ladeado por arqueiros, seguindo-se em alas dois cordões de mulheres lindamente ataviadas, com os seus turbantes ornados de fitas de cores variegadas, espelhinhos e outros enfeites, figurando no meio desses cordões vários personagens, entre os quais os que conduzem os fetiches religiosos, – galo de madeira, um jacaré empalhado e uma boneca de vestes brancas com manto azul –; e logo após, formados em linha, figuram os dignitários da corte, fechando o préstito o rei e a rainha.

> Estes dois personagens, ostentando as insígnias da realeza, como coroas, cetros e compridos mantos sustidos por caudatários, marcham sob uma grande umbela e guardados por arqueiros.

> No coice vêm os instrumentos: tambores, buzinas e outros de feição africana, que acompanham os cantos de marcha e danças diversas com um estrépito horrível.

Aruenda qui tenda, tenda,
Aruenda qui tenda, tenda,
Aruenda de totororó.

Em Pernambuco existem os seguintes grupos de maracatu:

– Nação Elefante (1800)
– Nação Leão Coroado (1863)
– Nação Estrela Brilhante (1910)
– Nação Porto Rico (1915)
– Nação do Indiano (1949)
– Nação Cambinda Estrela (1953)

MARACATU NAÇÃO ELEFANTE

O grupo Maracatu Nação Elefante foi fundado em 1800 pelo escravo Manoel Santiago, no antigo bairro Ribeira da Boa Vista, em Recife, Pernambuco. Como essa manifestação cultural passou a receber a influência dos rituais de candomblé, o nome Nação Elefante foi escolhido por esse animal ser protegido pelo orixá Oxalá. Nesse grupo de maracatu são levadas três bonecas (*calungas*), enquanto nos demais o costume é de apenas duas. As calungas têm os seguintes nomes: Dona Leopoldina, Dom Luís e Dona Emília e representam os orixás Iansã, Xangô e Oxum, nessa ordem. O maracatu Nação Elefante é até hoje comandado por uma mulher (rainha), diferentemente dos outros grupos que são conduzidos por um homem. Dona Santa ou Maria Júlia do Nascimento foi a principal representante da corte do maracatu, permanecendo mais de cinquenta anos como rainha. Depois da sua morte, o Nação Elefante ficou afastado dos carnavais pernambucanos por quase vinte anos, voltando a desfilar somente em 1985, e assim permanece como o grupo de maracatu mais antigo em atividade.

TAMBOR DE CRIOULA

Tambor de crioula é uma manifestação existente no Maranhão que recebeu influência da cultura africana e possui aspectos semelhantes ao lundu ou à umbigada. Nessa manifestação, enquanto os participantes dançam, cantam versos improvisados e tocam tambores, uma roda é formada em torno de uma pessoa que, em

determinado momento, dirige-se a qualquer outra da roda dando-lhe uma umbigada, chamada de punga no Maranhão. A pessoa escolhida vai para o centro da roda, elegendo outra com uma punga e assim prossegue a dança.

MAXIXE E SAMBA

No final do século XIX, surgiu no Rio de Janeiro o maxixe, uma maneira diferente, com movimentos requebrados, de dançar a polca – um gênero musical de origem europeia, cujo principal instrumento utilizado era o piano, executado nos salões da alta classe carioca. Logo depois, o maxixe tornou-se um gênero musical, atingindo o seu auge entre as décadas de 1880 e 1930. Era tocado por músicos populares, conhecidos como chorões, que utilizavam a flauta, o violão e o oficlide, e que receberam uma forte influência do batuque e do lundu.

Já no início do século seguinte, o maxixe saiu dos bailes populares e invadiu os salões frequentados pelas classes alta e média cariocas e foi até mesmo levado para a Europa. Os cordões carnavalescos e o teatro de revista foram os principais meios de divulgação desse novo gênero musical.

Como já foi mencionado anteriormente, o samba recebeu influência de danças originárias da África Centro-Ocidental, mais especificamente da região Congo-Angola. A palavra samba (*semba*) entre os quiocos de Angola, por exemplo, diferentemente de seu significado em quimbundo, quer dizer brincar, divertir-se. Já para os bacongos e congueses representa uma dança em que um participante bate contra o peito do outro. Na língua quimbundo *di-semba* quer dizer umbigada, que no Brasil é encontrada no batuque, lundu, jongo, baiano, coco, calango, samba rural etc.

Durante a segunda metade do século XIX, muitos africanos e seus descendentes nascidos na Bahia migraram para a região Sudeste do Brasil, empregados nas lavouras de café e nos trabalhos citadinos. No Rio de Janeiro, por exemplo, essa população afro-baiana acabou formando a área conhecida como a "Pequena África", que abrangia desde a Pedra do Sal, no morro da Conceição, próximo à atual Praça Mauá, até a Cidade Nova, perto de onde hoje fica o Sambódromo. Nas reuniões realizadas por essa comunidade afro-baiana, o chamado samba rural acontecia nos quintais das casas. Com a sua característica batida cadenciada das palmas, o toque do pandeiro e o raspar da faca no prato, o samba era dançado à moda das umbigadas. A partir daí, originou-se o samba urbano carioca, mais especificamente no início do século xx, quando o Rio de Janeiro passou por um processo de urbanização e intervenção pública e, por consequência, a população pobre e negra carioca foi obrigada a morar nos morros.

Na década de 1910, o samba, influenciado pelo maxixe, revelou nomes como Donga, Sinhô, Pixinguinha, João da Baiana, que tinham uma formação técnica musical e faziam uso de instrumentos de corda e sopro. É de autoria de Donga e Mauro de Almeida a primeira música registrada como samba, em 1916, "Pelo telefone". A versão mais conhecida começa com uma sátira da polícia feita por Mauro de Almeida, que dizia: "O chefe da polícia pelo telefone mandou me avisar/ Que na Carioca tem uma roleta para se jogar..." Mas, a versão original é a seguinte:

> *O chefe da folia pelo telefone manda me avisar/ Que com alegria não se questione para se brincar. (bis) // Ai, ai, ai...Deixa as mágoas para trás ó rapaz / Ai, ai, ai fica triste se és capaz e verás. (bis) // Tomara que tu apanhes / Não tornes a fazer isso / Tirar amores dos outros / Depois fazer teu feitiço // Olhe a rolinha / Sinhô, sinhô / Se embaraçou/ Sinhô,sinhô / Caiu no balanço / Sinhô, sinhô / Do nosso amor / Sinhô, sinhô / Porque este samba / Sinhô, sinhô / É de arrepiar / Sinhô, sinhô / Põe perna bamba / Sinhô, sinhô / Me faz gozar / Sinhô, sinhô // O "Peru" me disse / Se o "Morcego" visse / Eu fazer tolice / Que então saísse / Dessa esquisitice / De disse que não disse // Ai, ai, ai aí está o ideal, triunfal / Viva o nosso carnaval, sem rival // Se quem tirar o amor dos outros / Por Deus fosse castigado / O mundo estava vazio / e o inferno só habitado // Queres ou não / Sinhô, sinhô / Vir pro cordão / Sinhô, sinhô / Do coração / Sinhô, sinhô / Por este samba.*

No final da década de 1920, nasceu uma nova geração nas rodas de samba e de batuque nos botequins do bairro do Estácio (rj), tendo como expoentes os irmãos Alcebíades (Bide) e Rubens Barcelos, Ismael Silva, Baiaco, Nilton Bastos e Marçal. Também no morro da Mangueira despontou como sambista Angenor de Oliveira, o Cartola. Essa geração estava ligada às escolas de samba que surgiam nessa época nas favelas do Rio de Janeiro. Esses sambistas, utilizando instrumentos como o surdo, a cuíca, o pandeiro e o tamborim, eram constantemente associados à malandragem e a boêmia – temas recorrentes nas suas canções. Um exemplo desses sambas é o consagrado "Se você jurar", composto por Ismael Silva, Francisco Alves e Nilton Bastos, em 1931, que inicia com o seguinte verso: "Se você jurar/ que me tem amor/Eu posso me regenerar/ Mas se é/ para fingir, mulher / A orgia assim não vou deixar."

O samba feito nos morros foi apresentado à classe média carioca por músicos como Noel Rosa, que frequentava as favelas do Estácio e da Mangueira, passando a ser muito apreciado. E assim, o samba desceu o morro e invadiu não só a avenida nos desfiles de carnaval, mas as residências cariocas por meio do rádio e da indústria fonográfica.

ALGUMAS VARIEDADES DO SAMBA

Samba de partido-alto: Esta variante do samba recebeu a influência do batuque de origem angolana. É um samba realizado em roda, com palmas cadenciadas, no qual os participantes se desafiam cantando letras improvisadas, que, em geral, tratam de façanhas e casos amorosos e acontecimentos sobrenaturais. A parte do solo improvisado é seguida de um refrão em coro.

Samba de roda: é um samba rural de origem afro-baiana e com influência da capoeira. Em geral, são utilizados instrumentos como atabaque, berimbau, pandeiro, chocalho e viola, com acompanhamento de canto e palmas.

Samba-enredo: executado pelas escolas de samba, cujas letras tratam de um tema específico. Antes de 1930, esses temas eram livres e costumavam versar sobre o ambiente e o cotidiano dos sambistas. Depois passaram a revelar fatos e personagens da História do Brasil.

TIA CIATA E AS RODAS DE SAMBA

Tia Ciata ou Hilária Batista de Almeida (1854-1924) nasceu em Salvador e era filha de Oxum da casa de Bambochê, de nação queto. Chegou ao Rio de Janeiro aos 22 anos, em 1876, com sua filha e passou a frequentar a casa de João Alabá, ficando conhecida como Mãe-Pequena. João Alabá era um famoso babalorixá (pai de santo). Sua casa ficava próxima ao terminal da Estrada de Ferro Central do Brasil. Seu nome revela sua origem nagô (*alagba*, chefe do culto de Egungun; significa pessoa respeitável).

Nas festas que Tia Ciata promovia em homenagem aos orixás não faltavam as rodas de samba. Ela trabalhava como vendedora de doce no centro do Rio de Janeiro e sempre em torno do seu tabuleiro e em sua casa reuniam-se músicos, na época ainda desconhecidos do grande público, como Donga, Sinhô, João da Baiana, Heitor dos Prazeres e Pixinguinha, para fazer samba.

A MÚSICA E A RELIGIOSIDADE AFRO-BRASILEIRA

A religiosidade afro-brasileira foi um dos temas preferidos da música popular desde o final do século XIX. A começar por Chiquinha Gonzaga, que compôs em parceria com Augusto de Castro o batuque "Candomblé", lançado em 1888. Já na segunda década do século XX, fez "Pemberê" com Eduardo Souto e João da Praia, e "Macumba jeje", lançada por Sinhô, em 1923.

Na década de 1930, era a vez dos sambas de Mano Elói ou Elói Antero Dias destacar os cultos afro-brasileiros. Eleito "cidadão do samba" pela União Geral das Escolas de Samba do Brasil, em 1936, Elói fundou a escola de samba Império Serrano. Em 1930, Mano Elói gravou em disco músicas tocadas em cultos afro-brasileiros e com o Conjunto Africano, gravou um ponto de Exu, dois de Ogum e um de Iansã.

Na mesma época, outro sambista e mestre-sala de ranchos carnavalescos destacou-se nesse cenário musical. Era o baiano Getúlio Marinho da Silva, mais conhecido como "Amor", que também chegou a difundir os cantos-rituais-afro, gravando pontos de macumba com atabaques e outros instrumentos específicos dos cultos afro-brasileiros.

Durante as décadas de 1930 e 1940, o grupo de sambistas que se reunia em torno da figura da Mãe-Pequena Tia Ciata lançou várias composições: "Xô, curinga" (Pixinguinha, Donga e João da Baiana, 1932), "Yaô" (Pixinguinha e Gastão Viana, 1938), "Uma festa de Nanã" (Pixinguinha, 1941); "Macumba de Iansã" e "Macumba de Oxóssi" (de Donga e Zé Espinguela, 1940) e "Benguelê" (Pixinguinha, 1946) etc.

Como um dos principais representantes do samba e da umbanda, Tancredo Silva Pinto foi o compositor, entre outros sucessos, do considerado primeiro samba de breque, "Jogo proibido", em 1936, e fundador, em 1947, da Federação Brasileira das Escolas de Samba e da Confederação Umbandista do Brasil.

A africanidade retornou ao cenário musical brasileiro em 1965, com a descoberta da cantora carioca Clementina de Jesus, interpretando jongos, lundus, sambas rurais e cantos-rituais, como o "Benguelê", de Pixinguinha. Na mesma década de 1960 e na seguinte, a religiosidade afro-brasileira ressurgiu com os afrossambas, compostos por Baden Powell e Vinícius de Moraes, como "Canto de Ossanha", "Ponto do Caboclo Pedra Preta", ambos de 1966, e "Canto de Oxum" (1971) e "Canto de Oxalufã" (1972), de Vinicius e Toquinho.

Clara Nunes foi uma das cantoras de samba mais populares na década de 1970, fazendo muito sucesso com músicas que falavam sobre o universo do candomblé e dos orixás, como "Conto de areia", "O mar serenou" e "A deusa dos orixás". Ainda no final da década de 1970, Martinho da Vila também lançou um disco com músicas de rituais da umbanda. Nas décadas seguintes, tornam-se raras as menções à religiosidade africana na música popular brasileira.

LETRAS DE AFROSSAMBAS

Tatamirô (em louvor de Mãe-Menininha do Gantois – Toquinho e Vinicius)

Apanha folha por folha, Tatamirô.
Apanha maracanã, Tatamirô.

Eu sou filha de Oxalá, Tatamirô.
Menininha me apanhou, Tatamirô!

Xangô me leva, Oxalá me traz,
Xangô me dá guerra, Oxalá me dá paz.

Apanha folha por folha, Tatamirô.
Apanha maracanã Tatamirô.
Eu sou filho de Ossanha, Tatamirô.
Menininha me adotou, Tatamirô!

Apanha folha por folha, Tatamirô.
Apanha maracanã, Tatamirô.
Eu sou filho de Ogun, Tatamirô.
Menininha me ganhou, Tatamirô!

Oxalá de frente, Xangô de trás,
Xangô me dá guerra, Oxalá me dá paz.

Apanha folha por folha, Tatamirô.
Apanha maracanã, Tatamirô.
Eu sou filha de Inhansã, Tatamirô.
Menininha me batizou, Tatamirô!

Apanha folha por folha, Tatamirô.
Apanha maracanã, Tatamirô.
Ela é a Mãe Menininha do Gantois,
Que Oxum abençoou, Tatamirô!

Oxalá me vem, todo mal me vai.
Xangô é meu Rei, Oxalá é meu pai.

Canto de Ossanha (Baden Powell e Vinicius de Moraes)

O homem que diz "dou" não dá, porque quem dá mesmo não diz
O homem que diz "vou" não vai, porque quando foi já não quis
O homem que diz "sou" não é, porque quem é mesmo é "não sou"
O homem que diz "tô" não tá, porque ninguém tá quando quer
Coitado do homem que cai no canto de Ossanha, traidor
Coitado do homem que vai atrás de mandinga de amor

Vai, vai, vai, vai, não vou
Vai, vai, vai, vai, não vou
Vai, vai, vai, vai, não vou
Vai, vai, vai, vai, não vou

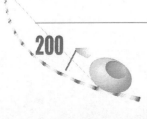

Que eu não sou ninguém de ir em conversa de esquecer
A tristeza de um amor que passou
Não, eu só vou se for pra ver uma estrela aparecer
Na manhã de um novo amor

Amigo senhor, saravá, Xangô me mandou lhe dizer
Se é canto de Ossanha, não vá, que muito vai se arrepender
Pergunte ao seu Orixá, o amor só é bom se doer
Pergunte ao seu Orixá, o amor só é bom se doer

Vai, vai, vai, vai, amar
Vai, vai, vai, sofrer
Vai, vai, vai, vai, chorar
Vai, vai, vai, dizer

Que eu não sou ninguém de ir em conversa de esquecer
A tristeza de um amor que passou
Não, eu só vou se for pra ver uma estrela aparecer
Na manhã de um novo amor

AFOXÉS E BLOCOS AFROS

Na região nordeste brasileira, sobretudo na Bahia, a música recebeu uma maior influência das tradições africanas iorubás. Nesse âmbito, destacam-se os chamados afoxés ou blocos carnavalescos. A palavra *afoxé* significa "pó mágico" ou "enfeitiçar" e é originária do vocábulo *àfose* (encantação). Já no final do século XIX, o clube Pândegos d'África, considerado o primeiro afoxé baiano, desfilou pelas ruas durante o carnaval de Salvador, cantando músicas em iorubá, vestindo alegorias com temas nagôs e tocando atabaques do tipo "ilu", agogôs e xequerês, no ritmo "ijexá". Em geral, os seus organizadores são adeptos do candomblé e, por isso, essa manifestação cultural é chamada também de "candomblé de rua".

Os afoxés baianos tomaram fôlego e atingiram o seu auge após a década de 1940, especialmente com a fundação do grupo *Filhos de Gandhi*, em 18 de fevereiro de 1948, em Salvador. Esse afoxé era formado no início por estivadores e tinha como propósito difundir o culto nagô. Sua influência chegou ao Rio de Janeiro na década de 1950, com a criação dos *Filhos de Gandhi* carioca.

Na década de 1980, os chamados blocos afros surgiram em Salvador na tentativa de reafricanizar o carnaval de rua baiano. Esses blocos carnavalescos reinventaram as tradições da cultura negra, buscando a sua ligação com a África ao divulgar a história das sociedades africanas e exaltando os heróis africanos e afro-brasileiros. No entanto, a participação desses blocos afros não se restringe apenas ao carnaval. A fim de denunciar a desigualdade racial e a discriminação do negro, esses blocos atuam em projetos de desenvolvimento das comunidades negras e na preservação da cultura afro-brasileira. Nesse sentido, destacam-se os grupos *Olodum* e *Ilê Aiyê*, cujos trabalhos são notórios internacionalmente.

MOVIMENTO HIP-HOP

A década de 1960 nos Estados Unidos foi marcada pelo Movimento dos direitos civis e pelo surgimento de grandes líderes negros que lutavam contra o racismo e a desigualdade racial, entre eles Martin Luther King e Malcom X (líder revolucionário socialista, assassinado em 1965, que defendia a luta armada para obter as reivindicações dos negros), e grupos como os Panteras Negras (Black Panthers). Foi nesse contexto que surgiu o Movimento Hip-Hop. O jamaicano Kool Herc levou uma espécie de canto-falado para os bailes da periferia de Nova York e o DJ americano Afrika Baambataa encarregou-se de expandir esse novo gênero musical. Junto com os MC's (mestres de cerimônias) e os rappers, criaram o RAP (Rythm and Poetry – Ritmo e Poesia). O Movimento Hip-Hop norte-americano é constituído por três vertentes: o RAP (música), o break (dança) e o grafite (artes plásticas), que, em conjunto, têm o objetivo de denunciar a exclusão social e destacar a história e a identidade dos negros.

O Movimento Hip-Hop chegou ao Brasil no início dos anos 1980 e sofreu a influência da cultura local. Por isso, ele acabou se diferenciando do movimento norte-americano. O RAP, por exemplo, recebeu a influência do samba e o break tem um paralelo na capoeira. O Movimento tornou-se um espaço para a formação da identidade negra, vinculado à experiência dos jovens que são marginalizados e vivem na periferia das grandes cidades, sobretudo em São Paulo.

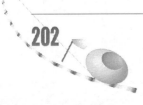

As letras dos RAPS divulgadas por grandes artistas, como Mano Brown do grupo Racionais MC's, Rappin´ Hood e MV Bill, mencionam a violência e a discriminação sofrida por negros e pobres. Mas o Hip-Hop não é apenas o RAP. Ele é um movimento social organizado. Em 1989, por exemplo, foi criado o MH2O (Movimento Hip-Hop Organizado) pelo produtor dos Racionais MC's, Milton Salles. De caráter contestatório, o Movimento Hip-Hop hoje se dedica às ações políticas, voltando-se para práticas educativas e culturais na tentativa de minimizar a segregação e promover a cidadania à população negra e pobre do Brasil.

EXERCÍCIOS

1. Quais são manifestações culturais afro-brasileiras que podem ter sua origem ou ter recebido a influência da cultura africana?
2. Forme pequenos grupos e, aproveitando as obras da literatura brasileira que já leram ou estão lendo atualmente, discuta com os colegas como os negros são retratados nessas obras e apresente essas ideias redigindo um texto.
3. Faça uma pesquisa e descubra as manifestações culturais afro-brasileiras existentes na sua cidade. Procure fotografias em jornais, revistas, sites e monte um painel com as informações encontradas sobre a origem dessas manifestações e como elas são realizadas hoje.
4. Quais foram as principais dificuldades enfrentadas pelos negros após a abolição da escravidão e de que maneira eles reagiram para mudar essa situação?
5. Reúna-se em grupos para realizar um trabalho de pesquisa no seu bairro ou na sua cidade, buscando descobrir que organizações sociais estão ligadas à luta pelos direitos dos negros. Procure saber de que maneira essas organizações estão envolvidas com o governo e com a sociedade. Pesquise informações a respeito desses grupos em reportagens, fotografias e documentos. Se possível, faça uma entrevista com um dos seus representantes. Procure saber quais são as reivindicações do grupo, de que forma estão organizados, como é o cotidiano da organização, de que maneira eles apresentam as reivindicações etc. Apresente para a classe os resultados da pesquisa na forma de um painel, destacando trechos da entrevista, dos documentos e das reportagens sobre a organização social escolhida.
6. Com alguns de seus colegas, procure músicas da atualidade que tratem de questões ligadas ao negro. Analise as letras e discuta com a classe.
7. Forme grupos e escolha um tema da atualidade ligado à questão racial. Pode ser, por exemplo, as cotas para negros nas universidades. Procure artigos e matérias em jornais, revistas, sites, com opiniões diferentes sobre o tema. Discuta a opinião de cada um dos autores e procure informações sobre eles (profissão, classe social etc.). Depois, redija um texto com a opinião do grupo a respeito do tema. Agora, apresente os resultados da pesquisa e discuta com a classe as razões que encontrou para as diferentes posições.

BIBLIOGRAFIA

ABREU, Martha. *O Império do Divino*. Festas religiosas e cultura popular no Rio de Janeiro, 1830-1900. Rio de Janeiro/São Paulo: Nova Fronteira/Fapesp, 1999.

Andrews, George Reid. *Negros e brancos em São Paulo, (1888-1988)*. Trad. Magda Lopes, revisão técnica e apresentação Maria Ligia Coelho Prado. Bauru: Edusc, 1998.

Bastide, Roger. A imprensa negra do Estado de São Paulo. *Boletim de Sociologia da* FFLCH – USP. São Paulo, v. CXXI, n. 2, 1951.

Bruno, Ernani Silva. *Histórias e tradições da cidade de São Paulo*. 4. ed. São Paulo: Hucitec, 1991, v. 3.

Bueno, Francisco de Assis Vieira. *A cidade de São Paulo*. São Paulo: Biblioteca Academia Paulista de Letras, 1976, v. 2.

Craemer, Willy de; Vansina, Jan; Fox, Renée C. Religious movements in Central Africa: a theorical study. *Comparatives Studies in Society and History*. Cambridge, v. 18, n. 4, 1976, pp. 458-475.

Dias, Maria Odila Leite. *Quotidiano e poder em São Paulo no século* XIX. 2. ed. São Paulo: Brasiliense, 1995.

Domingues, Petrônio. *Uma história não contada*. Negro, racismo e branqueamento em São Paulo no pós-abolição. São Paulo: Senac, 2004.

Florentino, Manolo; Góes, José Roberto. *A paz nas senzalas*. Famílias escravas e tráfico atlântico, RJ c.1790-1850. São Paulo: Civilização Brasileira, 1997.

Lopes, Nei. A presença africana na música popular brasileira. *Revista Espaço Acadêmico*, n. 50, julho 2005, disponível em <www.espacoacademico.com.br>.

Mintz, Sidney; Price, Richard. *O nascimento da cultura afro-americana*: uma perspectiva antropológica. Rio de Janeiro: Pallas/Universidade Candido Mendes, 2003.

Naves, Santuza Cambraia. *O violão azul*: modernismo e música popular. Rio de Janeiro: FGV, 1998.

Oliveira, Maria Inês Côrtes. Viver e morrer no meio dos seus. *Revista da* USP, n. 28, 1995-6, pp. 174-93.

Parés, Luis Nicolau. *A formação do candomblé:* história e ritual da nação jeje na Bahia. Campinas: Unicamp, 2006.

Pessoa de Castro, Yeda. *A língua mina-jeje no Brasil:* um falar africano em Ouro Preto no século XVIII. Belo Horizonte: Fundação João Pinheiro, 2002.

_____. *Falares africanos na Bahia:* um vocabulário afro-brasileiro. Rio de Janeiro: Academia Brasileira de Letras/Topbooks, 2001.

Prandi, Reginaldo. *Os candomblés de São Paulo*. A velha magia na metrópole nova. São Paulo: Hucitec/Edusp, 1991.

_____. As religiões afro-brasileiras e seus seguidores. *Civitas, Revista de Ciências Sociais*. Porto Alegre, PUC-RS, v. 3, n. 1, junho 2003, pp. 15-34.

Quintão, Antonia Maria. *Lá vem meu parente*. As irmandades de pretos e pardos no Rio de Janeiro e em Pernambuco (século XVIII). São Paulo: Annablume/Fapesp, 2002.

Reginaldo, Lucilene. *Os rosários dos angolas:* irmandades negras, experiências escravas e identidades africanas na Bahia setecentista. Campinas, 2005. Tese de Doutorado – IFCH – Unicamp.

Reis, João José. *A morte é uma festa*. Ritos fúnebres e revolta popular no Brasil do século XIX. São Paulo: Cia. das Letras, 1991.

_____. Identidade e diversidade étnicas nas irmandades negras no tempo da escravidão. *Tempo*. Rio de Janeiro, v. 2, n. 3, 1996.

_____. Batuque negro: repressão e permissão na Bahia oitocentista. In: Jancsó, István (org.). *Festa:* cultura & sociabilidade na América portuguesa. São Paulo: Hucitec/Edusp, 2001.

Revista História Viva Temas Brasileiros. *Novas pesquisas brasileiras refazem o retrato da presença negra*. São Paulo, edição temática n. 3, 2006.

Russel-Wood, A. J. *Fidalgos e filantropos:* a Santa Casa de Misericórdia da Bahia, 1550-1755. Brasília: UnB, 1991.

_____. Através de um prisma africano: uma nova abordagem ao estudo da diáspora africana no Brasil colonial. *Tempo*. Rio de Janeiro, n. 12, 2001, pp. 11-47.

Scarano, Julita. *Devoção e escravidão:* a Irmandade de Nossa Senhora do Rosário dos Pretos no Distrito Diamantino no século XVIII. São Paulo: Conselho Estadual de Cultura, 1975.

SILVA, Luiz Geraldo. Da festa à sedição. Sociabilidades, etnia e controle social na América portuguesa. (1776-1814). In: JANCSÓ, István (org.). *Festa*: cultura & sociabilidade na América portuguesa. São Paulo: Hucitec/Edusp, 2001.

SLENES, Robert. Malungu ngoma vem! A África coberta e descoberta do Brasil. *Revista da USP*. São Paulo, n. 2, dez./jan./fev., 1991/1992, pp. 48-67.

SOARES, Carlos Eugênio Líbano. *A capoeira escrava e outras tradições rebeldes no Rio de Janeiro (1808-1850)*. 2. ed. revista e ampliada. Campinas: Unicamp, 2004.

SOARES, Mariza de Carvalho. *Devotos da cor*. Identidade étnica, religiosidade e escravidão no Rio de Janeiro, século XVIII. Rio de Janeiro: Civilização Brasileira, 2000.

SOUZA, Marina de Mello e. *Reis negros no Brasil escravista:* História da festa de coroação de Rei Congo. Belo Horizonte: UFMG, 2002.

TINHORÃO, José Ramos. *Pequena história da música popular brasileira:* da modinha à canção de protesto. Petrópolis: Vozes, 1974.

VOGT, Carlos; FRY, Peter. *Cafundó, a África no Brasil:* linguagem e sociedade. São Paulo: Cia das Letras, 1996.

REFERÊNCIAS DAS CITAÇÕES

ARQUIVO do Tribunal de Justiça de São Paulo/CEDHAL. 3º Ofício da família. Testamento de Francisca Fortunata Lopes do Amaral, 1965, caixa 9, doc. 432.

ARROYO, Leonardo. *As igrejas de São Paulo*. Introdução ao estudo dos templos mais característicos de São Paulo nas suas relações com a crônica da cidade. Rio de Janeiro: José Olympio, 1954.

COSTA, Francisco Augusto Pereira da. *Folk-lore pernambucano*. Rio de Janeiro: Imprensa Oficial, 1908.

DEBRET, Jean Baptiste. *Viagem pitoresca e histórica ao Brasil*. 2. ed. São Paulo: Martins, 1949.

FREITAS, Afonso de. *Tradições e reminiscências paulistanas*. Belo Horizonte/São Paulo: Itatiaia/Edusp, 1985.

MARTINS, Antonio Egidio. *São Paulo antigo*. São Paulo: Tipografia do Diário Oficial, 1912, v. 2.

MONTEIRO, Joachim John. [1875]. *Angola and the river Congo*. Reimpressão. Londres: Frank Cass and Company, 1968, 2 v.

MORAES, Antônio da Silva. *Grande dicionário da língua portuguesa*. 10. ed. Lisboa: Confluência, 1883, v. 2.

RUGENDAS, Johann Moritz. *Viagem pitoresca através do Brasil*. 8. ed. Belo Horizonte/São Paulo: Itatiaia/Edusp, 1979.

SITES

<http://www.dicionariocravoalbin.com.br>
<http://www.recife.pe.gov.br/especiais/brincantes>
<http://www.fundaj.gov.br>

Considerações finais

Gostaria de retomar sucintamente os temas mais significativos tratados ao longo dos três capítulos deste livro.

Ao estudar a África Subsaariana, em especial as regiões que, mais tarde, estabeleceram relações comerciais com os europeus e tornaram-se fornecedoras de escravos para o Brasil, foi possível perceber a diversidade e a complexidade das suas sociedades. Algumas delas constituíram pequenas aldeias agrícolas organizadas em torno das linhagens. Outras chegaram a formar grandes unidades territoriais com poder político centralizado, como na região Ocidental os reinos de Gana, Mali, Songai e Tecrur, que participavam intensamente do comércio transaariano de cereais, âmbar, pimenta, marfim e escravos trocados por cavalos, sal, cobre, conchas, panos de algodão e tâmaras. Eram sociedades que, por conta do comércio transaariano, tiveram contato com o islamismo e passaram a professá-lo juntamente com as religiões tradicionais.

Outros reinos existiram na área Ocidental da África, como Canem e Bornu, ao redor do lago Chade e o Jalofo, na Senegâmbia. Bono era um reino na região da floresta ocidental, habitado pelos mercadores de ouro acãs. Localizado igualmente na floresta, estava o reino de Ifé, de grande importância por ser um entreposto comercial entre a savana, a floresta e o litoral, bem como um centro religioso e da arte em terracota, além de dominar a metalurgia do ferro. Benin e Oió eram outros dois importantes reinos, que participavam ativamente do comércio nessa região.

Na região Oriental, existiam várias cidades-estado (Quíloa, Mogadixo, Mombaça, Moçambique, Zanzibar, Máfia e Melinde), nas quais os sultões governavam com base em um conselho e nas leis islâmicas. Seus habitantes dedicavam-se especialmente ao comércio com os povos do interior e de fora do continente. Vendiam ferro, contas, panos e cauris e recebiam marfim, peles, ouro, escravos e mercadorias de luxo importadas da Arábia, Índia, Pérsia e China. Nessa região, os povos xonas deram origem ao Grande Zimbábue, o principal centro mercantil do Índico e que comercializava também o cobre e o sal com o reino do Monomotapa, que lhes oferecia ouro e ferro.

Na área Centro-Ocidental, as sociedades africanas formaram grandes reinos, entre eles o do Congo, cujo soberano levava o título de manicongo, e o reino Andongo, do angola a quiluanje. Os povos do reino do Congo eram grandes produtores agrícolas de coco, banana, dendê, sorgo, milhete, inhame e cola. Nessa área, também se extraía o sal e se teciam algodão e vegetais como a ráfia, sendo seus panos muito apreciados e utilizados como moeda, juntamente com o zimbo, uma pequena concha cinza ou perolada retirada da ilha de Luanda. O reino Andongo era constituído igualmente por povos agricultores, que cultivavam milhete, sorgo e frutos e por grandes conhecedores da metalurgia do ferro.

Todas as sociedades africanas subsaarianas, mesmo aquelas que não chegaram a formar estados centralizados, organizavam-se em torno das linhagens ou famílias – cada uma com seu chefe – e dos conselhos dos anciãos. A união de algumas linhagens dava origem à aldeia, que escolhia o seu representante entre os chefes das várias linhagens. Nas aldeias, os homens mais velhos da comunidade e os ancestrais mortos tinham grande importância, devotando-se a eles respeito e obediência.

As religiões tradicionais africanas eram marcadas pela crença num ser criador e em espíritos de ancestrais e da natureza que controlavam a vida de todos nas aldeias e eram, com frequência, relacionados às árvores, fontes d'água e

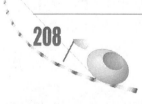

aos bosques. As sociedades africanas cultuavam os espíritos dos ancestrais em rituais, oferendas em altares e túmulos, e em objetos variados, como esculturas em madeira, conchas, pedras e saquinhos de pano com ervas.

A maior parte das sociedades africanas praticava a escravidão doméstica, destinada a aumentar o número de membros da família ou da linhagem. Os cativos eram empregados no trabalho agrícola e em atividades militares. Também eram utilizados como moeda, para pagar tributos aos reis e chefes. Eles podiam ser punidos ou mortos no lugar do seu senhor, oferecidos em sacrifícios às divindades e ancestrais e em sepultamentos de reis, chefes e seus proprietários. No entanto, em algumas sociedades da África Ocidental, os escravos eram vendidos no comércio realizado com o Saara, o Egito e o Índico.

As grandes navegações europeias iniciadas no século XV facilitaram o acesso à África e à América através do oceano Atlântico, promovendo o comércio e a exploração econômica nesses continentes. Inserido no sistema colonial, que visava à transferência de riquezas das colônias americanas para as metrópoles europeias por meio da produção de gêneros agrícolas em larga escala e da exportação de mercadorias com grande demanda na Europa, o tráfico de escravos africanos exerceu papel fundamental ao gerar lucros e fornecer a mão de obra trabalhadora empregada nas colônias.

Quando os europeus chegaram à África Subsaariana, a escravidão já fazia parte das sociedades que a constituíam. Os escravos eram obtidos em guerras, disputas políticas e sequestros e resultavam de penas criminais e dívidas. Os cativos eram utilizados como criados, concubinas e soldados. No entanto, o aumento da demanda por escravos nas grandes propriedades agrícolas americanas e o fornecimento europeu de tecnologia militar influenciaram a transformação da estrutura da escravidão africana. Caracterizada inicialmente como uma forma de dependência pessoal, a escravidão africana tornou-se, com a expansão do comércio atlântico de escravos, uma instituição fundamental para a economia.

Os portugueses estabeleceram-se inicialmente na região da Senegâmbia, na Alta Guiné, construindo, antes do século XVII, o forte de Arguim, principal base do comércio de escravos. Fizeram contato

com vários reinos dessa região, entre eles Jalofo, Mali, Songai, Tacrur e Futa Jalom. Muitos portugueses transferiram-se para a África, formaram famílias com africanas, tiveram filhos mulatos e participaram do comércio em contato direto com as chefias africanas. Além disso, fizeram das ilhas de São Tomé e Cabo Verde grandes entrepostos portugueses de comércio com a África, levando para lá seus patrícios e escravos africanos, empregados em plantações de cana-de-açúcar, inhames, milhetes e no reabastecimento e carregamento dos navios.

Nos séculos XVII e XVIII, a expansão da produção açucareira no Brasil aumentou a demanda por escravos, que passaram a ser buscados na região denominada Baixa Guiné, englobando a Costa do Ouro, o golfo do Benin e a baía de Biafra. No golfo do Benin ou Costa dos Escravos, os reinos de Oió, Aladá e Daomé eram os principais fornecedores de cativos. Estes eram obtidos em guerras e ataques a povos vizinhos, oferecidos aos portugueses em troca de objetos de cobre, fazendas, contas europeias e armas, e embarcados nos portos de Ajudá, Porto Novo e Badagri, entre outros. Na região da baía de Biafra, os escravos, resultados de sequestros e razias, eram embarcados nos portos de Elem Kalabari, Calabar e Bonny. Por sua vez, o reino Axante destacou-se no comércio de escravos na Costa do Ouro, embarcados em Cape Coast e Anomabu. Foi na Costa do Ouro que os portugueses construíram, em 1482, o famoso forte de São Jorge da Mina.

Durante todo o período do tráfico, a África Centro-Ocidental foi a área que mais contribuiu para o comércio de escravos. Os portugueses chegaram a essa região no final do século XV e aí estabeleceram relações comerciais caracterizadas por alianças com as principais chefias africanas, com destaque para os reinos do Congo e do Andongo.

Depois de várias embaixadas enviadas pela Coroa portuguesa ao reino do Congo, o manicongo converteu-se ao cristianismo. A partir desse momento, esse reino recebeu apoio militar de Portugal nas suas guerras de expansão e passou a comercializar grandes quantidades de escravos, aceitando como forma de pagamento mercadorias de luxo, como porcelanas, contas de vidro, tecidos de algodão e seda. O tráfico de escravos cresceu vertiginosamente nessa área, sobretudo em torno do lago

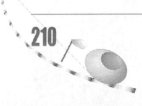

Malembo, antiga rota de comércio de cativos vendidos por mercadores africanos, conhecidos por pombeiros, em grandes mercados (pumbos).

Outro reino na África Centro-Ocidental que firmou acordos comerciais com Portugal foi o Andongo, do angola a quiluanje, ou como os portugueses passaram a chamá-lo, o reino de Angola. No início do século XVI, seu rei se converteu ao cristianismo ao receber o batismo. Porém, esse reino resistiu em entregar o controle do comércio aos portugueses, que tiveram de intervir militarmente para obter escravos. Além do comércio de escravos, interessava aos portugueses chegar às jazidas de metais preciosos, que, entretanto, nunca foram encontradas. No século XVI, os portugueses enfrentaram talvez a sua maior resistência no Andongo, encabeçada pela rainha Jinga. Ela havia feito um acordo com os portugueses, aceitando até mesmo a conversão ao cristianismo. Mas, como os portugueses não cumpriram sua parte no trato, declarou-lhes guerra. Acabou expandindo ainda mais seu território, tornando-se soberana também de Matamba e estabelecendo comércio de escravos com os holandeses.

Os portugueses investiram igualmente na parte oriental da África, construindo entrepostos nas principais cidades mercantis do Índico: Quíloa, Mombaça, Zanzibar, Sofala e na ilha de Moçambique. Tinham o objetivo de realizar o comércio de ouro, marfim, âmbar e fibra de coco e reabastecer os navios que se dirigiam para a Índia. Os portugueses estavam preocupados, sobretudo, com o controle do comércio de ouro. Para isso, fizeram várias viagens até chegarem à fonte desse metal precioso, no reino do Monomotapa, enfraquecendo a rota comercial de ouro do interior a Angoche.

Degredados, soldados e marinheiros portugueses que se aventuraram em terras africanas, receberam doações de terras dos reis africanos, conhecidas como "prazos da Coroa", e por isso eram chamados de prazeiros. Acabaram casando-se com as africanas e fizeram contatos com as chefias locais, recebendo o aval para comercializar livremente.

O tráfico de escravos não foi, de início, o objetivo principal dos portugueses na África Oriental, pois os gastos com a exportação eram altos, além da longa viagem provocar muitas mortes. Porém, os escravos obtidos em guerras e disputas políticas (que contavam com a participação militar dos portugueses) eram utilizados nos exércitos, nas plantações e nos entrepostos portugueses. Somente no século XVII os portugueses investiram intensamente no comércio de escravos nessa área, por conta da perda para os holandeses de pontos do tráfico na África Centro-Ocidental. O auge das exportações de escravos nessa região ocorreu no século XIX, em particular depois da proibição do tráfico, com destaque para os portos de Quelimane, Quíloa, Moçambique, Lourenço Marques e Inhambane.

A travessia do Atlântico era muito penosa para os escravos que viajavam acorrentados durante meses em porões superlotados. Mesmo com algumas melhorias realizadas no século XIX, nas condições de higiene, no cuidado com a saúde e alimentação, na diminuição do tempo de espera para o embarque, mais da metade dos africanos morriam a bordo dos navios ou logo depois do desembarque no Brasil. Quando os navios aqui chegavam, os escravos eram levados em pequenas embarcações até a alfândega e, mais tarde, encaminhados para os estabelecimentos comerciais.

Os traficantes baianos buscavam os escravos na região Ocidental da África, em especial na Costa da Mina, em troca do tabaco produzido na Bahia e os vendiam para os senhores de engenhos ou reexportavam para Pernambuco, Maranhão e para as áreas mineradoras.

Na segunda metade do século XVIII, no Rio de Janeiro, os escravos eram comercializados no Valongo, um local especial para a venda de escravos recém-chegados da África. Outros africanos eram levados em comboios para cidades do interior ou comprados por tropeiros de São Paulo e Minas Gerais.

Os escravos africanos foram empregados em vários setores econômicos rurais e urbanos. Logo no início da colonização do Brasil, no século XVI, a mão de obra escrava e africana foi aproveitada nos engenhos, exercendo papel fundamental na empresa açucareira. Nessa época, os africanos vinham da região da Senegâmbia e do Congo-Angola.

Na última década do século XVII, o ouro foi descoberto em Minas Gerais, Mato Grosso e Goiás. Para a mineração das lavras e aluviões foram

enviados escravos africanos, sobretudo originários da Costa da Mina. Esses escravos eram trazidos pelos traficantes baianos, que detinham o privilégio do comércio na área ocidental africana, por conta da preferência dos traficantes africanos pelo tabaco de rolo feito na Bahia. No entanto, a grande demanda nas minas de ouro fez com que os traficantes cariocas também abastecessem o comércio de escravos nas áreas mineradoras, buscando os africanos, especialmente no Congo e em Angola. No século XIX, os traficantes cariocas tiveram que atender a grande procura por escravos africanos nas fazendas de café, principalmente no Vale do Paraíba e no Oeste Paulista.

Os escravos africanos eram igualmente aproveitados em diferentes atividades econômicas nas cidades. Trabalhavam em pequenas fazendas e sítios localizados nos seus arredores, cuidando dos serviços domésticos e da manutenção das propriedades, no corte de lenha e de capim, nas olarias, nas pedreiras, no beneficiamento de couro e na fabricação de objetos de cerâmica. Nos núcleos centrais, os escravos ocupavam-se do abastecimento das casas de água, do transporte de proprietários e de cargas, da limpeza das ruas, da lavagem de roupas e das obras públicas. Colocados ao ganho ou vivendo de jornais, trabalhavam no comércio e em ofícios especializados, como ferreiros, alfaiates, músicos, barbeiros e sapateiros.

Os escravos africanos eram identificados, ainda na África, pelos traficantes, proprietários e pela Igreja Católica com os "nomes de nação": mina, congo, benguela, moçambique, entre outros. Na realidade, esses nomes revelavam os portos de embarque, os principais mercados africanos, mas raramente as etnias originais. Quando chegavam ao Brasil, os escravos africanos passavam a utilizar igualmente as "nações" para organizarem-se socialmente ao integrar as irmandades religiosas, construir alianças, contrair matrimônio e interagir com diferentes grupos.

A violência e a opressão do sistema escravista provocavam diferentes reações dos escravos, desde o enfrentamento direto por meio de fugas e revoltas até a obediência e a construção de pequenos espaços para a negociação, visando a melhores condições de vida e de trabalho, bem como alcançar a liberdade. Receber a carta de alforria era um dos objetivos dos escravos. Obtida pela comprovação de maus-tratos ou no momento da morte do proprietário, isto é, em testamento, a alforria poderia ser totalmente gratuita ou onerosa, e, nesse caso, o escravo teria de pagar uma quantia em dinheiro ou trabalhar por mais algum tempo para o seu proprietário ou algum membro da sua família.

Os escravos ainda reagiam contra as péssimas condições de trabalho, os maus-tratos, a proibição de realizar festas, a separação de parentes e o impedimento do cultivo de suas próprias roças. Em várias localidades brasileiras, recebiam lotes de terra dos seus proprietários e o direito a um dia livre para cuidarem das suas plantações. Com isso, os proprietários conseguiam reduzir os gastos com a subsistência dos escravos, evitavam fugas e sabotagens no trabalho. Por outro lado, os escravos adquiriam certa autonomia, comercializando a produção excedente e acumulando pecúlio para a compra da carta de alforria.

No entanto, nem sempre esses espaços para a negociação funcionavam, restando aos escravos o confronto direto, o crime, a fuga, a revolta e a formação de quilombos. Era muito comum os escravos cometerem crimes de assassinatos e de lesões corporais contra seus proprietários, membros da sua família e feitores, embora livres pobres, libertos e companheiros não escapassem da violência dos cativos, motivada por desavenças, jogos e disputas por mulheres ou bens materiais.

As revoltas também eram arquitetadas pelos escravos e organizadas por líderes respeitados. Planejados com antecedência, muitos levantes foram denunciados e reprimidos antes que estourassem, como a Revolta dos Malês, na Bahia, em 1835, e tantos outros nas fazendas de café de São Paulo na mesma época. Mesmo assim, as ameaças de revoltas escravas ocorreram em várias localidades brasileiras, promovendo um clima de tensão e ocasionando a repressão das autoridades policiais.

A fuga era outra forma de resistência à escravidão. Ela poderia ser realizada individualmente ou em grupo e visar à reivindicação de melhores condições de trabalho e a permanência de direitos adquiridos ou o rompimento da dominação escravista, resultando na formação de quilombos, como o do Curukango, no Rio de Janeiro, o de São Gonçalo, em

Minas Gerais, o do Buraco do Tatu, na Bahia, o do Catucá ou Malunguinho em Pernambuco.

Para conseguir a liberdade, os escravos contaram, na segunda metade do século XIX, com a atuação do movimento abolicionista, formado por advogados, jornalistas, estudantes, lojas maçônicas, ferroviários, comerciários e caixeiros. Várias sociedades abolicionistas foram fundadas, como a Sociedade Brasileira Contra a Escravidão, a Confederação Abolicionista, os Caifazes, a Sociedade de Libertação e o Clube do Cupim, encabeçadas por Joaquim Nabuco, João Clapp, José do Patrocínio, André Rebouças, Antonio Bento, entre outros. Junto a essas sociedades, surgiram os quilombos abolicionistas, como o do Jabaquara e o do Pai Filipe, ambos em Santos, e o do Leblon, no Rio de Janeiro. A pressão do movimento abolicionista e o medo causado pelos escravos fugitivos e rebeldes contribuíram muito para que a escravidão chegasse ao fim.

Dessa maneira, os africanos e seus descendentes, escravos e libertos, apesar dos obstáculos enfrentados no interior de uma sociedade marcada pela escravidão, na qual os indivíduos eram distinguidos pela cor da pele, condição social e origem étnica, conseguiram sobreviver e, sobretudo, lutaram por melhores condições de vida e pela sua liberdade, construíram espaços para afirmação de solidariedade e para a manifestação da sua cultura e visões de mundo.

Com relação à manifestação da religiosidade, os africanos seguiram basicamente por três vertentes: o catolicismo, o islamismo e o candomblé. Os africanos muçulmanos vindos da África Ocidental chegaram aqui sobretudo no século XIX e foram, em particular, para a Bahia, onde ficaram conhecidos como malês. Utilizavam amuletos feitos em pequenas bolsinhas de couro com uma oração dentro e reuniam-se para a leitura do Alcorão, fazer orações e aprender a ler e escrever em árabe.

Nos séculos XVII e XVIII, eram conhecidos por praticarem o calundu – uma mistura de curandeirismo e uso de ervas com métodos de adivinhação e possessão – com influência das religiões tradicionais da África Centro-Ocidental. Seus praticantes realizavam cerimônias com

danças, músicas e rituais de possessão, objetivando restabelecer aspectos positivos perdidos por causa de feitiçarias e espíritos do mal. O calundu pode ter dado origem ao candomblé, no século XIX. O candomblé era outra expressão religiosa, que se resumia em rituais de possessão e oferendas aos ancestrais, chamados de orixás (se a origem é nagô ou iorubá) e de voduns (se a origem é jeje ou daomeana).

O catolicismo era praticado pelos africanos, em especial no âmbito das irmandades negras. Essas associações eram de grande importância social, pois eram espaços possíveis aos africanos, crioulos, escravos e libertos, para a manutenção de relações de solidariedade, a diminuição das agruras impostas pelo sistema escravista e a manifestação das suas culturas. Além da festa do santo padroeiro, a irmandade realizava a eleição e a coroação do rei e da rainha, e os irmãos negros desfilavam pelas ruas com manto, coroa e cetro, e dançavam ao som de músicas de batuques.

Os africanos fizeram dos "irmãos", isto é, os componentes das mesmas irmandades, os seus "parentes de nação", construindo uma família simbólica. Alguns africanos conseguiram preservar o contato com os seus "malungos" (companheiros de viagem no navio negreiro). Mas a maioria teve de criar novos vínculos, por meio das relações de compadrio e da escolha dos cônjuges, muitas vezes considerando os "laços de nação".

Nos dias de descanso do árduo trabalho, africanos e crioulos, escravos e libertos aproveitavam para se reunirem e se divertirem. Uma das manifestações culturais promovidas por essa população era o batuque – provavelmente, de origem centro-africana –, marcado por música, introdução de palmas e movimentos de dança. Outras práticas culturais seriam originárias das rodas musicais africanas, como o lundu (umbigada) e o samba. No entanto, o batuque incorporava não só escravos africanos, mas também pessoas de várias camadas sociais e origens étnicas.

A capoeira era outra manifestação cultural de influência africana, que contava com a participação de crioulos e brancos. Os capoeiras organizavam-se em grupos distintos, conhecidos por maltas, fazendo uso de hierarquias, rituais e símbolos específicos. Além de ser uma brincadeira,

era igualmente uma forma de resistência contra roubos, utilizada em resposta à repressão das autoridades e em disputas de poder entre os diferentes grupos sociais.

Após a abolição da escravidão, os africanos e seus descendentes tiveram de enfrentar o difícil acesso ao mercado de trabalho livre, a descriminação e a exclusão racial. Diante desses novos obstáculos, os negros não se abateram, organizaram-se em associações políticas e culturais, que deram origem a um forte movimento em torno da identidade negra, na tentativa de derrubar os preconceitos e alcançar a igualdade social. Além disso, continuaram influenciando a sociedade brasileira ao preservarem manifestações como as congadas, os maracatus, o tambor de crioula, ao criarem outras como os afoxés e blocos afros, o maxixe, o samba, o Movimento Hip-Hop, compondo assim a cultura afro-brasileira.

A autora

Regiane Augusto de Mattos é bacharel e licenciada em História pela Universidade de São Paulo (USP), onde obteve o título de mestre em História Social. É autora de artigos sobre os africanos no Brasil. Atualmente desenvolve tese de doutorado na USP sobre Moçambique e trabalha como educadora no Museu Afro-Brasil.

LEIA TAMBÉM

RAÇA PURA
uma história da eugenia no Brasil e no mundo
Pietra Diwan

No mundo moderno temos o dever de ser belos, magros, ter cabelos lisos e parecer "naturais" diante do espelho, de nós mesmos, diante dos outros. E, para conquistar mais saúde, juventude e beleza, os caminhos científicos e industriais não cessam de se multiplicar. O Brasil atualmente é o segundo país no mundo em número de cirurgias plásticas, só perde para os Estados Unidos. Homens e mulheres em busca da perfeição corporal são cortados, costurados, espetados por agulhas, queimados por raios laser, besuntados e massageados com cremes.

No entanto, essa busca por se construir o "super-homem" e perseguir uma suposta perfeição já levou diversas nações a atitudes extremadas. Assim, evoluir a cada geração, se superar, ser saudável, ser belo, ser forte. A democratização da beleza, para alguns; ou a vulgarização dos corpos, para outros; todas essas afirmativas estão contidas na concepção de eugenia. Com *status* de disciplina científica, a eugenia pretendeu implantar um método de seleção humana baseado em premissas biológicas. E isso através da ciência que sempre se dizia neutra e analítica. Em *Raça pura: uma história da eugenia no Brasil e no mundo*, Pietra Diwan – experiente historiadora e pesquisadora do tema – abre a "caixa preta" da eugenia e desata os nós da rede de relações que compõe a empreitada, seus adeptos, incentivadores e financiadores. Leitura agradável e estimulante, este livro revelador é de grande valia para historiadores, sociólogos, jornalistas e demais interessados.

A INVENÇÃO DAS RAÇAS
Guido Barbujani

Durante muito tempo a existência de raças humanas era considerada coisa certa, pelo menos para os leigos, os inocentes e os mal-intencionados: falava-se em negros, brancos e amarelos; falava-se, às vezes, em ameríndios, em habitantes da Nova Guiné. Pensava-se até que traços físicos distintos como cor da pele, dos olhos e do cabelo, formato da cabeça, tipo de cabelo, estrutura física pudessem, além de diferenças aparentes, representar níveis diferentes de inteligência, de aptidão, de formas de comportamento, até de moralidade. Mais recentemente a teoria de diferenças genéticas substituiu, para muitos, a idéia da aparência física, como fator de explicação para a variedade racial. Uma forma mais moderna e sofisticada do mesmo discurso. Este livro demonstra que há uma única raça humana. Barbujani, um dos mais importantes geneticistas contemporâneos, sai a campo para demonstrar que, embora discriminar as pessoas por conta da cor da pele, da língua, da religião ou até do passaporte tenha se tornado um hábito neste mundo globalizado, isso não tem nenhuma base científica.

CADASTRE-SE
EM NOSSO SITE,
FIQUE POR DENTRO DAS NOVIDADES
E APROVEITE OS MELHORES DESCONTOS

LIVROS NAS ÁREAS DE:

História | Língua Portuguesa
Educação | Geografia | Comunicação
Relações Internacionais | Ciências Sociais
Formação de professor | Interesse geral

ou
editoracontexto.com.br/newscontexto

Siga a Contexto
nas Redes Sociais:
@editoracontexto